환황해 협력 4

환황해
동북아 해양안보 현안과 지역해 자원 보존

양희철 편저

徐祥民　金银焕　郭锐　李宝钢　袁丹丹　李山明　朴文进　**공저**
李明杰　蒋围　張競　鹿志创　田其云　张明君　田涛

环黄海合作 4

环黄海
东北亚区域海上安保焦点与海洋资源保护

양희철 편저

徐祥民　金银焕　郭锐　李宝钢　袁丹丹　李山明　朴文进　**공저**

李明杰　蒋围　張竸　鹿志创　田其云　张明君　田涛

서 문

 반폐쇄해인 황해를 둘러싼 한국과 중국, 그리고 북한은 지역해 환경보전과 자원관리라는 강한 생존적 협력 수요에 직면해 있다. 그러나 동북아를 둘러싼 정치 및 군사안보, 지역패권 확보 등의 구조적 갈등 요소는 황해지역을 기반으로 하는 국가 간 협력을 어렵게 하는 요인으로 작용하고 있다. 물론 황해를 둘러싼 정치 구조적 장애요인도 있다. 한국과 북한의 장기적 갈등과 지역해 패권확보를 위한 강대국 간의 대립 역시 환황해의 안정적 협력 체계의 정착을 어렵게 한다.

 그러나 황해는 전통적으로 국가 간 협력보다 지역민의 교류와 생활공간으로 먼저 활용되었다. 국가경제와 정치적 이해가 협력과 갈등을 결정하는 우선적 조건으로 작용하는 긴장구도에도 불구하고, 여전히 황해는 '지역해 거주민의 생존권'을 중심으로 결정되어야 하는 이유이다. 따라서 역내의 높은 경제적 의존에도 불구하고 군사적 경쟁과 상호 위협은 높아가는 이른바 "Asia Paradox"라는 환경적 한계의 극복을 위해서도 새로운 조정력 혹은 협력체계의 정착이 필요한 때다.

 환황해 해양발전논단은 국가 간 협력의 즉각적 이행을 의도하지 않는다. 연구영역에서의 학술적 교류와 이해를 바탕으로 황해지역의 점진적 협력확대와 지속가능한 이용을 도모하는데 있다. 협력이 가능한 영역과 불가한 영역을 제한하지도 않을 것이다. 지역해 거주민의 생존권이 경성적 이슈(hard issue)와 연성적 이슈(soft issue)를 구분하며 다가오지는 않기 때문이다. 우리는 황해로 쏟아지는 행위가 주권(主權)의 모습이건, 혹은 국가별 핵심이익(核心利益)의 모습이건 모두 거주민의 생존권에 관한 문제라는 것과 국가 간 갈등의 모든 요소에는 반드시 학술적 영역을 매개로 하는 문제해결 방식이 분명히 존재한다는 것을 믿는다. 황해를 매개로 하는 모든 국가 정책 역시 타당하고 정당한 이유에 기반 한다는 것 역시 이해한다.

환황해 해양발전논단은 한국해양과학기술원 해양정책연구소(소장: 양희철)가 주최/주관하여 2016년 12월 12일 중국 청도에서 처음 개최되었다. 환황해 해양발전논단에서 참여자들은 연구성과의 우수성을 서로 공유하고, 국가 간 갈등 요소에 대하여는 바람직한 해결방향과 정책적 제언을 모색할 것이다. 해양환경, 해양자원(수산, 광물), 해양공간계획, 신재생에너지, 기후변화, 해양재난, 원자력안전, 해양질병 등 모든 영역에서 정보교류와 연구협력 기반을 구축할 것이며, 황해에서 전개되는 모든 국가정책과 인간활동에 대한 이해를 제고하려고 노력할 것이다. 국가별 해양수산 정책의 소개와 최근 영역별 연구현황 및 문제점, 국가 간 우위에 있는 연구동향과 접근방법, 한계 등에 대한 자발적 협력은 환황해 해양발전논단을 더욱 지혜로운 플랫폼으로 확대하는 기반이 될 것이다. 환황해 해양발전논단에서는 특히 북한의 참여를 지속적으로 유도할 것이며, 해양수산 영역에서 북한의 제도적 관리체계 구축과 발전, 지역해 연구 정보와 기술적 성과 확산을 위해서도 노력할 것이다.

우리는 환황해 협력이 국가의 이익을 주제로 하는 거대한 담론이 아닌 황해를 터전으로 하는 지역민의 생존을 위한 협력으로 점진적 전환이 선행되어야 한다고 본다. 이를 위해 환황해 해양발전논단은 항상 열려있다. 국가기관, 연구기관, NGO, 학계 모두가 대상이다. 다만 주제는 각국의 이익을 위한 발제와 논의가 아닌 황해의 해양수산 지식을 공유하고 지속가능한 발전이 정착되는 지역해로 전환시키기 위한 협력이어야 한다.

환황해 해양발전논단은 황해를 매개로 하는 국가 간 교류와 신뢰의 한계를 타개하기 위하여 한국과 중국학자를 중심으로 추진되었다. 제1회 회의에서는 중국의 요녕성 해양수산과학연구원, 대련해양대학, 연변대학, 중국국가해양국 제1해양연구소, 중국수산과학원, 길림성 사회과학원, 중국해양대, 산동성 해양 및 어업청, 중국어업협회 등 약 23명이 참석하였으며, 한국에서는 한국해양과학기술원 해양정책연구소 8명의 전문가가 참여하였다.

2017년 9월 중국 청도에서 개최된 제2회 논단에서는 중국의 요녕성해양수산과학원, 대련해양대, 연변대, 중국국가해양국 제1해양연구소, 중국수산과학원, 길림성 사회과학원, 연길성 사회과학원, 길림대, 중국해양대, 샤먼대, 중국석유대, 청도대, 산동성 사회과학원 등 24명이 참석하였으며, 한국에서는 한국해양과학기술원 해양정책연구소 및 연안개발연구센터 등에서 9명이 참석하였다. 특히, 제2회 논단에서는 발표 영역과 참여범위(기관)가 제1회 논단과 비교하여 대폭 확대되었고, 중국측 참여자들은 논단이 향후 다양한 기관 및 관련 전문가를 포함한 규모의 확대, 논단의 정례화를 위한 협의체 구성을 요구하였다.

 2018년 10월 중국 대련에서 개최된 제3회 논단에서는 중국의 길림성사회과학원, 연변대학 동북아연구원, 길림대학 행정학원, 요녕성 사회과학원, 산동성 사회과학원, 요녕성 해양수산과학연구원, 중국해양대학, 천진농학원, 대련해양대학, 중국수산과학기술연구원, 청도대학, 중국수산과학원 황해수산연구소, 중국지질조사국 등 30여명이 참석하였고, 한국에서는 한국해양과학기술원 해양정책연구소 및 해양순환·기후연구센터 등에서 6명이 참석하였다. 특히, 제3회 논단에서는 해양경제발전과 지역협력, 수산자원의 개발과 협력방안을 중심으로 집중적인 논의가 이루어졌다. 북황해를 둘러싼 지역해 해양경제 발전에 대한 중국의 지역별 현황과 함께 황해 수산자원에 대한 중국과 북한의 최신 동향과 협력 경과 등에 대한 발표가 있었다.

 2019년 6월 중국 항주에서 개최된 제4차 논단에서는 중국의 절강상공대학, 길림대학, 절강성 해양수산양식연구소, 중국석유대학, 대련해양대학, 중국해양대학, 중국사회과학원, 자연자원부 해양발전전략연구소, 절강성 해양수산양식연구소, 요녕성 해양수산과학연구원, 산동성사회과학원, 청도과학기술대학, 중화전략연구소 등 20여명이 참석하였고, 한국해양과학기술원의 영역별 전문가가 참석하였다. 회의에서는 수산자원과 회유성 어종, 경래왕래성 어종, 한·중 바다목장 사례, 동중국해와 남중국해에서의 지역해 갈등, 어업협정 등 광범위한 의제가 논의되었다.

2019년 8월 중국 훈춘에서 개최된 제5회 포럼은 북중 접경지역에 위치한 화룡시(和龍市) 시청에서 개최되었고, 공무원 약 200명을 포함한 250여명이 참석하였다. 중국 국제무역학회(, 화룡시위원회, 자연자원부 해양발전전략연구소, 대련해양대, 길림성 사회과학원, 길림대, 대련해사대, 길림성 상무청 등의 기관에서 참여하여, 환황해 포럼의 확장성을 확인시켜 주었다. 한반도 북방경제 구상과 한중협력, 한중 해양경제협력, 해양산업, 북중러 접경수역 경제협력, 동북아 비전통안보협력 등이 논의 되었다.

　환황해 해양발전논단을 경과하면서 여전히 본 포럼이 가지는 한계는 있다. 특히, 최근 UN의 대북제재로 인해 북한의 해양정보에 대한 사실관계 분석과 정보교류의 채널도 상당히 제한적이라는 점은 아쉬움이 있다. 그럼에도 불구하고 중국 학자들의 참여가 연구범위에 따라 다양한 기관구성으로 추진되고 있다는 점은 본 논단의 발전 가능성을 밝게 한다. 본서는 제4회와 제5회 연구발표에 대한 내용을 저자들이 추가 보완하여 발간하는 것이다. 내용에 대하여는 향후에도 연구자 간 지속적 교류를 통해 추가 작업이 있을 것으로 본다.

　환황해 해양발전논단은 중국과 한국, 그리고 아직은 참여가 제한된 북한 학자를 주축으로 추진된다. 이들은 국가 혹은 남북간 갈등의 일면을 가지면서도, 항상 동일한 지역해를 매개로 공동의 생존방식과 협력을 고민하여야 하는 현재의 정착자들이기 때문이다. 그러나 황해는 현재와 다음 세대가 지속가능한 이용을 위해 끊임없이 소통하여야 하는 세대와 세대간의 터전이어야 한다. 황해의 발전이 국가, 개인, 혹은 도시의 것이 아닌 환황해 지역민의 생존을 위해 계획되고 이용되며, 존재되어야 하는 이유다.

　환황해 해양발전논단은 협력을 의제의 기조로 하면서도, 자국의 해양정책 현안과 해양환경의 현재, 해양과학기술의 개선과 발전을 위한 노력과 성취, 황해 해양문제에 관한 반성적 회고를 진솔하게 담아내면서 상호 이해의 폭을 넓히고자 한다. 따라서 환황해 해양발전논단에 참석하는 모든 학자들은 영역별 전문가이면서, 지역해 생존을 모색하는 활동가이며, 지역해 협력을 위해 국가의 의지를 유도하는 정책결정의 조력자이기도 하다.

    환황해 해양발전논단의 참석자들의 모습 또한 이러한 취지와 기대에서 벗어나지 않았다. 더할 수 없는 참석자들의 적극성과 의지에 감사의 마음을 전한다.

2021년. 환황해 해양발전논단에 참여하신 모든 전문가를 대표하여

양 희 철

목 차

제1장 동북아 해양안보 협력

1. 한반도 해양안정과 한중 관계의 정립   03
   미중의 패권적 해석의 경계와 국제규범을 통한 조정력 확보
   양희철(梁熙喆)

2. 중국 해양전략 조정에 대한 고찰   17
   서샹민(徐祥民), 김은환(金銀煥)

3. 한반도 평화체제 구축에 있어서의 장애요소와 핵심요소   39
   궈루이(郭锐)

제2장 동북아 해양자원 이용동향과 군사활동

4. 동중국해 석유지질의 특질 및 석유탐사개발 현황 및 전망   61
   리보강(李宝钢), 웬단단(袁丹丹), 리산밍(李山明)

5. 일-대 어업합의서 이후 동중국해 어업문제에 대한 연구   97
   박문진(朴文进)

6. 미국군함의 대만해협 통과에 관한 법적 쟁점   119
   리밍제(李明杰), 쟝웨이(蒋围)

7. 동아시아해역에서 중미 항공기 조우에 관한 규칙   147
   장칭(張競)

목 차

제3장 수산자원 및 월경성어족 보존

8. 점박이물범의 회유경로 및 보존에 관한 국제협력　　171
   ARGOS 위성 추적에 기반한 황해 점박이물범의 이동 및 분포에 대한 연구를 중심으로
   루쯔챵(鹿志创)
9. 경계왕래성어족과 고도회유성어족에 대한 법적보호제도　187
   톈치윈(田其云), 장밍쥔(张明君)
10. 중국 현대 바다목장기술의 발전 및 연구방법　　211
    톈타오(田涛)

* 본 총서는 한국해양과학기술원 연구과제 "해양공간 통합관리 연구", "해양법적 갈등현안 해결 및 해양경제영역 확장을 위한 국제 네트워크 인프라 구축"의 일환으로 발간되었다.

** 본서에 기재된 논문은 소속 기관을 대표하지 않으며, 전문가 개인적 소견이라는 것을 밝힌다. 학술적 추가 논의와 토론이 가능하도록 가능한 발제자의 견해를 그대로 수록하였다.

환황해 동북아 해양안보 현안과 지역해 자원 보존

제 1 장

동북아 해양안보 협력

환황해 동북아 해양안보 현안과 지역해 자원 보존

01
한반도 해양안정과 한중 관계의 정립

미중의 패권적 해석의 경계와 국제규범을 통한 조정력 확보

양희철(梁熙喆)

한반도 해양안정과 한중 관계의 정립

미중의 패권적 해석의 경계와 국제규범을 통한 조정력 확보

양희철(梁熙喆)*

국문초록

　전통적으로 미국의 동북아 동맹은 해양을 매개로 한다. 동북아는 특히 미국의 국방안보와 해양활동, 해상교통로, 에너지와 물류, 국제정세 관리의 가장 돌발적 위협이 발생할 수 있는 지역이라는 점에서 중요하다. 동북아에서의 미국의 안정적 동맹구도는 중국의 급격한 성장과 대양진출 계획에 의해 새로운 국면으로 전환되었다. 이른바 지역해 통제력 강화를 위한 '패권'대립의 시작이다.

　동북아의 전통적 이슈였던 '영유권' 중심형 갈등구조는 '전략적 해양공간'의 통제력 확보를 위한 전략적 접근으로 전환되는 양상이다. 이 과정에서 패권경쟁의 일면을 보이는 국가 간 갈등에서는 경성이슈와 연성이슈가 혼재되거나, 자국 이익에 편승하지 않은 세력에 대한 제재조치도 동원된다. 국제패권경쟁에서 자국의 안보전략에 위해가 될 경우, 자국이 유효한 조치로 행사할 수 있는 경제, 외교, 문화관광 영역까지 동원하기도 한다. 이른바 아시아패러독스의 전형이다.

---

* 한국해양과학기술원 해양법·정책연구소 소장, 법학박사

지역해 통제를 위한 각국의 세력운용, 전략기동 또한 입체적이다. 해양에서의 평면적 활동 강화, 방공식별구역 진입, 무해통항, 군사활동, 자위권 발동의 확대 가능성 등으로 확대되고 있다. 북한의 주도적 의사결정 방식 또한 한국의 입장을 곤혹스럽게 한다. 대부분의 해양경계가 미획정 상태인 동북아에서 더욱 우려스러운 일이다. 한반도를 포함한 동북아 지역해 안정을 위한 해결방식 또한 과거와는 다른 접근을 요구받고 있다. 미국은 구 동맹구도의 강화, 중국은 새로운 경제연계형 관계정립을 요구한다. 중국은 이미 균형외교의 지향점을 설정한 한국에게 기존의 동맹적 구조를 변경시키려고 하기 보다는 미중 간 균형외교의 틀을 유지하도록 하는 것이 중요하다. 현재의 미중 경쟁에서, 미국의 목적은 중국을 억제하는 것이지 지역국가의 지지를 (반드시)요구하지 않는다는 점도 중국이 주변국과 관계설정을 하는데 잘 해석되어야 한다. 한중 관계는 오히려 양자 간 교류의 확대에서 도모되어야 한다.

키워드: 지역해, 패권충돌, 미중 관계, 한중 관계, 국제규범

Ⅰ. 서언

　동북아의 전략적 활용성은 미국과 중국의 대립을 장기적 구도로 확산시키는 요인으로 작용한다. 중미간 힘의 대립은 확실한 우위를 확보하고자 하는 목표를 향하고 있다. 미국의 "힘을 통한 평화(Peace Through Strength)", 중국의 "핵심이익(core interest)"은 모두 "평화적 발전"을 기조로 하나, 그 평화의 주축은 모두 "자국 주도의 평화와 발전"을 의미하고 있기 때문이다. 상호 강한 신뢰가 확보되지 않는 한, 어느 일방에 의한 강한 힘의 억지를 인정할 때 까지 대립의 지속력이 유지될 수도 있다.

　이에, 본문에서는 먼저 동북아에서 기 형성된 질서와 중국의 성장과의 질서 재편의 관계를 살펴보고자 한다. 이는 현재의 미중 대립구도가 단시일 내에 해결되기에는 상당한 환경적 변화(군사안보, 경제, 지역해)를 전제로 할 수 있다는 점에서 한계가 있음을 말한다. 나아가 미중이 자국 주도의 문제해결을 위해 국제질서에 대한 규범적 해석을 상당히 자의적으로 해석하고 있는 것도 양국의 갈등을 장기화하는 원인이라는 것도 지적한다. 양국의 거시적 안보전략과 연계되어 있다는 점에서 현재적 갈등 기조가 상호 조정력을 확보하는 데는 상당한 한계가 있음을 의미한다. 이는 미중이 국제규범이라는 동일 기준을 적용하여 문제해결을 꾀하는 것이 사실상 어렵다는 것을 말하며, 종국에는 정치/외교적 수단이 함께 연계되어야 함을 의미한다. 마지막으로는 중미간 경쟁적 지역구도에서 한중간 구축하여야 할 협력의 방향성과 상호 신뢰의 적정성에 관한 건의를 하고자 한다.

Ⅱ. 조정 : 현행 질서와 新 질서의 경합

　전통적으로 미국의 동북아 동맹은 철저하게 해양 동맹이다. 동북아의 중요 경제/안보가 중동과 인도양(중동 호르무즈), 남중국해와 동중국해를 관통하며 형성되어 있다. 이중, 말라카는 전세계 무역물품의 약 35%, 석유는 약 25%를 연결하는 핵심항로이며, 한국과 일본의 석유수송 약 90% 이상, 중국 석유수송 약 80%가 이곳을 통항한다. 인도양과 연결된 지역해는 특히 전세계 상업선박의 1/2이 통항하고, 한중일, ASEAN의 경제와 안보를 연계하는 해상교통로가 자리하고 있다. 해상교통로는 동북아 국가의 경제안보와 국방안보의 축이며, 미국의 지역해 전략이 내재된 곳이다.

이런 면에서 중국의 국제적 부상과 대양진출은 필연적으로 미국의 구동맹에 대한 일정한 와해(혹은 균열)를 전제로 한다. 중국의 부상은 군사, 정치, 경제적 영역에서 동시에 진행된다. 이는 중국의 국제적 세력 확대가 미국의 기존 연합의 균열을 의도하였는지에 관계없이, 결과적으로 동북아와 태평양, 인도양을 연계하는 지역해에 새로운 질서가 형성될 수 있다는 것을 의미한다. 해양동맹은 유사시 신속한 군수지원과 항공지원이 가능하다는 점에서 현대전에도 매우 중요하다. 더욱이 이들 해양동맹은 미국의 북극(해), 동중국해, 태평양, 인도양을 연결하는 핵심 항로를 포괄하고 있다는 점에서 경제적, 군사적 효용성이 크다. 미 해군의 임무가 전략적 억지, 해양통제, 무력의 현시 등을 의미하던 시기에 동북아 해양동맹은 육지를 매개로 하는 것 보다 강한 힘의 연대적 시너지를 확보하는 수단으로 작용하였다.

미국의 동북아동맹과 중국의 대양진출은 치명적으로 서로 민감한 해역을 공유하여야 하는 대립각을 형성한다. 대만문제와 대만해협, 동중국해, 남중국해는 인도양과 태평양, 북극해를 연계한다는 점에서 어느 하나 미국과 중국의 핵심이익에서 벗어난 것은 없다. 오히려 그 전략적 기조는 지금보다 향후 강하게 보전되어야 하는 해역이다.

과거 영토주권(도서영유권)이라는 핵심 거점 중심의 전략은 국방안보 목적의 해양공간 개념으로 이미 전략적 변화가 있었다. 직접적 무력보다는 해양공간에 대한 통제력 확보가 보다 활용성이 높다는 것을 의미한다. 미국의 남중국해 문제 개입과 제3차 상쇄전략의 근본적 목적은 모두 기술적 및 총체적 우위를 바탕으로 아시아태평양 지역 및 전지구적 범주에서 패권을 확보하고자 한다는 데에서 일치하고 있다. 중국의 일대일로 또한 이러한 범주에서 해석되는 경향이 강하다. 해양공간에 대한 핵심이익과 연동된다는 것은 지역해에 대한 전략적 힘의 주도를 위하여 연성적 이슈까지 경쟁을 위한 수단으로 과감하게 활용된다는 점에서도 해석 가능하다. 경제, 소송, 정치, 외교, 민간교류 등의 모든 영역은 자국 주도의 장기적 거버넌스 확보(패권)를 위해 기꺼이 동원되기도 한다.

III. 한계 : 국제규범의 패권적 해석

현재 중미간 힘의 대립은 확실히 상대방에 대한 힘의 우위(중국입장에서는 경쟁 가능 구도)를 확보하고자 하는 목표를 향하고 있다. 미국의 "힘을 통한 평화(Peace Through Strength)", 중국의 "핵심이익(core interest)"은 모두 "평화적 발전"을 기조로 하는 것 같으나, 양국이 주장하는 평화의 주축은 모두 "자국 주도의 평화와 발전"을 의미하고 있기 때문이다. 미국의 국가안보전략이 미국 우선주의(American First), 즉 미국의 국익을 최우선으로 하는 정책이나, 사실 중미의 태도가 크게 다르다고 볼 수는 없다. 문제는 이들 양자간 힘의 지속적 대립을 조정할 만한 수단이 보이지 않는다는 점이다. 유일하고 설득 가능한 수단은 국제규범 혹은 정치외교적 해결이다. 다만, 이 역시 한계는 있다. 규범의 모호성과 해석의 자의적 접근 때문이다. 이는 다시 자국 주도 혹은 자국 입장에 편입할 다른 세력의 이합집산을 요구한다는 점에서 또한 장기적 해결 과정을 겪어야 한다. 미중간 대립되는 국가안보의 입장이 국제규범에 자의적으로 투영되는 구도는 갈등의 해결을 보다 난해하게 한다.

EEZ 군사활동과 영해 무해통항권 : 미중간 대립되는 대표적 국제법 해석의 대립은 영해에서의 무해통항권(군함)과 EEZ에서의 군사활동에 관한 해석이다. 남중국해 갈등의 발단이었으나, 향후에도 중미 분쟁의 중요한 원인으로 작용할 수 있는 문제다(물론, 동중국해와 황해 등의 다른 지역도 동일한 유사성은 있으나, 힘의 역학구도를 가장 직접적으로 투영시킬 수 있는 곳은 남중국해이다). 군함의 영해에 대한 무해통항권을 규제하는 장치는 UNCLOS(유엔해양법협약) 상에 명시적으로 규정되어 있지는 않다. 다만, 연안국의 안전과 이익 보호를 위한 연안국의 보호권은 인정된다. 미국의 경우 군함의 무해통항권을 규제하지 않으나, 중국은 사전허가를 받도록 요구하고 있다(한국은 사전통고를 요구하고 있다). 미국은 UNCLOS 당사국이 아니라는 점에서 협약 규정의 적용을 받지 아니하나, 대신 국제관습법과 국가관행을 근거로 무해통항권을 주장한다. 미국의 FONOP(Freedom of Navigation Operations)이 대표적이다.

  EEZ에서의 군사활동에 대한 접근은 보다 영해에서의 무해통항권에 대한 태도보다 모호하다. 중미 양국의 쟁점이 EEZ에서 군사활동의 합법성 인정여부에 있다고 볼 때, 양국의 구체적 쟁점은 (1) EEZ의 법적 성질이 국제적으로 어떻게 인정되고 있는가; (2) UNCLOS이 규정하는 연안국의 EEZ 내에서의 외국 군용항공기와 선박이 향유하는 항행과 비행의 자유권은 어떻게 해석되어야 하는가; (3) 외국 군사측량선의 군사측량 활동이 합법인가, 그리고 외국 군사측량선은 해양과학조사에 해당하는가 등으로 구체화하여 접근하고, 양국의 논쟁은 군사정찰, 항행과 비행의 자유, 군사측량 등을 중심으로 형성되고 있다. 미국은 통상 '공해, EEZ, 접속수역'을 '국제수역'으로 통칭하여 사실상 '공해'와 같은 활동이 가능하다는 입장이다. 반면, 중국은 EEZ에서의 군사활동에 대한 명확한 태도를 표명하지 않고 있다. 단지, '중국 EEZ' 내에서의 사안이라는 점과 UNCLOS 제58조가 규정하는 "각국은 연안국의 권리와 의무를 적절하게 고려(States shall have due regard to the rights and duties of the coastal States…)"해야 한다는 점에서 협약 위반이라는 입장이다.

미국에 대한 외교부 입장표명의 기조 역시 "국제법 위반 "이 아닌, "중국의 주권과 안보이익을 훼손 "한다는 데 중점을 두고 있다. 미국의 (중국)EEZ에서의 군사활동이 법적 위반에 해당한다면, 중국의 대외적 반대 입장은 명확하게 "미국군함의 영해 무해통항과 EEZ 군사활동이 국제법 위반 "임을 분명히 할 필요가 있다. EEZ 군사활동에 대한 중국의 입장이 포용적 해석으로 전환되는 위험성을 방지하기 위함이다.

자위권의 확대 우려 : 미국의 국가안보전략은 9·11 이후 테러리즘과 대량살상무기를 보유한 국가(단체)에 대한 선제공격전략, 예방적 군사작전 가능성 논의로 확대되었다. 미국의 자위권 영역에서 논의될 수 있는 것으로는 예방적 선제공격이다. 이에 대한 정의는 "테러리즘 분쇄와 미국/미국 우방에 대한 공격을 예방"하거나 "우리의 적들에 의한 적대적 행위를 미연에 방지"하는데 목적이 있다. 선제공격은 공격이 임박했을 때(확실한 증거를 기초) 자위를 위한 공격인 반면, 예방적 공격은 그 보다 상당히 유연하게 작용할 가능성이 있다. 이러한 행위의 합법성 여부는 UN헌장 제51조의 자위권 규정과 연계되어 해석된다. 헌장은 "무력공격이 발생한 경우"에 대한 개별적 자위권과 집단적 자위권으로 구별된다. 문제는 자위권 발동의 조치가 경우에 따라서는 전통적 위협요소에 대한 것에서 비전통적 위협요소에 대한 것으로 확대될 가능성이다.

주지하는 바와 같이, 국제적 행위주체의 다양화와 초연결, 다문화, 초국경 등의 사회적 변화는 현대적 의미의 안보위협에 대한 해석의 여지를 강하게 확대시키고 있다. 소위 비전통적 안보위협이다. 즉, 군사적 측면의 위력을 이유로 하지 않더라도, 자국의 안보위협을 적극적으로 해석하여 위협요소 억지를 위해 역량을 적극적으로 활용하는 것이다. 비전통적 안보 위협의 개념은 "전통적" 개념과 대치된다는 점에서 광의적이며, 실제로 어느 특정 영역으로 제한하는 데는 한계가 있다. 국가의 "안보"자체가 다의적이고 광의적 의미로 활용 가능하기 때문에 특정 유형의 범죄 또한 그 행동 양상이 "연합적"이고 "초국경적"일 경우, 활용될 수 있다. 에너지, 자원, 금융, 온난화, 전염병, 테러 등등이 이러한 범주에 속한다. 국제적 비전통이슈는 양국의 협력을 유도하기도 하지만, 이 역시 자국의 전략목표와 함께 공격적으로 수정될 수 있다.

지역해 활동 강화 : 최근 중국 군용기의 한국 동해 ADIZ(Air Defense Identification Zone, 방공식별구역) 진출은 지역해 긴장을 제고하는 새로운 요인이다. ADIZ는 각국의 안보적 이익에 따라 자의적으로 설정되었고, 동북아 3국 모두 설정하여 운용중이다. ADIZ는 설정의 목적상 EEZ 상공을 대상으로 설정되고 있다(육역, 영해는 실익 없음-당연). ADIZ 설정의 법적 근거는 UNCLOS 상의 접속공역설, UN헌장 제51조의 자위권, 국제법 주체의 묵인에 의한 정당성 등 어디에서 찾아야 하는가는 분명치 않다. 이미 30여개 국가가 운용된다는 점에서 국제관습법적 지위를 확보했다고 보아야 하는가(반대 입장)의 문제도 있다. 혹은 ADIZ가 UNCLOS 제56조 제2항이 규정(연안국은 다른 국가의 권리와 의무를 적절히 고려하고, 이 협약 규정에 따르는 방식으로 행동)하는 잔존적 권리(residual rights)로 정당화 될 수 있는가(*협약은 명확한 규정도 없으며 금지하는 규정이 없음)로 정당화 될 수 있는가? 혹은 제87조에 규정된 "연안국의 권리와 의무를 적절히 고려"하도록 한 규정에 따라 정당화 될 수 있는가 등의 의문이 발생할 수 있다. 이러한 규정으로 정당화 될 경우, EEZ 상공에서의 타국의 상공 비행의 자유와 충돌되는 것은 어떻게 해석되어야 하는가 등의 문제가 있다. 이 경우 EEZ에서의 상공 비행의 자유는 절대적 권리가 아닌 연안국의 권리를 적절히 고려해야 하는 상대적 권리로 보아야 하는 것으로 해석되기도 한다. 중요한 것은, 동북아 주요국인 한중일 삼국이 모두 ADIZ를 운용하게 되면서, 상공 비행에 관한 충돌 상황은 보다 제고되었다는 점이다. 최소한 동북아 국가 간 ADIZ 운용에 관한 행위준칙 정도를 설정하거나, ADIZ의 설정 범위를 축소하는 등의 방향성이 필요하다.

중국의 최근 지역해 활동에는 주변해역에서의 군사조사(군사활동), 자원조사 강화 등의 조치가 있다. 동북아 3국은 현재까지 해양관할권의 범위에 대한 경계획정을 해결하지 못하고 있다. 즉, 광범위한 해역이 각국의 해양관할권 주장이 중첩되는 수역으로 남아 있다. 해양경계가 미획정된 수역에서 모든 관련국의 관할권 행사는 정지되지 않는다. 다만, 그 수행의 범위는 국제법과 국제판례를 근거로 합리적이고 권리남용의 금지라는 대원칙 내에서 이행될 필요가 있다. 한중 가상중간선을 근거로 할 때, 최근 2014년 이래 중국의 관공선을 활용한 과도한 황해 내측(한국측)으로의 진입과 조사 진행은 지역해의 긴장을 완화시키는데 또 다른 불안요소로 작용한다. 중국의 해양활동에 대한 국제규범의 해석이 포용적 해석으로 전환될 가능성과 중국형 FONOP이 추가될 수 있다는 염려이기도 하다.

Ⅳ. 방향 : 한중 관계의 구축과 협력

현재, 동북아를 둘러싼 국제정치환경-지역해 환경-외교환경(양자관계 포함)에는 빠른 변화가 진행되고 있다. 특히 최근 한반도를 둘러싸고 진행되는 일련의 환경 들은 그 해결 방식이 과거와는 확연하게 다른 해결 방식을 요구하고 있다. 과거 중일, 중한 관계 설정의 상당 부분은 양자간 외교 영역 외에 국제법적 해결 수단이 강하게 내재되어 진행되었다. 다만, 최근의 국제법적 쟁점이라고 할 만한 것들에 대한 해석과 문제의 해결이 때로는 법적 해결의 문제인가, 혹은 정치적 해결의 문제인가를 고민하기에 충분할 만큼의 혼재 양상을 보이는 것도 특징이다.

이러한 도전적 환경에도 불구하고, 한반도를 둘러싼 쟁점을 식별하고, 선제적으로 대응하기 위한 노력은 곤혹스럽지만 중요한 의미가 있다. 물론 미중 간 협력과 비협력 이슈 간 식별이 용이하다면 현재의 대립구도는 조기에 합의

전망이 높다. 다만, 현재의 지역해 혹은 미중간 전략적 방향이 세력적 패권을 의도하고 있다면 현재의 기조가 조기 해소기는 어렵다. 양국 모두 사활적 목적을 가지고 있다는 점에서, 상대를 억지하기 위해 필요(목표)한 모든 요소는 대항적 수단으로 총합되어야 한다는 점에서 그렇다. 자원교역, 인적교역, 경제조치 등 자국 경제에 상당한 출혈이 예상되는 손실도 기꺼이 목적을 위해 활용된다. 대립구도가 장기적으로 지속될 수 있다는 것을 의미한다.

미중 관계에서, 미국의 의도는 새로운 세력의 융기를 힘을 통한 억지하는 데 있다. 중국은 국력의 유지와 경제적 생존을 위해서도 대양 안전망을 확보하여야 한다. 다만, 그 모습이 다양한 형태의 위협으로 오역될 수 있다는 점이 문제다. 일대일로의 모습이 그렇다. 경제적 측면에서는 일대일로는 (1) 내부 과잉생산 현상 해소를 위한 신흥시장 개척, (2) 자원확보와 수송의 단일성 극복을 위한 협력, (3) 지역 간 균형성장, (4) 전통산업 조정을 통한 산업구조 개편 등의 긍정적 측면이 내재되어 있다. 다만, 일대일로를 통해 매개되는 연선국가(沿線國家)의 지정학적 해석은 때로 국방, 외교, 경제적 목적이 혼재된 다층적 개념으로 확대된다. 일대일로의 성공적 정착은 철저하게 주변국 및 연선국의 신뢰에 의존된다. 미국주도의 인도-태평양전략은 이미 대응적 측면에서 가동되었다. 인도의 몬순 프로젝트(2014) 또한 인도양 문화부흥을 목적으로 하나 일대일로의 대항적 목표로 지향할 수 있다. 중국으로서는 향후 주변국과의 신뢰구축과 정책 이행을 위해 "경제적 소통"인가, 혹은 "전략적 플랫폼"인가에 대한 우려를 불식시킬 필요가 있다.

한반도와 동북아에서 한국의 역할이 주도적일 수 있는 요소는 상당히 제한적이다. 미·중·일 중심의 세력 대립의 구도에서, 새롭게 독자적 결정권 확보를 꾀하는 북한의 존재 부상은 한국 주도적 혹은 조정적 환경을 더욱 어렵게 한다. 한국의 정치외교적 환경이 패권충돌로 인해 형성된 광범위한 완충지대를 균형적으로 관리해야 하는 난제 또한 함께 내재해 있다. 한반도를 둘러싼 남북신뢰구축, 경제안보 안정망 구축, 군사적 대립의 완화를 위한 가장 중요한 행위자는 중국과 미국이다. 안보는 미국 주도의 구 동맹을 기조로 형성되어 있으며, 경제는 중국을 중심으로 한 사실상 동일 경제망으로 연계되어 있다. 한국이 중미의 대립 혹은 충돌구조에서 어느 일방의 세력권으로 편입될 수 없는 이유다. 이 과정에서 중국은 이미 균형외교의 지향점을 설정한 한국에게 기존의 동맹적 구조를 변경시키려고 하기 보다는 미중간 균형외교의 틀을 유지하도록 하는 것이 중요하다. 경성적 이슈와 연성적 이슈의 적절한 분리, 그리고 현재 한중이 유지하고 있는 기존 연계체(경제망, 인적교류, 문화교류 등)의 강화가 상호관계에 보다 유익하다. 현재의 미중 경쟁에서, 미국의 목적은 중국을 억제하는 것이지 지역국가의 지지를 (반드시)요구하지 않는다는 점도 중국이 주변국과 관계설정을 하는데 잘 해석되어야 한다. 한중관계는 오히려 양자간 교류의 확대에서 도모되어야 한다.

환황해 동북아 해양안보 현안과 지역해 자원 보존

02

중국 해양전략 조정에 대한 고찰

서상민(徐祥民), 김은환(金银焕)

중국 해양전략 조정에 대한 고찰

서샹민(徐祥民)*, 김은환(金银焕)**

국문초록

최근 중국은 신시대에 접어들었음을 선언하였다. 따라서 신시대의 해양 전략은 기존의 해양 전략에 비교하여 어떠한 변화가 발생하였는지에 대한 의문을 가지게 된다. 이와 같은 의문을 갖게 되는 것에는 여러 가지 이유가 있겠지만, 주로 전략은 잠재적(隐性, 겉으로 드러나지 않고 숨은 것)인 것이나, 정책은 겉으로 나타나 있는 현재적(显性)인 것이기 때문이다. 사람들은 특정 정부의 정책에 대해 쉽게 이해할 수 있으나 한 국가의 전략 또는 특정 지도자가 수립한 국가전략에 대해 이해하기는 쉽지 않다. 이러한 맥락에서 중국의 해양 전략은 어떠한 변화를 가져올 것인가에 대한 의문을 제기할 수 있다.

전술한 두 가지 질문에 대해 필자의 대답은 "신시대 중국의 해양 전략에는 큰 변화가 없을 것이며, 큰 변화가 일어나지 않아야 한다."는 것이다.

키워드: 중국 해양전략, 신시대, 중화굴기, 해양정책, 해양전략

---

* 절강공상대학교 법과대학 교수, 블루문명 및 녹색발전 연구센터 주임.
** 한국해양과학기술원 해양법·정책연구소 전문연구원, 법학박사, 중국변호사.

Ⅰ. 들어가면서

중국은 대국이다. 중국은 인구나 국토의 면적, 해역면적 등에 있어서 세계에서 큰 나라에 속하며 인접국가들 중에서도 큰 나라에 속한다. 이러한 대국의 전략 수립과 조정은 국가의 중요한 결정사항이라 할 수 있다. 대국은 그들만의 전략이 필요하다. 중국과 같은 대국에 있어서 전략 수립의 성공 여부가 국가의 성패를 결정하는 핵심요소이다. 이에 따라 대국은 전략수립과 조정에 있어서 신중을 기해야 한다.

최근 중국은 신시대에 접어들었음을 선언하였다. 따라서 신시대의 해양 전략은 기존의 해양전략에 비교하여 어떠한 변화가 발생하였는지에 대한 의문을 가지게 된다. 이와 같은 의문을 갖게 되는 것에는 여러 가지 이유가 있겠지만, 주로 전략은 잠재적(隱性, 겉으로 드러나지 않고 숨은 것)인 것이나, 정책은 겉으로 나타나 있는 현재적(顯性)인 것이기 때문이다. 사람들은 특정 정부의 정책에 대해 쉽게 이해할 수 있으나 한 국가의 전략 또는 특정 지도자가 수립한 국가전략에 대해 이해하기는 쉽지 않다. 이러한 맥락에서 중국의 해양전략은 어떠한 변화를 가져올 것인가에 대한 의문을 제기할 수 있다.

전술한 두 가지 질문에 대해 필자의 대답은 "신시대 중국의 해양전략에는 큰 변화가 없을 것이며, 큰 변화가 일어나지 않아야 한다"는 것이다.

Ⅱ. 중국 "신시대" 선언의 의의

시진핑 주석은 중국공산당 제19차 대표대회 보고(이하 '19대 보고'로 약칭)에서 "장시간의 노력을 거쳐 중국특색의 사회주의는 신시대에 접어들었다"고 선언하였다.[1] 중국이 "신시대"에 접어들었다는 선언은 국내 사무의 수행과

---

1) 시진핑, "소강사회 전면 건설의 결승, 신시대 중국특색 사회주의 위대한 승리 쟁취: 중국공산당 제19차 전국대표대회 보고(決胜全面建成小康社会, 夺取新时代中国特色社会主义

정책방향에 있어서 큰 변화가 동반됨을 의미한다. 그렇다면 국제관계에 있어서는 어떠한 의의를 가지는가에 대한 생각을 하게 된다. 특히 중국 국내 연구자, 대국정책에 관심을 갖는 자, 중국에 우호적인 자들이 이러한 질문을 가지는데, 이는 지극히 정상적인 사고라고 할 수 있다.

1. "신시기(新时期)"와 신시대(新时代)

"신시대"선언에 대한 의의를 논하기 전에 신시대와 유사한 의미를 갖는 개념인 "신시기"에 대해 논의하고자 한다.

1) "신시기(新时期)"

시진핑 주석이 중국은 "신시대"에 접어들었음을 선언하기 전에 교육부는 "인문사회과학중요과제"를 추진하게 되었고 그 일환으로 "신시기 중국해양전략연구"라는 과제를 추진하였다. 필자는 본 연구과제의 책임연구자이다. 2013년에 연구과제를 착수하였으며 관련 계정은 "13JZD041"이다.

연구과제 신청 및 신청 통과 후에도 필자와 연구진은 "신시대"의 "신"은 무엇을 의미하는가에 대해 끊임없는 고민에 빠졌다.

2) "신시대(新时代)"

2017년 10월 18일, 중국공산당 제19차 전국대표대회에서 중국은 "신시대"에 접어들었음을 선언하였다.2) 그렇다면 여기서 말하는 "신시대"의 새로운 특징은 어디서 찾아볼 수 있을까? 본 과제의 연구진은 이러한 쟁점에 대해 고민함으로써 연구과제의 "신시기"와 "신시대"의 관계를 밝혀내고자 노력하였다.

伟大胜利——在中国共产党第十九次全国代表大会上的报告)", 인민출판사 2017년, 10면.
2) 중국공산당 제19차 전국대표대회는 2017년 10월 18일부터 24일까지 북경에서 개최되었다. 18일 시진핑은 보고에서 "중국 특색 사회주의가 신시대에 접어 들었다"고 선언하였다.

또한 중국에 관심을 가지고 있을 뿐만 아니라 중국의 발전에 관심을 갖는 사람들은 이러한 문제를 고려하지 않을 수 없다. "새로울 신"은 낡은 것은 버리고 새로운 혁신을 시도한다는 것을 의미한다.

2. "신시기"는 자국 발전의 새로운 단계

시진핑 주석의 "19대"보고의 주제에 "신시대"라는 세 글자를 포함하고 있다. 보고의 주제는 "소강사회 전면 건설의 결승, 신시대 중국 특색의 사회주의 위대한 승리 쟁취: 중국공산당 제19차 전국대표대회 보고"이다. 이에는 "신시대 중국 특색 사회주의 대승리 쟁취"라는 내용도 포함된다.

"19대"회의 주제는 시진핑 보고에 언급한 내용과 "신시대" 요소도 포함된다. 시진핑의 보고문 내용에 따르면 본 회의의 주제는 다음과 같다. "초심을 잊지 말고, 사명을 마음속에 깊이 새기고, 중국 특색의 사회주의 위대한 기치를 높이 올려, 소강사회 전면 건설 승패를 결정짓고, 신시대 중국 특색 사회주의 위대한 승리를 쟁취하여 중화민족의 위대한 부흥의 중국 꿈 실현을 위해 끝까지 싸우자(不忘初心, 牢记使命, 高举中国特色社会主义伟大旗帜, 决胜全面建成小康社会, 夺取新时代中国特色社会主义伟大胜利, 为实现中华民族伟大复兴的中国梦不懈奋斗)."[3] 이로부터 알 수 있는바 "신시대"란 중국 자체 발전과정에서 새로운 단계에 진입을 의미한다.

1) "신시대"는 과거 5년간 사업에 대한 결과

2012년부터 2017년까지 5년 동안 중국은 경제, 정치, 군사, 외교, 문화, 사회 등 다양한 분야에서 중요한 성과를 이루었다. 취득한 성과에 대해 요약하자면 다음과 같이 10가지 사항이 포함된다. ① 경제건설의 주요 업적, ②

---

[3] 시진핑, "소강사회 전면 건설의 결승, 신시대 중국특색 사회주의 위대한 승리 쟁취: 중국 공산당 제19차 전국대표대회 보고(决胜全面建成小康社会, 夺取新时代中国特色社会主义伟大胜利——在中国共产党第十九次全国代表大会上的报告)", 인민출판사 2017년, 1면.

개혁의 전면 심화 및 중대 돌파, ③ 민주법치 건설의 주요한 진전, ④ 정신문화 건설의 중대한 진전, ⑤ 인민생활의 개선, ⑥ 생태문명 건설의 현저한 성과, ⑦ 강군흥군(强军兴军)의 신국면, ⑧ 홍콩, 마카오, 대만 관련사업의 새로운 진전, ⑨ 전방위적 외교구도 심화 및 전개, ⑩ 당 기강 강화 등이 있다.[4] 전술한 바와 같이 지난 5년간 위대한 업적을 이루었기에 시진핑은 "결코 평범하지 않은 5년"이라고 평가하였으며 중국 "발전과정에 있어서 극히 평범치 않은 5년"이라고 평가하였다.

따라서 "신시대"의 "극히 평범하지 않은 5년"간 취득한 성과와 업적은 전술한 10가지 성과를 통해 구현된다.

2) "신단계"는 40년간 개혁개방의 성과

2012년에서 2017년 5년 간 취득한 성과는 중국이 지난 40년간 개혁개방정책을 통해 얻은 성과이다. 1978년 중국공산당 제11기 3중 전국인민대표대회에서 개혁개방정책을 처음으로 도입하였으며, 이에 대한 모색을 통해 "중국 특색의 사회주의 건설방안"을 마련하게 되었다. 최근 40년간 취득한 성과는 "자신의 방법으로 중국 특색 사회주의를 건설"한다는 것에서 비롯된 것이다. "중국 특색의 사회주의 건설"과정에서 중국은 끊임없는 노력을 통해 "경제력, 국방력, 과학력, 종합력"이 세계에서 높은 순위에 랭크되면서 국제적 지위가 전례 없이 높아 졌다. 또한 중국공산당 위상과 국가 위상, 인민의 위상, 군대의 위상, 중화민족의 위상은 전례 없는 변화를 가져왔다. "신시대"란 개혁개방정책에 대한 검증단계이며 지난 40년간 개혁개방정책의 성과에 대한 긍정적인 평가이며, 하늘과 땅을 뒤집는 큰 변화에 대한 중국의 "실력", "위상", "이미지" 변화를 총괄하는 적절한 결론이다.

---

[4] 시진핑, "소강사회 전면 건설의 결승, 신시대 중국특색 사회주의 위대한 승리 쟁취: 중국공산당 제19차 전국대표대회 보고(决胜全面建成小康社会，夺取新时代中国特色社会主义伟大胜利——在中国共产党第十九次全国代表大会上的报告)", 인민출판사 2017년, 3-8면.

3) "신단계"는 중국의 반세기 발전사에 대한 총괄

1840년 아편전쟁 이래, 중국 178년의 발전사에 있어서 2017년은 신시대의 시작점으로서 특별한 의의를 갖는다. 1840년은 중국 역사상 가장 어두운 날이었다. 1840년을 기점으로 하는 기나긴 역사는 중국의 낙후, 굴욕의 역사였다. 이러한 굴욕의 역사를 마무리 한 것은 1945년 전쟁의 승리였다. 하지만 1970년대까지 지난 역사가 중국에 남겨준 부담은 점차 떨어뜨리고 경제발전의 길을 나아가게 되었다. 아울러 2017년의 선언을 통해 중국은 자국의 실력과 위상, 이미지로 새로운 시대를 열게 되었다. 시진핑은 170년의 중국 역사에서 신시대란 "갖은 고난을 겪은 중화민족이 맞이하게 된 새로운 시대로서", "새로 일어나 나라를 세우는 단계(站起来)에서 부유한 단계(富起来)를 거쳐 강대국의 단계(强起来)에 도달하는 위대한 비전을 맞이한 것이다."고 강조하였다.5)

주의할 점은 "신시대"를 5년간 정부성과에 대한 평가로 보거나 또는 지난 40년간 개혁개방 정책의 성과로 평가하거나, 중국 178년 역사의 연장선으로 보거나를 막론하고 이는 단지 중국 자체발전에 대한 새로운 단계로서 중국의 국내발전에 대해 내린 결론이며 중국의 과거, 현재, 미래에 대한 종적(纵向) 발전사에 대한 고찰 및 평가이다.

3. "신시대"는 중국 발전에 있어서의 "새로운 역사방위"

앞에서 서술한바와 같이 "신시대"라는 개념은 중국 자체발전에 대한 평가이며 이러한 평가는 종적인 발전사에 있어서의 새로운 단계로 진입함을 의미한다. 시진핑이 "19대"보고에서 최근 중국의 변화를 "신시대"라는 개념으로 표현한 것은 그 만큼 중요한 변화를 가져왔기 때문이다. 다시 말하자면 "신시대"란 중국 발전사의 "새로운 역사적 방향과 위치"를 의미한다.6)

---

5) 시진핑, "소강사회 전면 건설의 결승, 신시대 중국특색 사회주의 위대한 승리 쟁취: 중국공산당 제19차 전국대표대회 보고(决胜全面建成小康社会, 夺取新时代中国特色社会主义伟大胜利——在中国共产党第十九次全国代表大会上的报告)", 인민출판사 2017년, 10면.

1) "신시대"에 대한 이해

"신시대 중국 해양발전전략에 대한 연구"과제는 "신시대"에 대한 개념을 재정립하였다. 본 개념은 아래와 같은 다섯 개의 특징을 가진다.

첫째, 개혁개방 정책 시행 30년 간, 중국은 경제사회발전에 있어서 큰 성과를 거두었으며 국가의 종합국력 즉 전략적 역량은 한층 제고되었다.

둘째, 육상자원 및 국토 공간의 고갈로 인해 해양개발에 대한 관심이 대두되었고, 이러한 개발수요에 따라 해양자원 개발수준이 제고되었으며, 전 세계 연안국들이 해양개발을 둘러싼 경쟁이 날로 치열해졌고, 해양을 둘러싼 경쟁과 갈등이 날로 심각해져 갔다.

셋째, 중국은 해양에 대한 의존도가 날로 높아졌고 안정적인 해양질서에 대한 요구가 날로 커져갔다.

넷째, 해양권익의 수호 및 쟁취에 대한 역량이 강화되었으며, 중국의 이러한 변화를 저해하기 위한 주변국들이 견제가 강화되었고 이러한 움직임이 보다 빨라졌다. 특정 국가들이 중국의 해양권익 실현에 새로운 장애물을 끊임없이 설치하고 있기 때문에 중국은 해양권익의 수호와 안정적인 국제관계 유지를 위한 갈등을 겪게 되었고, 갈등 해결에는 상당한 어려움이 존재한다.

다섯째, 중국은 해양경제, 해양관리, 해양환경 보존, 해양법제도, 해양사회 및 해양문화의 건설에 있어서 현저한 성과를 거두었으나 해양산업 간, 해양산업과 육상에 의존하는 경제산업 간의 연계성이 부족하며, 해양산업의 발전과 해양문화 간의 괴리가 여전히 크다. 이상은 본 과제에서 내린 "신시대"에 대한 개념 정의이다. 이하에서는 "연구진 신시대 정의"로 약칭한다.

---

6) 시진핑, "소강사회 전면 건설의 결승, 신시대 중국특색 사회주의 위대한 승리 쟁취: 중국공산당 제19차 전국대표대회 보고(决胜全面建成小康社会, 夺取新时代中国特色社会主义伟大胜利──在中国共产党第十九次全国代表大会上的报告)", 인민출판사 2017년, 10면.

2) "신시대"에 진입한 것은 "역사적 혁신"

"연구진 신시대 정의"는 비교적 직관적인 반면에 "19대"보고에서 언급한 "신시대"의 정의는 보다 심도 있다. 또한 "연구진 신시대 정의"의 참조사항이 비교적 구체적인 것에 반해 "19대"보고에서 인용한 참고사항은 보다 원칙적이고 광범위하다.

첫째, "신시대"에 진입하게 된 것은 "중대하고 깊은" 의미를 가진다.

시진핑은 2012년부터 2017년 5년간에 이룬 성과에 대해 "5년간의 성과는 전방위적, 혁신적이며, 5년간의 개혁은 심도 있고 근본적이다"고 강조하였다. 여기서 "전방위적", "혁신적"이란 "새로운 이념, 새로운 사고방식, 새로운 전략을 제시하고 일련의 중대한 방침과 정책을 도입하였으며, 일련의 중대한 조치를 추진하고, 일련의 중대한 사업을 추진함으로써 장기간 해결에 어려움을 겪던 문제를 해결함으로써 과거에 이룰 수 없었던 주요 사건을 성사시켜 당과 국가사업에 중대한 영향을 미쳤다"는 것을 의미한다. 아울러 "심도 있고", "근본적"인 혁신은 중국이 민족의 위대한 부흥을 이루는 밝은 전망을 실현할 것임을 의미한다.[7]

둘째, 신시대의 기본적인 특징의 하나는 주요 사회적 갈등의 변화이다.

중국이 신시대에 접어들었다는 가장 근본적인 근거는 사회적 모순의 변화이다. 시진핑은 "19대"보고에서 "중국 특색의 사회주의가 신시대에 진입함에 따라 사회적 모순은 인민들의 아름다운 삶에 대한 요구와 불균형하고 불균등한 발전 간의 모순으로 전환되었다"고 밝혔다. [8]

---

7) 시진핑, "소강사회 전면 건설의 결승, 신시대 중국특색 사회주의 위대한 승리 쟁취: 중국 공산당 제19차 전국대표대회 보고(決胜全面建成小康社会, 夺取新时代中国特色社会主义 伟大胜利——在中国共产党第十九次全国代表大会上的报告)", 인민출판사 2017년, 8면.
8) 시진핑, "소강사회 전면 건설의 결승, 신시대 중국특색 사회주의 위대한 승리 쟁취: 중국 공산당 제19차 전국대표대회 보고(決胜全面建成小康社会, 夺取新时代中国特色社会主义 伟大胜利——在中国共产党第十九次全国代表大会上的报告)", 인민출판사 2017년, 11면.

중국 기존의 주된 사회적 갈등은 "인민들의 물질적 문화 수요의 증가와 낙후한 사회생산 간의 갈등"이었다.9) 그러나 "신시대"에 들어섰다는 것은 사회적 갈등이 변화하였음을 의미하는바 "인민들의 물질적 문화에 대한 수요의 증가와 낙후한 사회생산력 간의 모순"에서 "인민들의 아름다운 삶에 대한 요구와 불균형, 불균등한 발전 간의 모순"으로 전환된 것이다.

"19대"보고에서 언급한바와 같이 "신시대"의 핵심 내용은 전술한 두 가지 내용을 포함한다. 이하에서는 "19대 정의 신시대"로 약칭한다.

4. "신시대" 선언은 대외정책의 변화를 포함하지 않는다

앞에서 서술한 바와 같이 연구진이 "신시대"에 대한 개념 정의는 비교적 직관적인 반면에 "19대 정의 신시대"는 보다 심도 있는 분석을 통해 "신시대"가 향후 정책에 미칠 중대한 영향을 자세히 설명하고 있다. 전술한 두 개의 개념 정의는 차이점이 분명하지만 공통점도 있다. 즉 두 가지 정의 모두 "신시대"는 중국 자체발전에 대한 정의와 결론이라는 것이다.

중국의 최고 지도자가 중대한 보고회에서 중국이 "신시대"에 들어섰다는 것을 공식적으로 발표함으로써 향후 정치 운영에 중요한 영향을 미칠 것으로 판단된다. 그러나 본 선언은 대외관계에 대한 정책선언이 아니며 대외정책의 변화 또는 전략 내용을 포함하고 있지 않다. 이에 대한 언급이 선행되어야 하며 나아가 "신시대"의 개념에 대한 이해와 공통된 인식이 필요하다.

Ⅲ. 향후 중국 해양전략 큰 변화 없을 것

중국의 자체발전에 있어서는 "신시대"에 진입한 것이 역사적인 혁신을 의미한다. 이에 따라 사회적 갈등은 "인민들의 물질적 문화에 대한 요구의 증가와

---

9) 쟝저민, "14대보고" 제1장(14대 위대한 실천의 기본 총괄)의 관련 내용 참고.

낙후한 사회생산력 간의 갈등"에서 "인민들의 아름다운 삶에 대한 요구와 불균형, 불균등한 발전 간의 갈등"으로 전환되었다. 이는 역사적인 도약이라고 할 수 있다. 그러나 혁신이든 도약이든 이에 대한 모든 평가는 중국에서 발생한 변화에 그친다. 한편으로 "신시대"의 "새로움"은 중국 발전사에 있어서의 세부적 단계에 대한 구분이며, 양성 발전에 대한 긍정적인 평가이다. 다른 한편으로는 "새로움"에 대한 설명 또는 사회적 모순에 대한 변화 또한 중국 내부에서 발생한 변화이다. 이처럼 중국 국내에서 발생하는 긍정적인 변화는 국가전략의 변화로 이어지지 않을 것이며, 중국의 해양전략에 대한 큰 변화를 가져오지 않을 것이다. 이에 따라 기존에 중국 해양발전전략에 대한 설계 및 그에 대한 논증은 여전히 유효하다.

1. 중국의 해양 전략에 대한 필자의 제언 및 정부 당국의 반응

1) 중국 해양전략에 대한 설계

중국에 있어 해양은 중요한 전략적 가치를 가진다. 해양권익은 중국 발전에 필요한 "공간, 자원, 주권, 주권적 권리, 관할권, 통일, 안보, 해상 교통, 사회의 건전한 발전, 과학연구, 국가 위상, 국가의 역할" 등과 밀접한 연관을 가진다. 나아가 중국의 발전에 필요한 핵심 요소들은 해양에서 나온다고 해도 과언이 아니다. 따라서 중국의 국가이익, 민족이익을 실현하기 위해서는 해양전략 수립이 필요하다. 우리는 이러한 전략을 "해양산업의 전면적 추진 전략"이라고 해석한다.[10]

"해양산업의 전면적 추진 전략"은 "국가 경제사회 발전전략의 구성 요소"[11]로서 중국이 오랜 시간 동안 추진해온 "개방"전략의 자연적인 확장이며,[12] 평화발전 전략이다.[13] 본 전략을 시행함에 있어서 "상거래 교역의 정신"[14]을

---
10) 서샹민, "중국 해양발전전략에 대한 연구", 경제과학출판사 2015년, 208면.
11) 서샹민, "중국 해양발전전략에 대한 연구", 경제과학출판사 2015년, 211-216면.
12) 서샹민, "중국 해양발전전략에 대한 연구", 경제과학출판사 2015년, 216-218면.

바탕으로 하며 무력을 사용하는 패권을 의미하는 것은 아니다.

2. 해양산업의 전면적 추진 전략에 대한 비판적 요소

1) "해양력(海权)"전략은 해양패권전략

우선, 미국 군사이론 전문가인 알프레드 마한이 주장한 해양력의 이념을 취해서는 아니 된다. 마한이 주장하는 해양력(Alfred Thayer Mahan, 40.9.27.-1914.12.1.)은 해양패권을 의미하는 것으로 중국은 이러한 해양력 강화를 위한 모델을 취해서는 아니 된다.

2) "해양력(海权) 전략"은 근대에 적합하며 당대에는 적합하지 않다

마한이 주장하는 해양력을 강화함으로써 패권을 장악하는 모델은 18세기, 19세기 해양패권을 장악한 "해가지지 않는 나라" 영국의 경험을 바탕으로 한 것이다. 미국은 마한의 해양력에 관한 주장을 받아들여 제2차 세계대전 이후 점차 세계의 패권을 장악하게 되었다. 비록 수많은 정치인과 학자들이 "해양력" 전략을 선호하고 추종(追捧)해 왔으나 "해양력" 전략은 인류의 발전과 함께 점차 사라져가고 있다. 이로부터 알 수 있는바 "해양력"전략은 식민시대에 적합하다. 그러나 식민시대는 이미 최후로 종말을 맞이했다.

3) "해양강국전략"은 이점 보다 문제점이 더 많다

중국 국내에서 "해양강국전략"에 관한 구호(口号)를 주장하는 사람은 많다. 그러나 그들은 "해양강국전략"의 구호를 부르는 것에 그칠 뿐 세부적인 전략이 없으며 국가전략에 대한 계획이 없다. 국가전략은 "모든 국력의 효과적인 배치"가 필요하며 가장 효과적인 방법으로 국력을 발휘하여야 하며 이를 통해 국가

---
13) 서샹민, "중국 해양발전전략에 대한 연구", 경제과학출판사 2015년, 218-222면.
14) 서샹민, "중국 해양발전전략에 대한 연구", 경제과학출판사 2015년, 224-231면.

의 목표를 실현하여야 한다.15) 그러나 중국 국내의 학자와 전문가들은 해양강국 실현을 위해 국력을 조정과 운용방법 그리고 국력의 발휘를 위한 전략 등에 대한 제언이 없었다.

또한 지난 10년간 "중국 해양발전전략 연구"에 관한 과제를 수행하였음에도 불구하고 정부 홈페이지와 언론에서 해양강국전략이라는 용어를 사용하지 않았다. 이에 따라 해양강국전략은 이점 보다 문제점이 더 많은 전략이라고 평가한다.16)

3. "해양강국건설"은 해양강국전략을 의미하지 않는다

1) 중국공산당 "18차 전국대회" 보고서

후진타오 주석은 "중국 특색의 사회주의 길을 따라 전진, 소강사회 실현 위해 분투: 중국공산당 제18차 전국대표대회에서의 보고(坚定不移沿着中国特色社会主义道路前进 为全面建成小康社会而奋斗——在中国共产党第十八次全国代表大会上的报告)" 제8장(생태문명 건설 적극 추진) 제1절(국토 공간 개발 패턴의 최적화)에서 "해양자원 개발 능력을 향상시키고 해양경제를 발전시키며, 해양생태환경을 보존하고 국가의 해양권익을 수호하며 해양강국을 건설한다."라고 규정하고 있다.

2) 국민경제사회발전 "13차 5개년 계획" 제안

2015년 10월 29일 중국공산당 제18차 중앙위원회 제5차 전체회의에서 "중공중앙 국민경제와 사회발전 제13차 5개년 계획 수립에 관한 건의"가 통과되었으며, 본 계획안 제3장 "혁신 개발, 핵심은 개발의 질 및 혜택 향상(坚持创新发展，着力提高发展质量和效益)" 제2절(발전을 위한 새로운 공간 개척) 제5조

---

15) 薄贵利著：《国家战略论》, 中国经济出版社1994年版, 第2-5页.
16) 서상민, "중국 해양발전전략에 대한 연구", 경제과학출판사 2015년, 197-206면.

에서 해양경제 공간 개척, 육해 통합, 해양경제 육성, 해양자원의 과학적 개발, 해양생태환경 보존, 해양권익 수호, 해양강국 건설에 관한 규정을 두고 있다. 새로운 공간을 개척하기 위해 지역 발전을 위한 영역 개발, 사업발전을 위한 영역 개발, 사회기반시설 건설을 위한 영역 개발, 경제 네트워크 구축을 위한 영역 개발, 해양경제 발전을 위한 영역 개발 등 5개의 중점과제가 포함된다.17)

3) 국민경제사회발전"13차 5개년 계획" 개요

중화인민공화국 국민경제 및 사회발전 제13차 5개년 계획 개요 중 제9편(지역균형발전 추진) 제41장(해양경제 공간 개척)의 장에서는 육상과 해양의 통합관리를 실시하고 해양경제를 발전시키며, 해양자원을 과학적으로 개발하고 해양생태환경을 보존하고 해양권익을 수호하며 해양강국을 건설한다고 명문으로 규정하고 있다.

4) 중국공산당 "19차 전국대회" 보고서

시진핑 국가주석은 "소강사회를 전면적으로 건설하고 신시대 중국특색의 사회주의 위대한 승리를 거두자(决胜全面建成小康社会, 夺取新时代中国特色社会主义伟大胜利)"라는 주제의 보고 제5장(새로운 발전이념 구현, 현대화 경제체계 구축) 제4절(지역 균형발전 전략 실시)에서 육상과 해양의 통합관리와 해양강국 건설을 가속화하여야 한다고 규정하고 있다.18)

---

17) 《中华人民共和国国民经济和社会发展第十三个五年规划纲要》, 人民出版社2016年版, 第100页.
18) 习近平: 《决胜全面建成小康社会, 夺取新时代中国特色社会主义伟大胜利》, 人民出版社2917年版, 第33页.

4. 신시대에 들어선 중국, 해양전략에 대한 중대한 조정이 필요 없다

1) 중국의 전통적 국가전략은 방어주의

2) 국제관계의 구도에 미치는 영향

시진핑 국가주석은 "소강사회를 전면적으로 건설하고 신시대 중국특색의 사회주의 위대한 승리를 거두자(决胜全面建成小康社会, 夺取新时代中国特色社会主义伟大胜利)"에서 "현재 국내외 정세가 불안정하고 복잡한 변화를 겪고 있으나 중국은 여전히 중요한 기회가 될 것으로 전망이 더 밝고 도전도 심각할 것이다."고 강조하였다.

지난 40년 간 중국이 큰 성과를 거둘 수 있었던 것은 국제 상황과 세계 패턴이 제공한 기회로부터 큰 혜택을 받았다. 중국은 40년 동안 정확한 판단을 통해 전략적 기회를 잡았으며 이를 충분히 활용하여 새로운 도전의 기회를 얻게 되었다.

3) 자국의 발전변화와 평화적 건설 수요

중국 자체의 발전 수요는 3개의 스텝과 2단계로 요약할 수 있다. 3개의 스텝이란 온포(溫飽, 배불리 먹고 따뜻하게 옷 입는 것), 소강(小康, 모든 국민이 풍족하고 편안한 생활을 누리는 것), 현대화(現代化) 등 3개의 단계로 구분할 수 있다. 대체로 중국공산당 제11차 중앙위원회 3차회의 이후 중국 경제건설의 전략은 3단계로 구분된다. 첫째, 1980년 대비 GDP 2배로 증가, 인민들이 배불리 먹고 따뜻하게 옷 입는 문제를 해결한다. 둘째, 20세기 말까지 GDP 1배 증가, 인민들의 생활수준은 소강수준에 달할 것이다. 셋째, 21세기 중반까지 1인당 GDP 가 중등발달국가 수준에 달하고 인민들이 풍족한 생활을 하고 현대화를 기본적으로 실현하는 것이다. 즉 제1 스텝은 먹고 입는 문제 해결하기, 2 스텝은 소강사회 실현, 3 스텝은 현대화 실현이다.

전술한 "2단계"는 2020년부터 2050년을 계획기간으로 설정한다.[19] 1단계는 2020년부터 2035년으로 소강사회를 전면적으로 건설하는 것이며, 앞으로 15년간은 사회주의 현대화를 실현하는 것을 목표로 한다. 이때 중국의 경제력과 과학 기술력은 대폭 향상될 것이며 혁신력이 향상되고 인민의 평등한 참여와 발전의 권리를 보장하고, 법치국가, 법치 행정, 법치 사회를 기본적으로 완성하고 각 제도를 개선하여 국가 관리시스템과 관리능력의 현대화를 실현하는 것이다. 또한 사회문명이 발달되고 국가의 소프트 파워가 현저히 증가하며, 중화문화의 영향력이 더욱 광범위해질 것이다. 인민들은 보다 풍족한 생활을 하게 되고, 중산층의 비율이 현저히 증가하여 도시와 농촌의 차이, 생활수준의 차이가 좁아지고 공공서비스의 평등화가 실현되고, 전국 인민이 모두 풍족한 생활을 하게 될 것이다. 현대사회의 법치주의체계를 형성하고 활기차고 질서 있는 사회, 생태환경이 개선되고 아름다운 중국을 실현하는 목표를 달성하는 것이다.[20]

2단계는 2035년부터 2050년까지이다. 본 단계에서는 현대화의 기본적인 실현을 바탕으로 다음 50년간 "번영한 국가", "민주국가", "문명국가", "조화롭고 아름다운 사회주의 현대화 강국" 건설을 목표로 한다. 이때 중국의 물질적·정치적·정신적·사회적·생태적 문명이 전반적으로 업그레이드되어 현대화 국가 거버넌스와 관리능력을 갖추고 종합국력과 국제사회 영향력이 강화되고 모든 국민의 공동번영을 구현하며, 국민이 보다 행복하고 건강한 삶을 누리고 중화민족이 더욱 앙양된 자세로 세계 각국에 우뚝 서게 될 것이다.[21]

---

19) 习近平：《决胜全面建成小康社会，夺取新时代中国特色社会主义伟大胜利》，人民出版社2917年版，第29页.
20) 习近平：《决胜全面建成小康社会，夺取新时代中国特色社会主义伟大胜利》，人民出版社2917年版，第28-29页.
21) 习近平：《决胜全面建成小康社会，夺取新时代中国特色社会主义伟大胜利》，人民出版社2917年版，第29页.

5. 외부적 요인은 중국의 기존 국가전략에 영향을 미치지 않는다

중국이 "평화와 발전"을 시대의 주제로 하거나[22] "평화, 발전, 협력"을 오늘날의 주선율(主旋律)로 확정하더라도 국제사회에서의 이익 충돌은 불가피하며 도전과 어려움은 계속될 것이다. 앞으로도 국제사회가 직면한 불안정성과 불확실성이 더욱 증가하게 될 것이며, 세계 경제성장의 동력이 부족하여 빈부격차가 심화되고 지역별 현안문제가 빈발할 것이다. 예컨대 테러, 인터넷 보안, 중대 전염병, 기후변화 등 비전통적 안보를 위협하는 문제가 계속하여 확산되고 있다. 이와 같은 현안문제, 위협, 도전은 중국의 발전을 저해하는 요인으로 파악되나 이러한 요인은 중국의 발전전략을 변화시키지 않을 것으로 보인다.

Ⅳ. 중국 국가전략의 일부 조정 및 해양전략에 미치는 영향

1. 녹색발전 전략 이념은 신시대 국가발전의 지도이념

시진핑 주석은 "소강사회 건설을 전면 실시, 신시대 중국 특색의 사회주의 위대한 승리 취득(決胜全面建成小康社会, 夺取新时代中国特色社会主义伟大胜利)" 보고의 제9장 "생태문명체제 개혁과 아름다운 중국 건설 가속화"에서 "사람과 자연은 생명공동체로서 자연을 존중하고 자연에 존중하고, 자연을 보호하여야 한다."[23]

"우리가 건설하여야 할 현대화는 사람과 자연이 조화롭게 공존하며, 물질적 자산과 정신적 자산을 창조하여 더 나은 삶에 대한 인민들의 요구와 아름다운 생활에 대한 수요를 충족하고 생태문명 건설을 통해 아름다운 생태환경에 대

---

22) 习近平：《决胜全面建成小康社会，夺取新时代中国特色社会主义伟大胜利》，人民出版社2917年版，第58页。
23) 习近平：《决胜全面建成小康社会，夺取新时代中国特色社会主义伟大胜利》，人民出版社2917年版，第50页。

한 인민들의 수요를 충족시켜야 한다."

아울러 국가는 녹색발전 이념을 실현하기 위해 국가발전전략을 적절히 조정하여야 하며, 해양산업분야에서 녹색발전을 실현하기 위한 방안을 모색하여야 한다.

2. 인류생명공동체 건설에 따른 국가전략 조정

1) 인류생명공동체는 전 인류에 관한 사업

시진핑 주석은 "소강사회 건설을 전면 실시, 신시대 중국 특색의 사회주의 위대한 승리 취득(決勝全面建成小康社會, 奪取新時代中國特色社會主義 偉大勝利)"보고 제3장 "신시대 중국 특색 사회주의와 기본방침"에서 인류생명공동체 건설을 기본방침으로 규정하고 있다. 중국인의 꿈과 세계 각국 사람들과의 꿈은 밀접한 연관을 가지며, 중국의 꿈(中國夢)을 실현하기 위해서는 평화로운 국제환경과 안정적인 국제질서를 필요로 한다. 따라서 국내외 상황을 통합적으로 관리하고 평화발전의 길을 굳건히 따르고, 상호 이익이 되는 개방적인 전략을 추구하고, 올바른 정의와 이익 관념을 견지하고 공동·통합·협력·지속가능한 안전관을 수립하여야 하며, 개방적이고 혁신적이며, 포용적인 발전전망을 추구하고, 화이부동(和而不同), 겸수병축(兼收幷蓄)을 기조로 하는 문명의 교류를 촉진하고, 자연을 존중하고 녹색발전체계를 구축하며 세계평화의 건설자로 전 지구 발전에 기여하고 국제질서 수호자가 될 것을 강조하고 있다.

시진핑 주석은 "소강사회 건설을 전면 실시, 신시대 중국 특색의 사회주의 위대한 승리 취득(決勝全面建成小康社會, 奪取新時代中國特色社會主義 偉大勝利)"보고 제12장 "평화발전의 길 견지, 인류생명공동체 건설"에서 "인류생명공동체를 구축하고 지속적인 평화와 보편적인 안전, 공동번영, 개방적인 포용, 아름다운 세상을 건설하기 위해 국제사회가 공동으로 협력하여야 한다"고 규정하고 있다. 아울러 상호 존중하고 평등하게 협상하며, 냉전사상과 권력정치를 단호하게 포기하고, 대립이 아닌 대화, 동맹이 아닌 파트너관계 구축이 필요하다. 대화와 소통을 통해 분쟁을 해결하고 협상을 통해 차이를 극복하고 전통적·비전통적 안보 위협을 통합적으로 관리하며 모든 형식적인 테러주의를 반대한다. 이에 따라 동주공제(同舟共济)하여야 하며, 무역과 투자 자유화의 편의를 촉진하여 보다 개방적이고 포용적이며, 보편적인 혜택주의, 형평주의, 공영(共赢)이념을 준수함으로써 글로벌 경제의 건전한 발전을 실현하여야 한다.

나아가 세계 문명의 다양성을 존중하고 문명의 교류를 통해 문명의 장벽을 깨뜨리고, 상호 학습을 통해 갈등을 해소하고 다양한 문명의 공존을 통해 보다 훌륭한 문명을 창조하여야 한다. 마지막으로 환경을 보전하고 기후변화에 공동 대응함으로써 인구가 공동으로 의존하여 살아가는 지구를 보호할 것을 강조하고 있다. [24]

아울러 "중국인은 국제사회와 공동으로 인류생명공동체 건설을 추진하고 인간의 아름다운 미래를 창조하겠다."는 강한 의지를 밝혔다.

2) 인류생명공동체 건설은 중국 국가전략의 중요한 구성부분

후진타오 전 국가주석은 "중국 특색의 사회주의 길을 견지하고 소강사회 전면 건설을 위해 분투: 중국공산당 제18차 전국인민대표대회 보고"에서 "지구는 하나뿐이고, 모든 국가는 하나의 세상에서 공존한다."고 언급하였다. 이에 따라 중국은 이웃나라를 동반자로 삼아 선하게 지내고, 선린 우호관계를 공고히 하고, 상호 이익을 심화하며 자국의 발전을 통해 주변국들에게 보다 나은 이익을 공유하도록 노력할 것이다. [25]본 연설문 제2장 중국 특색 사회주

---

24) 习近平：《决胜全面建成小康社会，夺取新时代中国特色社会主义伟大胜利》，人民出版社2917年版，第58=59页。
25) 胡锦涛：《坚定不移沿着中国特色社会主义道路前进　为全面建成小康社会而奋斗——

의 새로운 승리 취득(夺取中国特色社会主义新胜利)에서는 평화발전의 원칙을 준수해야 한다고 규정하고 있다. 평화적인 발전은 중국 특색의 사회주의 건설에 있어서의 필수적 선택이다. 개방적인 발전, 협력적인 발전, 상생의 발전을 통해 국제사회의 평화적인 환경조성을 통해 자국을 발전시키고, 세계 평화를 위해 기여하고, 모든 당사국의 이익을 융합하고 지속적인 평화와 공도의 번영과 조화로운 세상을 만들어야 한다.26)

참고문헌

[1] 习近平, 《决胜全面建成小康社会，夺取新时代中国特色社会主义伟大胜利》, 人民出版社, 2017年.

[2] 胡锦涛, 《坚定不移沿着中国特色社会主义道路前进 为全面建成小康社会而奋斗——在中国共产党第十八次全国代表大会上的报告》, 人民出版社, 2016年.

[3] 江泽民, "十四大报告"第一章 《十四年伟大实践的基本总结》, 人民出版社, 1992年.

[4] 赵紫阳, 《沿着有中国特色社会主义道路前进——在中国共产党第十三次全国代表大会上的报告》, 人民出版社, 1987年.

[5] 徐祥民, 《中国海洋发展战略研究》, 经济科学出版社, 2015年.

[6] 薄贵利, 《国家战略论》, 中国经济出版社, 1994年.

在中国共产党第十八次全国代表大会上的报告》, 《胡锦涛文选》第三卷, 人民出版社2016年版, 第652页.
26) 胡锦涛：《坚定不移沿着中国特色社会主义道路前进 为全面建成小康社会而奋斗——在中国共产党第十八次全国代表大会上的报告》, 《胡锦涛文选》第三卷, 人民出版社2016年版, 第624页.

환황해 동북아 해양안보 현안과 지역해 자원 보존

03

한반도 평화체제 구축에 있어서의 장애요소와 핵심요소

귀루이(郭锐)

한반도 평화체제 구축에 있어서의 장애요소와 핵심요소

궈루이(郭锐)*

국문초록

   1953년 한반도 정전체제가 성립된 이래 한반도 정세의 안정, 평화상태를 유지하는데 기여하였다. 그러나 냉전이 끝난 후 한반도 정전체제의 한계와 문제점이 들어나기 시작하였고 한반도의 안정적인 평화체제를 구축하는 일이 시급한 과제로 대두되었다. 또한 북핵문제의 출현과 빈번한 재발로 인해 한반도 평화체제 구축과 북핵문제 해결이 복합적으로 작용해 문제해결에 어려움을 겪게 되었으며, 북핵문제의 전개과정이 한반도 평화체제 구축에 어느 정도 영향을 미쳐왔다. 한반도는 북핵문제로 인해 평화라는 딜레마에 빠지게 되었고, 한반도의 구조적인 갈등을 확대하였으며 한반도 평화체제의 구축을 지연시켰다. 이는 각 당사국의 이익과 연관될 뿐만 아니라 한반도의 "순연(纯然)"한 무정부상태, 남과 북이 권력과 안전에 대한 입장의 차이 등 문제와 연관성을 갖는다.
   현단계에서 한반도 평화체제를 구축함에 있어서 모든 관련 국가들은 북핵문제를 적절히 해결함으로써 한반도를 안보의 곤경에 빠뜨리게 한 저항과 요무(要务)를 완화하기 위한 노력을 기울여야 하며, 공동이익을 명확히 하고 양자 또는 다자관계를 발전시키고 경제협력을 통해 북한과 각 관련국간의 안보적 협력, 정치적 협력을 이끌어내야 한다.

키워드: 안보 딜레마, 한반도 평화체제, 북핵문제, 6자회담

---

* 길림대학교 행정대학교 국제정치학과 교수, 법학박사.

I. 들어가면서

　냉전이 끝난 후 한반도는 두 차례의 핵 위기가 터졌다. 북한은 1993년 3월과 2003년 1월 두 차례에 걸쳐 "핵무기확산금지조약(Nuclear Nonproliferation Treaty, NPT)" 탈퇴를 발표했으며, 2006년 10월부터 2017년 9월까지 여섯 차례의 지하 핵실험을 실시하였다. 한반도는 동북아의 중심에 위치하여 있는 바 한반도 평화 상태는 동북아지역의 평화, 안정과 발전에 직접적인 영향을 미친다. 현재 한반도 정세가 다소 완화되었으며 미국과 북한은 대화를 통한 문제해결에 공감대를 형성하였는바 한반도 평화체제 구축이 곧 구체화될 것이다. 남과 북은 정전체제에서 진정한 평화체제로 전환하여야만 냉전의 어둠에서 벗어날 수 있으며 동북아지역은 뒤늦은 평화와 발전의 국면을 맞이하게 된다.

II. 한반도 평화체제 구축의 과정과 진전

　1953년 "한국군사정전협정(이하 정전협정)"이 조인됨으로써 한국전쟁이 정지되었다. 그러나 정전협정은 한반도 전쟁을 중단한 국제적 관리체제이나 전쟁의 종식을 의미하는 협정이 아니다. 따라서 정전협정은 내재된 결함을 가진다. 예컨대 정전체계 하에서 한반도에 주둔한 모든 외국 군부대의 철수에 대한 최종 합의에 도달하지 못하였으며, 중국 군인이 한반도에서 철수한 이후 미군부대가 한국에 계속하여 주둔하여도 중국은 속수무책이다. 냉전이 끝난 후 한반도 정전체제의 한계와 심각한 정체성(严重滞后性)이 점차 부각되었다. 한반도 "남삼각(南三角)"과 "북삼각(北三角)" 간의 권력균형이 파괴된 상태에서 정전체제는 새로운 환경에서 한반도 안보와 균형을 유지할 수 없게 되었다. 이에 따라 정전체제에서 평화체제로의 전환이 필요하게 되었다. 1991년 북한은 한반도 평화체제 구축에 관한 제안을 했지만 한국과 미국의 관심을 끌지 못했다. 1993년 이후 북한은 체코, 폴란드, 스위스, 스웨덴 등 국가가 중립국 감독위원회의 탈퇴를 요구하였다. 1994년 5월, 북한은 정전위원회에 파견한 자국 대표단을 철수하였으며 "조선인민군 판문점대표부"를 설치하였다. 이로써 한반도 정전체계를 유지하기 위한 두 개의 주요 행정기구가 완전히 마비되었다. 그 후 북핵문제가 도발될 때마다 미국과 북한, 한국 간의 모순이 더욱 심화되었고 정전체제에서 평화체제로 전환하는 일은 미뤄져왔다.

통상적으로 평화체제란 양자 또는 다자간의 평화 상태를 유지하기 위한 기본원칙, 규범, 규칙과 의사결정 절차를 의미한다.1) 한반도 평화체제 구축은 북핵문제 해결과 밀접한 연관성을 가지며, 사실상 한반도의 평화체제는 안보체제를 의미한다. 북핵문제가 한반도 정세에 큰 변화를 가져오는 핵심 요소로서 우선 북핵문제를 해결한 후 나중에 한반도 평화체제를 구축을 위한 로드맵을 마련하는 것은 최선의 방법이라 할 수 없다.

아울러 북핵문제가 나타난 것은 한반도 안보 구조의 장기적인 불균형에서 비롯된 것이며, 평화체제를 구축하는 최종 목표는 한반도의 지속적인 평화를 실현하는 것이다. 이로부터 알 수 있는바 평화체제 구축과 북핵문제는 완전히 분리되기 어렵고 양자 간에는 복잡한 관계가 형성되었다.2) 이는 한반도 비핵화와 한반도 평화체제 구축이 상호 견제하고 촉진하는 관계에 있음을 뜻하며, 결국 북핵문제 해결을 바탕으로 한반도 평화체제를 구축해야 할 것이다.

북한 핵위기 발생 이후 북핵문제는 완화될 추세를 보이지 않고 점차 심화되어 왔다. 북한은 미국, 한국, 일본과의 상호 신뢰 부족으로 인해 심각한 결과를

---

1) 韩献栋 : 《朝鲜半岛和平机制的构建──国际政治和国际法的视角》, 《当代亚太》 2008年第3期, 第81页.
2) 한반도 평화체제와 북핵문제의 해결 양자 간에는 3가지 모드가 존재한다. 첫째, 전후모드(前后模式)이다. 우선 북핵문제를 해결하고 다음으로 한반도 평화체제를 구축하는 것이다. 둘째, 평행모드(平行模式)이다. 북핵문제와 한반도 평화체제 구축을 동시에 해결하는 것이다. 즉 두 가지 문제를 동시에 해결하되 서로 간섭하지 않는 것이다. 셋째, 교차모드(交叉模式)이다. 북핵문제와 한반도 평화체제 구축을 상호 연계시켜 해결하는 것인데 이는 가장 효과적인 방법이다.

초래하였으며, 한반도 비상사태와 안보 마찰이 잇달아 발생하게 되었고 한반도 정세의 계속되는 동요로 인해 "안보 딜레마(安全困境)"에 빠지게 되었다. 아란 콜린스(阿兹·克林斯)는 "안보 딜레마"의 세 가지 특징에 대해 아래와 같이 주장하였다. 즉 ①자아의도(自身意图)의 선함, ②상대방 의도(对方意图)의 불확실성과 ③정책의 자멸이다. 이러한 기준에 근거하여 한반도가 안보 딜레마에 빠졌는지 여부를 판단할 수 있다.[3]

냉전기간 미국과 소련은 한반도 남과 북을 통제하였고 한반도에서 세력 균형을 수립하려던 전략적 목표를 실현하였으며 "정책의 자멸(政策的自我挫败)"이 나타나지 않았다. 따라서 그때 당시 한반도는 안전 딜레마상태에 빠지지 않았다고 할 수 있다. 냉전이 끝난 후 북핵문제는 동북아지역 안보 정세의 핵심 변수의 하나로 등장하였다.

전략적 의도 관점에서 보자면, 북한은 당초에 핵실험을 통해 국제사회의 경제적 지원과 자국의 안보를 확보하고자 의도하였다. 그러나 중국, 미국, 러시아 등 국가들은 정치적 회담을 통해 북해문제를 평화적으로 해결하고자 하였는바 관계 당사국의 전략적 의도는 모두 선한 경향을 가진다고 할 수 있다.

불확실성의 관점에서 보자면 북한과 중국, 미국, 러시아 등 국가들은 비악성(非恶性) 전략 목표를 설정하였으나 남북한, 북미, 북일은 정상적인 국가관계를 수립하지 않은 관계로 각 당사국은 상대방의 전략의도를 판단함에 있어서 불확실성이 컸다.

결과와 목표 간의 적합성에 대해 살펴보노라면 북한은 핵무기 개발을 통해 국제사회의 경제적 지원과 안보 보장을 받지 못하였을 뿐만 아니라 국제 환경과 주변 환경이 더 악화되는 결과를 초래하였다. 또한 북미간의 전략게임(战略博弈)이 심화됨에 따라 북한은 여섯 차례의 핵실험을 추진하였으며 각 국가들

---

3) Alan Collins, *the Security Dilemma and the End of the Cold War*, Edinburgh: Keele University Press, 1997, p.23-24.

은 정책의 실패를 경험하게 되었다. 이로부터 알 수 있는바 북핵문제는 한반도의 "안보 딜레마"상태를 형성하는데 어느 정도 영향을 미쳤다고 하겠다.

"안보 딜레마"의 개념은 Herbert Butterfield, John Herz, Robert Jervis 등 세 사람이 공동으로 제안하였다.4) Herz는 "더 높은 조직으로 단결되기 전 그룹과 개인은 생존을 위해 자신의 안전을 고려하게 되며 다른 그룹의 공격과 종속, 독재 또는 파멸되지 않도록 자신을 보호하기 위해 노력할 것이다."고 지적하였다. 또한 다른 나라의 권력적 위협에서 벗어나기 위해 이들 국가들은 더 많은 권력을 얻기 위해 노력할 것이다. 그러나 이러한 행동은 다른 국가들을 불안에 빠뜨리게 되고, 최악의 상황에 대비하게 하며 결국 안보와 권력의 악순환을 형성하게 된다.5) Barry Buzan은 "실력-안보 딜레마"라는 가설을 제안하였다. 이는 "실력"과 "안보"와의 모순관계를 강조하고 궁극적으로 딜레마를 형성한다는 것이다.6)

중국학자 탕쓰핑(唐世平)은 무정부 상태의 근원과 다른 국가 목표의 불확실성 등 8개 측면에서 "안보 딜레마"의 개념을 논술하였다. 안보 딜레마가 존재하는 한 세계 각국이 민감한 안보문제를 해결하기 위해 기존의 정책 수단을 사용하는 것은 문제해결에 큰 도움이 되지 않는다.7) 일반적으로 안보체제의 형성에는 네 가지 핵심 요소가 필요하다. 첫째, 대국이 안보체제를 구축하기

---

4) Herbert Butterfield, History and Human Relations, London: Collins, 1951; John Herz, Political Realism and Political Idealism: A Study in Theories and Realities, Chicago: University of Chicago Press, 1951; Robert Jervis, Perception and Misperception in International Politics, Princeton: Princeton University Press, 1976, chap. 3 and Jervis, "Cooperation under the Security Dilemma," World Politics, Vol.30, No.2, 1978, p.167-214, quoted from Tang Shiping,"The Security Dilemma: A Conceptual Analysis", Security Studies, Vol.18, No.3, 2009, p.588.
5) John H. Herz, Political Realism and Political Idealism: A Study in Theories and Realities, Chicago: University of Chicago Press, 1951, p.157.
6) [英]巴里・布赞著, 闫健、李剑译：《人、国家与恐惧——后冷战时代的国际安全研究议程》, 北京：中央编译出版社2009年版, 第285页.
7) Tang Shiping,"The Security Dilemma: A Conceptual Analysis", Security Studies, Vol.18, No.3, 2009, p.594-595.

위한 실력과 의지가 있어야 한다. 둘째, 국가들은 안보협력에 있어서 공통의 가치를 가지고 있다는 점을 믿어야 한다. 셋째, 확장을 통한 안보 보장방법은 반드시 포기하여야 한다. 넷째, 전쟁을 통해 안보를 보장할 경우 값비싼 대가를 치러야 한다는 점을 인식해야 한다.[8]

　전술한 4개의 요소는 안보 딜레마에서 완전히 실현할 수 없다. 따라서 안보 딜레마 상태는 국제사회가 안보체제를 구축하는 것을 방해하고 있다. 사실 북한 핵위기가 한반도 평화체제 구축을 결정할 수 있다는 근거도 "안보 딜레마''의 엄청난 제한 효과(制約作用) 때문이다.[9]

　한반도 안보 딜레마에서의 각 관계국들이 처한 입장이 다르기 때문에 한반도 평화체제 구축에 관한 각국의 의견 차이가 크다. 일정 기간 동안 북한이 가장 적극적이었고 한국은 상대적으로 수동적이었으며, 미국은 가장 소극적인 태도를 취했다. 자국의 안보 환경에 대한 현실적인 수요에 의해 북한은 한반도 평화체제 구축에 있어 매우 열정적이고 시급함을 보였으며, 북한이 제안한 의제로부터 보았을 때 매우 기회주의적이고 모순적이었다.

　북한은 한반도를 정전체제에서 평화체제로 전환하여야 한다고 여러 차례 의사 표시를 하였으나 김정일 집권시기 "선군정치(先軍政治)" 노선과 핵무기 계획을 포기하지 않았다. 이러한 모순되는 정치는 북한이 한반도 평화체제 구축이 시급하지 않다는 점을 보여준다. 북한이 핵무기 보유 의지를 공개적으로 드러내고 핵실험을 시도함에 따라 미국과 한국 등 국가들은 북한의 평화체제 구축을 위한 노력에 소극적인 태도를 취하게 되었다. 한국은 한반도 평화체제 구축에 있어서 최선의 방법은 남북이 공동으로 주도하고 남북관계의 정상화를 추진하여야 한다고 주장한다. 그러나 한국의 이러한 주장은 지역 내 다른 국가의 전략과 모순된다.

---

8) Robert Jervis, "Security Regimes", in Stephen D. Krasner, ed., *International Regimes*, Cornell University Press, 1982, p.176-178.
9) 刘鸣：《朝鲜半岛与东北亚和平安全机制——构想与问题》,《东北亚论坛》2009年第4期, 第5页.

반면에 미국은 평화조약 체결을 통해 평화체제를 구축하고, 북한의 완전한 핵 포기를 촉구하고 있다. 나아가 "핵 포기, 한반도 평화협정, 북미관계 정상화 등 3가지 목표를 동시에 실현할 것"을 목표로 한다.10) 미국의 이러한 태도는 북한의 안보 수요에 부합되지 않는바 북미간의 합의 도출을 어렵게 한다. 그 결과 안보 딜레마에 빠진 관계 국가들은 한반도 평화체제 구축에 있어서 합의 도출이 어려우며, 정전체제에서 평화체제로의 전환문제도 누차 지연되어 왔다.

Ⅲ. 한반도 평화체제 구축에 있어서의 문제점

안보 딜레마는 한반도 평화체제 구축에 큰 걸림돌이다. 한편으로 주권국은 당연히 국가이익을 추구하게 되고, 국가이익을 추구하는 행위는 안보 딜레마를 형성하게 하는 기본 조건이다. "객관적 관점에서 안보란 이미 획득한 가치를 위협하지 않는다는 것이다(安全表明对已获得的价值不存在威胁). 주관적 관점에서 안보란 가치가 공격을 받을 위협이 존재하지 않는다는 것이다(安全是指不存在价值将会受到攻击的恐惧)."11) 국가안보를 유지하는 것은 주권국가가 추구해야 할 가장 중요한 국가이익이라는 것에 대해 의심할 의지가 없다. 한 국가가 주관적으로 국가안보 위협을 느끼게 될 경우 이러한 위협이 사실이 아니더라도 당해 국가는 국가이익 우선의 원칙에 따라 적극적으로 군비를 강화하게 되며 안보 딜레마에 빠지게 된다. Herbert Butterfiled는 "인간의 본성은 악하다(人性惡)"는 점이 안보 딜레마를 형성하는 가장 중요한 원인이라고 지적하였다. 인간은 부와 권력에 대한 무한한 욕망을 가지며, 이러한 욕망은 자원 확보를 위한 국가 간의 경쟁과 갈등으로 이어진다고 한다.

---

10) [韩]李明键：《弗什博：弃核、和平协定、北美关系正常化应同时进行》, 《东亚日报》2007年5月16日。
11) Arnold Wolfers, "'National Security' as an Ambiguous Symbol", *Political Science Quarterly*, Vol.67, No.4, 1952, p.485.

사실상 "보편적인 도덕은 추상적이고, 불변의 함의로 국가 행동을 결정하고 판단하는데 적용될 수 없으며 반드시 실행과 장소 등 구체적인 요건을 통해 이루어진다."12) 국제사회에서 한 국가가 국가이익을 유지하기 위해 행한 행동은 단순히 "인간 본성의 선악(人性善恶)"을 판단기준으로 평가해서는 안 된다.

결론적으로 "성악설(性恶论)"은 안보 딜레마를 형성하는 근본 원인이라는 해석은 "인성론(人性论)"에 숨겨진 국가이익설(国家利益说)에 근거를 두며 국가가 어떤 이익을 추구하는지를 파악하여야 한다.

다른 한편으로 국가이익을 유지함과 동시에 관계 국가들과의 소통과 대화가 부족하고 상호 의심이 더해진다면 안보 딜레마에 빠지게 된다. 체계의 구조적 관점에서 본다면 무정부 상태(anarchy)는 국가들 간의 상호 의심을 불러일으키게 된다. 왈츠 (Kenneth N.Waltz)는 국제체제에서는 개별 국가보다 상위의 권위체가 없는바, 국가 간 국제협력의 가능성이 낮다고 봤다. 한 국가는 방어목적으로 전쟁을 위한 무기를 축적하더라도 다른 국가들은 이로 인한 위협을 느끼게 되고 이에 대한 대응을 할 것이다.13) 왈츠의 주장에 대해 반대하는 학자들은 "무정부 상태에서도 안보를 보장할 수 있다고 주장한다." 서유럽 국가들이 대표적인 성공 사례이다.14) 이와 관련하여 다양한 논쟁이 있지만 "무정부 상태"가 안보 딜레마를 생성하는 가장 근본적인 원인이라는 것에 공감대를 형성하였다. 비록 무정부 상태가 안보 딜레마를 보편화하는 것은 아니지만, 무정부 상태가 아니라면 안보 딜레마는 존재하지 않을 것이다. 행위주체의 관점에서 보자면 각국의 외교정책의 기본 입장이 다르다.

---

12) [美]汉斯·摩根索著, 徐昕等译, 王缉思校：《国家间政治——权力斗争与和平》, 北京：北京大学出版社2006年版, 第25页。
13) [美]肯尼思·沃尔兹著, 胡少华等译：《国际政治理论》, 北京：中国人民公安大学出版社1992年版, 第3-4页。
14) Ken Booth,"Security in Anarchy: Utopian Realism in Theory and Practice", *International Affairs*, Vol.67, No.3, 1991, p.544.

또한 주권국가를 현상 유지국가(維持現狀国家)와 수정주의 국가(修正主義国) 두 개의 유형으로 구분할 수 있다. 그 중 현상 유지국가는 기득권 유지를 희망하는데,15) 이에는 패권국, 패권국가 동맹, 부속국이 포함된다. 수정주의 국가는 자국의 국내 구조가 현재 국제관계 모델에 부합하지 않는다는 것을 인식하고 이로부터 위협을 느낀 것을 의미한다.16) 이에는 전통국가(传统型国家), 급진국가(激进型国家), 혁명국가(革命型国家) 등 3가지 유형의 국가가 포함된다. 만약 전술한 두 가지 유형의 국가가 동일한 국제관계에 처할 시 안보 딜레마를 형성하게 될 것이다.

사실상 북핵문제는 한반도의 안보 딜레마 형성에 어느 정도 영향을 미쳤으며 한반도 평화체제 구축을 저해하는 요소로 작용하고 있다. 첫째, 관계 당사국들은 많은 문제에 대해 입장의 차이를 보이고 있다. 북한은 한반도 비핵화 실현에 동의한다. 한반도 비핵화를 찬성하는 북한의 입장은 동북아 각국의 공동이익 부합된다. 그러나 북한은 한반도 비핵화를 추진하는 대가로 미국이 북한에 대한 핵무기 위협을 완전히 포기할 것을 요구하고 있다. 이러한 관점에서 북미 양국은 현저한 입장 차이를 보이고 있다.

북한의 입장에서 핵무기계획은 다른 국가의 이익에 위협을 가하기 위한 목적이 아니라 오로지 외부 원조를 얻고, 다른 나라의 위협을 피하며, 강대국의 지위를 실현하고 국내 통치를 강화하기 위한 도구로 사용한다는 것이다. 만약 핵무기계획이 초기 성공을 거둔 상태에서 포기하는 경우 북한이 핵무기 개발을 위해 지급한 막대한 비용이 수포로 돌아갈 것이며, 북한의 국가이익이 단기간에 소멸될 것이다.

---

15) E.H.Carr, *The Twenty Years Crisis*, London: Macmillan, 1964, p.93—222.
16) [英]巴里·布赞：《人、国家与恐惧——后冷战时代的国际安全研究议程》，北京：中央编译出版社2009年版，第293页.

반면에 동북아 국가들은 북한의 핵무기 개발을 자국 안보이익에 큰 위협 요소로 간주하고 있으며 한반도 비핵화를 정치적 목표로 설정하고 다양한 조치를 취하여 북한의 핵무기 개발을 저해하고 있다. 그러나 미국, 한국, 일본은 북한을 지역 안보를 위협하는 불안정 요소로 간주하고 있으며 북한의 정당한 안보이익의 수요를 무시하는 경향이 있다. 이와 같이 한반도 문제에 관련된 당사국들은 자국의 이익만 추구하고 지역의 공동이익을 소홀히 하는 결과를 낳았다.

다음으로, 주한 미군문제와 관련하여 북미 간에도 입장의 차이를 보이고 있다. 북한의 입장에서 미군이 한국에 군을 주둔하는 것은 북한의 국가 안보를 위협하는 행위이다. 북한은 미국이 주한미군부대 철수 여부는 미국이 전쟁을 원하는 것인지 아니면 평화를 원하는지를 판단하는 기준이 될 것이라고 강조하여 왔다.17) 따라서 주한미군부대를 철수하지 않는 한 북한은 핵무기계획을 스스로 포기하지 않을 것이다.

반대로 미국의 관점에서 보자면 미국은 자국의 안보이익을 유지하기 위해 한국에 계속하여 군부대를 주둔할 것이다. 한편으로 북한의 핵 위기가 지속적으로 도발하는 가운데 미국은 한국에 군부대를 지속적으로 파견하여 북한에 대한 전략적 위협을 가할 것이다. 이와 같이 북핵 문제와 주한미군부대 간의 악순환이 형성되었다. 다른 한편으로 미국의 한반도 정책은 아태지역 재균형 정책에 기여하고 있다.

따라서 미국이 한반도에서 군부대를 철수할 경우 아시아 태평양지역에서의 전략적 우위와 패권 유지에 필연적으로 영향을 미칠 것이다. 미국의 입장에서 이러한 정책의 변화는 해당 지역에서의 미국과 강대국과의 경쟁에서 불리하게 작용할 것이라고 판단할 것이다. 이에 따라 미국이 전 세계적 그리고 아태지역에서의 국가이익을 고려할 때 한국에서 미군의 존재 가치와 전략적 의미를 더욱 중요시 할 것이다.

---

17) [朝]《劳动新闻》2002年5月27日社论, 转引自龚克瑜:《如何构建朝鲜半岛和平机制》,《现代国际关系》2006年第2期, 第18页.

둘째, 한반도는 "순수한" 무정부 상태이다. 순수한 무정부 상태란 한반도가 비록 정전체제를 구축했지만 북한이 여전히 국제사회로부터 고립되어 있으며, 기존의 국제사회 규칙과 국제기구로서는 북한을 고립시킨 행위를 효과적으로 규율할 수 없다는 것이다. 양자관계에서 북미, 남북, 북일 등 국가 간에는 정상적인 국가관계가 수립되지 않았으며 북핵문제가 빈번히 발생하여 관계국 간의 대화를 크게 저해하고 있다. 남북 정상회담, 북미 고위급 대화 등 양자 간 협상은 안정적인 상호 작용 메커니즘을 형성하지 못하였다. 다자관계에서 6자회담은 한반도 안보 딜레마를 완화하는 과감한 시도였으며 북핵문제 해결을 위한 최적의 방법이다.18) 그러나 6자회담은 구조와 운영체제의 한계로 인해 사실상 북한에게 "1표 거부권(一票否決权)"을 부여하였다.19) 북한의 강력한 거부권 행사로 북미, 남북 간의 구조적 모순은 여전히 해결되지 않고 있다. 반면에 북한은 6자회담의 제도적 틀을 깨고 여러 차례 핵 실험을 추진하였다.

이로부터 알 수 있는바 북핵문제를 평화적으로 해결하기 위한 다양한 채널이 원활하게 운영되지 못하고 있고 한반도는 순연한 무정부 상태에 처하게 되었다. 또한 안보 정세의 지속적인 악화로 인해 한반도 평화체제 구축은 더욱 어렵게 되었다.

셋째, 국가권력과 국가안보에 대한 남북한 입장이 다르다. 북핵문제와 관련하여 북미관계는 한반도 안보 환경을 최종적으로 결정하는 핵심 변수이다. 미국은 현 상태 유지를 통해 패권 강국으로서 이미 수립한 국제질서와 체계를 유지하고, 동북아지역에서의 전략적 우위를 유지할 것을 희망한다. 반면에 북한은 급진적인 수정주의 국가로 간주되며 전통적인 수정주의 국가와 혁명국가 사이에 위치한 국가로서, 국가 목표가 전통적인 수정주의 국가의 단순한

---

18) 石源华：《朝鲜核试爆与重开六方会谈》, 《东北亚论坛》2007年第1期, 第57页.
19) Choe Sang-Hun, "U.S. Condemns North Korean's Missile Tests", *New York Times*, July 5, 2009.

자립자강의 수요를 초과한 것으로 본다. 이에 따라 북한은 국내 정치체제를 유지하는 틀에서 어느 정도의 체제 개혁을 수행하려고 할 것이다.

　냉전이 끝난 후 소련 해체로 인해 한반도에서 남북 간 권력의 심각한 불균형이 나타났고, 북한은 이러한 권력 불균형 상태로부터 벗어나고 싶어 했다. 이러한 이유로 북한은 급진적 수정주의 길을 채택하게 되었으며 북한은 핵무기 개발을 통해 "비대칭성"에서 우위를 차지하고, 나아가 한반도 안보 균형을 이루기 위한 '지름길'을 찾기 위해 노력하였다. 그러나 전략적 우위와 지역안보를 위한 질서 유지를 위해 미국은 북한의 전략을 단호하게 반대하였고 이는 북핵문제를 복잡하게 만들었을 뿐만 아니라 한반도 안보 딜레마를 심화시켰다.

Ⅳ. 한반도 평화체제 구축의 중요한 과제

　안보 딜레마로 인해 한반도 평화체계 구축을 심각하게 저해하므로 안보 딜레마를 완화해야만 한반도 평화체계 구축이라는 최종 목표를 실현할 수 있다. 학계에서 안보 딜레마를 제거할 수 있는지 여부에 대한 논란이 계속되어 왔다. 신현실주의(新現实主义)는 주권국가는 안보 딜레마에서 벗어날 수 없다고 주장한다. 신자유주의(新自由主义)는 "국가 간의 국제협력을 통해 안보 딜레마에서 벗어날 수 있으며, 대화를 통해 문제를 해결할 경우 어느 쪽도 국방력 증대와 강화가 필요 없는바 모든 국가에 유리하다."고 주장한다.[20] 구성주의는 개념적 요인을 강조함과 동시에 안보 딜레마를 "상호 주관성(主体间性)" 사회 규칙 구조로 파악하여 "안보 딜레마는 무정부 또는 자연계(自然界)에 의해 정해지는 것이 아니다"는 결론을 도출하였다.[21] 따라서 행위주체

---

20) [美]小约瑟夫·奈著, 张小明译：《理解国际冲突：理论与历史》, 上海：上海人民出版社 2002年版, 第23页.
21) Alexander Wendt, "Anarchy is What States Make of It: the social construction of power politics", *International organization*, Vol.46, No.2, 1992, p.407.

즉 국가 간에 상호적 작용에 의해 형성된 사회구조적 안보 딜레마에 근거하여 관계 당사국 간의 공동안보체제를 형성한다. 사실상 일단 형성된 안보 딜레마는 생명력이 매우 강하다. 일부 학자들이 안보 딜레마를 제거하는 방법을 제시하고 있지만 국방력을 증대하지 않고, 공동의 안보 인식을 형성하지 않는 한 가능성은 극히 적다.

그렇다면 안보 딜레마는 극복할 수 없는 것인가? 꼭 그런 것만은 아니다. 학계의 통설에 의하면 안보 딜레마는 극복할 수 있다고 본다. 비록 안보 딜레마는 무정부 상태에서 나타나는 고유한 특징으로 안보 딜레마에 대해 비관적인 입장을 취하는 학자들도 있으나 이들 또한 안보 딜레마는 극복 가능하다고 주장한다. 예컨대 유명한 국제정치학자 로버트 저비스(Robert Jervis)도 "안보 딜레마를 완벽하게 극복할 없다. 그러나 강도를 완화할 수 있는 개념으로 안보딜레마의 변수를 통해 강도를 완화할 수 있다"고 주장하였다.22)

안보 딜레마 완화 방안에는 사슴사냥과 죄수의 딜레마 등 다양한 모델이 존재한다. 로버트 저비스는 안보 딜레마에서 국가 간의 협력이 가능함을 논증하였다. 안보 딜레마를 효과적으로 극복하기 위해 공격적 무기와 방어적 무기의 개념을 도입하였다. 공격방어 균형에서 방어성 무기가 우위를 차지하고 공격성 무기와 방어성 무기를 구분할 수 있을 때 안보 딜레마를 효과적으로 완화할 수 있다.23) 배리 부잔(Barry Buzan)의 경우 안보 딜레마는 계속하여 존재할 것이나 대국은 무기와 장비의 투명성을 높이는 방법으로 안보 딜레마를 완화할 수 있다. 각 국가들은 경제측면에서 시장 요소에 근거하여 상호 의존도를 높여 왔으며, 경제적 의존도는 안보 딜레마로 인해서 나타나는 위협을 감소하는 역할을 하였다.

---

22) Robert Jervis, "The Security Regimes", International Organization, Vol.36, No.2, 1982, p. 178.
23) Robert Jervis,"Cooperation under the Security Dilemma", World Politics, Vol.30, No.1, 1978, p.167-214.

이처럼 안보 딜레마 완화에 대한 연구가 안보 딜레마 극복에 관한 연구보다 선행되었다. 현 단계에서 한반도 평화체제 구축은 남북만의 문제가 아니다. 이는 한반도와 주변국이 북핵문제를 해결하는 과정에서 형성된 안보 딜레마로 인해 나타나는 각종 방해 요소를 제거하는 것과 밀접한 연관성을 가진다.

첫째, 안보 딜레마의 근원적 관점에서 출발하여 한반도 문제에 관계되는 모든 당사국의 공동이익을 명확히 하여야 한다. 동북아지역에서 중국, 미국, 러시아 등 3개 국가가 핵무기를 보유하고 있으며 북한은 핵무기를 보유하기 위해 노력하고 있는바 동북아지역의 안보 충돌이 심화될 경우 그 결과는 상상할 수 없다. 따라서 한반도 비핵화를 실현하는 것은 동북아국가들의 공동의 이익이라 할 수 있다. 또한 북한이 핵무기를 개발한 원래 목적도 지역 정세의 불안정성을 증대하기 위한 것은 아니다. 오직 관계 당사국이 공동의 안보이익을 명확히 해야만 한반도 안보 딜레마를 완화할 수 있다.

북한은 국제사회에서 고립되어 있는바 다른 국가와의 이해관계가 상대적으로 단순하며 외부로부터 받는 제약도 적다. 북한의 국제사회로부터 외교 경제적 고립을 돌파하고 국제사회와 교류함으로써 동북아국가 간 이익공동체를 구축하고 동북아지역 안보 딜레마를 점차 완화할 수 있다. 중국은 북한의 인근 우호국(友好近邻)으로 북한의 국제사회 통합을 계속하여 추진하여야 한다. 정치적 측면에서 중국은 북한과 주변국의 관계 발전을 적극 조정하고, 경제적 측면에서 중국은 북한과의 무역거래를 통해 북한의 산업발전을 이끌고 궁극적으로 북한의 지속가능한 경제발전을 도와주어야 한다.

둘째, 정부체제(体系结构)의 관점에서 한반도는 양자 또는 다자관계를 발전하여 "단순한" 무정부상태에서 벗어나야 한다. 또한 남북관계, 북미관계를 개선하고 6자회담을 지속적으로 추진하는 것은 한반도가 "단순한" 무정부 상태에서 벗어날 수 있는 유일한 방법이다. 이를 바탕으로 북핵문제를 해결하고 한반도 안보 딜레마를 효과적으로 극복하여야 한다. 한반도 남북관계 개선을 위해 남과 북은 기존의 장관회담, 총리 회담을 제도화하여야 하며, 특히 양국

정상회담을 제도화하여야 한다. 아울러 남북한 사이에 동포애를 기반으로 민간교류 및 협력을 강화하여야 한다.

북미관계는 한반도 안보 딜레마에 중요한 영향을 미치는 핵심 변수이다. 미국은 한반도에서 다양한 전략적 이익을 가지고 있는 반면에, 북한은 미국과의 관계를 정상화할 시 모든 문제가 자연적으로 해결될 것이라고 본다. 따라서 한반도의 안보 딜레마 극복을 위해 북한과 미국은 핵문제를 둘러싸고 효과적이고 실질적인 양자회담을 추진하여야 한다. 특히 정상회담을 지속화하고 식량 원조, 에너지 건설 등 문제에 대해 상호 신뢰를 구축하고 전략적 합의를 도출하여야 하며, 합의사항을 성실히 이행하여야 한다.

그밖에 6자회담을 오로지 북한의 비핵화를 실현하기 위한 다자협의체로 볼 것이 아니라 "위기대응체제"로서 그 논의구조의 성격과 위상을 격상하여야 한다.[24] 현재 6자회담의 가장 중요한 과제는 "기능 업그레이드"이며 6자회담의 집행체제를 강화하여야 한다. 안보 딜레마가 어느 정도 완화된 후 6자회담은 한반도 평화체제 구축을 위한 효과적인 협의 채널로 논의구조를 격상시켜야 한다. 6자회담 협의체는 장기적인 발전을 거쳐 안정적인 단계에 진입하였는바 한반도 평화체제 구축을 위한 협의체로 전환될 기본 요건을 갖추었다. 6자회담 협의체는 역내·역외의 다양한 핵심 이익과 그 수요를 종합적으로 고려하고 있는바 한반도 평화체제 구축을 위한 내적 요건을 갖추었다.

그러나 평화체제 구축을 위한 협의체의 참여국과 관련하여 관계 당사국들은 서로 다른 정책을 제안하였다. 한편으로 북한은 "정전협정"을 체결한 당사국인 북한, 중국, 미국이 한반도 평화체제 구축의 참여국이라고 주장하고 있다. 다른 한편으로 한국과 미국은 "평화협력"은 남북한 양 당사국이 직접 체결하고 중국과 미국 2개 국가 또는 중국, 미국, 러시아, 일본 등 4개 국가가 필요한 국제적 보증을 제공하는 것이 바람직하다고 주장한다.[25] 한반도의 실정을

---

24) 朱锋：《二次核试后的朝核危机：六方会谈与"强制外交"》，《现代国际关系》2009年第7期，第46页。

감안할 때 한반도 평화체제 구축은 지역협력체제의 성격을 가지며, 한반도 평화체제 구축은 지역협력의 문제로서 참여국도 지역성을 갖게 된다고 주장한다. 이에 따라 본 연구는 모든 6자회담 참여국이 한반도 평화체제 구축과정에 동참하여야 한다.

셋째, 행위주체의 관점에서 볼 때, 한반도 문제와 관련되는 모든 당사국은 북한정부가 "경제발전이 정치협력을 주도한다."는 주장을 받아들이도록 조치를 취해야 한다. 북한은 북핵문제 해결에 결정적인 역할을 하는 국가로서 한반도 평화체제 구축에 있어서 가장 중요한 행동주체이다. 현재의 안보 딜레마에서 김정은 정권은 김정일의 국가발전노선을 승계하였으나 경제건설의 주도적 지위를 크게 격상하였다. 또한 미국과 한국과의 직접적 대화를 적극 추진함으로써 한반도 비핵화를 실현하고자 노력하였다. 이러한 북한의 정책은 국제사회 특히 동북아 국가들에게 있어서 절호의 기회이다.

역사적 경험에 따르면 관련 국가들은 정치적 협력을 통해 한반도 비핵화를 이끌어내기에는 한계가 있다. 이러한 한계를 극복하기 위해 중국, 미국, 러시아, 일본, 한국 등 국가들은 한반도 비핵화를 위한 새로운 돌파구를 찾아야 하며 관계 당사국 간의 외교적 입장 차이를 좁혀나가야 한다. 현재 북한의 경제 발전을 이끌어냄으로써 경제 건설을 안정적으로 이끌어내는 것이 가장 시급한 과제이다. 최근 북한은 경제발전에 대한 중요성을 누차 강조하고 "외국인투자기업노동법", "외국인투자기업재정관리법", "외국투자은행법" 등 중요한 법률을 개정하였다. 이에 따라 모든 관계 당사국들은 역사적인 기회를 잡아 북한과의 경제적 교류를 확대하고 북한의 안보 딜레마로 인한 위협과 심리적 부담을 완화하고, 나아가 한반도 평화체제 구축을 위해 공동으로 행동하고, 하나의 방향으로 정책을 추진하여야 한다.

---

25) 龚克瑜：《如果构建朝鲜半岛和平机制》, 《现代国际关系》2006年第2期, 第17页.

참고문헌

[1] Alan Collins, *the Security Dilemma and the End of the Cold War*, Edinburgh: Keele University Press, 1997, p.23-24.

[2] Herbert Butterfield, History and Human Relations, London: Collins, 1951; John Herz, Political Realism and Political Idealism: A Study in Theories and Realities, Chicago: University of Chicago Press, 1951.

[3] Tang Shiping, "The Security Dilemma: A Conceptual Analysis", Security Studies, Vol.18, No.3, 2009.

[4] Robert Jervis, Perception and Misperception in International Politics, Princeton: Princeton University Press, 1976.

[5] Robert Jervis, "The Security Regimes", *International Organization*, Vol.36, No.2, 1982.

[6] Robert Jervis,"Cooperation under the Security Dilemma", World Politics, Vol.30, No.1, 1978.

[7] Choe Sang -Hun, "U.S. Condemns North Korean's Missile Tests", New York Times, July 5, 2009.

[8] John H. Herz, Political Realism and Political Idealism: A Study in Theories and Realities, Chicago: University of Chicago Press, 1951.

[9] Robert Jervis, "Security Regimes", in Stephen D. Krasner, ed., *International Regimes*, Cornell University Press, 1982.

[10] Arnold Wolfers,"'National Security' as an Ambiguous Symbol", *Political Science Quarterly*, Vol.67, No.4, 1952.

[11] Alexander Wendt, "Anarchy is What States Make of It: the social construction of power politics ", *International organization*, Vol.46,

No.2 ,1992.

[12] Ken Booth, "Security in Anarchy: Utopian Realism in Theory and Practice", *International Affairs*, Vol.67, No.3, 1991.

[13] E.H.Carr, *The Twenty Years Crisis*, London: Macmillan, 1964.

환황해 동북아 해양안보 현안과 지역해 자원 보존

제 2 장

동북아 해양자원 이용동향과 군사활동

04
동중국해 석유지질의 특질 및 석유탐사개발 현황 및 전망

리보강(李宝钢), 웬단단(袁丹丹), 리산밍(李山明)

동중국해 석유지질의 특질 및 석유탐사개발 현황 및 전망

리보강(李宝钢), 웬단단(袁丹丹), 리산밍(李山明)*

국문초록

동중국해는 중국 연안에서 가장 큰 중생대와 신생대 퇴적층이 중첩되어 형성된 분지로서 석유 탐사의 잠재력이 크다. 본 연구는 지난 10년간 동중국해 대륙붕분지에서 추진된 지구물리 탐사 자료와 선행연구를 결합하여 동중국해분지의 형성 특징, 구조 단원 및 퇴적 특징에 대해 연구하였다. 동중국해분지는 "동서분대, 남북분괴(东西分带´南北分块)"의 특징을 가진다. 동중국해분지의 지질구조적 특징 및 지구물리학을 바탕으로 분지 내의 중생대 퇴적층 구조를 유형화하고 요약하였다. 나아가 평형단면복원기술을 활용하여 동중국해분지의 전형적 단원복원을 추진하고 단일 피스톤 시추기 등 자료에 근거하여 동중국해분지의 지질구조 형성과정에 대해 분석하고 석유 매장이 가능한 지질조건을 갖추고 있는지, 석유 탐사전망은 어떠한지에 대해 논의하고자 한다. 본 연구는 동중국해분지내에 다량의 석유가 매장되었다는 전제하에서 기륭요함(基隆凹陷)에 신생대 퇴적층에서 유래한 석유가 대량으로 매장되었다는 것을 연구의 돌파구로 설정하고 석유자원 탐사의 주요 대상지역으로 지정하였다.

키워드: 동중국해분지, 분지의 지질구조, 퇴적, 지질구조의 진화, 유전 분포

---

* 중국석유대학교(화동) 지구과학기술학과 교수, 지질학박사.

Ⅰ. 들어가면서

동중국해분지는 중국 대륙과 류큐열도(琉球群岛) 사이에 위치하였으며 후기 백악기(晚白垩世)와 신생대 암석이 중첩되어 형성된 분지이다. 동중국해분지는 남화크라통(华南克拉通, SCC) 기저위에 형성되었으며 수렴형 마진분지(聚敛型陆缘盆地)에 속하며, 두 개의 움푹 들어간 부분과 하나의 융기된 구조를 가지고 있고, 동쪽과 서쪽은 움푹 들어간 요함대(坳陷带)이고 중부는 융기 지형이다. 동중국해분지는 길이가 1,150km이며, 폭은 90-300km이고, 총면적은 25x104km²이다. 동중국해분지의 지리적 좌표는 북위 25°22′-33°38′ 동경 120°50′-129°00′ 이며, 수심은 70-140m이다(그림-1). 동중국해 분지는 대체적으로 북동쪽을 향하고 있으며 중국 연안 대륙붕에서 가장 큰 퇴적분지이다.[1] 저자는 동중국해분지의 지형구조, 지층의 형성 특성, 지질구조의 진화과정 및 석유자원의 분포 및 탐사 전망에 대해 요약하고자 한다.

Ⅱ. 지형구조의 개발 현황

1. 지질구조의 형성 특징

1) 동중국해분지 지질구조의 특징

지질구조 상 동중국해 대륙붕 분지는 "동서분대, 남북분괴(东西分带′南北分块)"의 특징을 가진다. 동중국해분지의 서쪽은 민쟝융기대(闽浙隆起带)이고 동쪽은 류큐열도(琉球群岛)이다. 분지 내부를 살펴보자면 서쪽에서 동쪽의 순서로 서부함몰대(西部坳陷带), 서부융기대(西部隆起带), 저동함몰대(浙东

---

[1] 白莹. 中国东部中、新生代盆地演化特征及构造迁移规律[D]. 中国地质大学（北京），2014; 刘光鼎.中国大陆构造格架的动力学演化[J].地学前缘,2007(03):39-46.

坳陷带), 동중국해 대륙붕 외측 융기대(东海陆架外缘隆起带), 오키나와해해구(海槽)가 형성되 있다. 또한 각 함몰지대는 북쪽에서 남쪽으로 융기된 부분과 오목한 부분이 번갈아 나타나고, 서부함몰대는 북에서 남으로 쿤산요함(昆山凹陷), 창수저융기(常熟低凸起), 진산북요함(金山北凹陷), 진산남요함(金山南凹陷), 첸탕요함(钱塘凹陷), 리수이요함(丽水凹陷) 등이 형성되었다. 서부융기대는 간헐적으로 연결된 융기대를 형성하고 있으며 북에서 남의 순서로 후피초융기(虎皮礁隆起), 해초융기(海礁隆起), 어산저융기(渔山低隆起)가 형성되었다. 저동함몰(浙东坳陷)은 면적이 가장 크고 퇴적물의 두께가 가장 두껍게 형성되었는바 석유자원 탐사의 핵심지역으로 지목되고 있다. 저동함몰(浙东坳陷)은 북에서 남으로 푸쟝요함(福江凹陷), 시후요함(西湖凹陷), 디아오베이요함(钓北凹陷)이 위치하여 있다(그림-1).[2]

[그림-1] 동중국해분지 지질구조 요약(주웨이린(朱伟林) 수정 지도, 2010년)

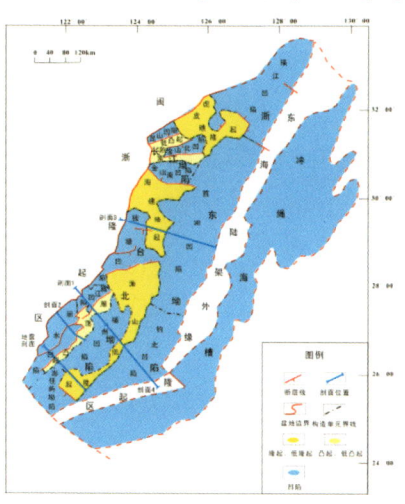

---

[2] 王国纯. 东海盆地地质构造特征[J]. 石油勘探与开发, 1986(06): 1-8; 郭令智, 施央申, 马瑞士. 西太平洋中、新生代活动大陆边缘和岛弧构造的形成及演化[J]. 地质学报, 1983(01): 11-21; 陈术源. 中国海域煤层生气作用及其对煤系气成藏的贡献[D]. 中国矿业大学, 2018.

동중국해분지의 요함지형 단층은 "동단서초, 하단상요(东断西超, 下断上坳)"의 특징을 가진다.[3] 분지의 서쪽은 상대적으로 완만한 사면에 의한 역단층이 형성되었으며 동쪽은 대규모 정단층(正断层)을 경계로 한다(그림-2).

[그림-2] 동중국해분지 리수이요함-복주요함 지진단면도(바이잉(白莹), 2014년)

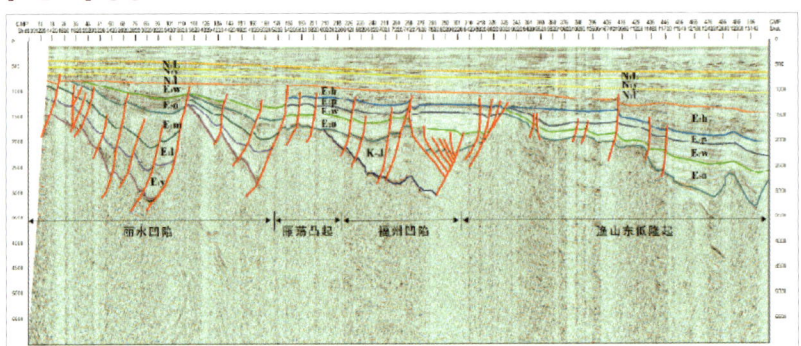

2) 동중국해분지 지질구조 양식

동중국해 대륙붕분지의 형성과정은 대체로 주라기(侏罗纪) 압출 곡강(挤压坳陷), 백악기 전기(白垩纪) 주향이동(走滑拉分), 고신세-시신세(古新世-始新世)의 호후균열(弧后裂陷), 중신세(中新世)에서 현재까지 구역침강(区域沉降) 등 4단계를 거쳤다. 서로 다른 지질시대(地质时期)와 서로 다른 지각 응력장(应力场)의 영향을 받아 동중국해 대륙붕분지의 지질구조는 다양한 요소와 특징을 가지게 되었다. 지질구조 양식의 기하적 형태, 지구물리학적 배경 등 특징을 기반으로 동중국해 대륙붕 분지의 중생대는 신전구조(伸展构造), 압출구조(挤压构造), 주향이동구조(走滑构造), 반전구조(反转构造) 및 디아

---

3) 胡文博. 东海陆架盆地南部中生界沉积体系研究[D]. 中国地质大学(北京), 2012; 曾久岭. 东海区域地质构造单元划分及地质结构特征[C]. 上海市石油学会.第五次东海石油地质研讨会论文集.上海市石油学会: 上海市石油学会, 2004: 30-46; 韩波. 东海地球物理场及深部地质构造研究[D]. 中国科学院研究生院 (海洋研究所), 2008.

피르구조(底辟构造) 등 5개의 유형과 12가지 구조조합을 나타내고 있다는 것을 알 수 있다.[4] 자세한 내용은 표-1의 내용과 같다.

[표-1] 동중국해 대륙붕 분지의 중생대 지각구조

유 형	구조조합	형성구역
신장구조 (伸展构造)	지구와 지루(地堑与地垒)	민장요함(闽江凹陷), 창장요함(长江凹陷)
	반지구 및 복합식반지구 (半地堑与复式半地垒)	오우장요함(瓯江凹陷), 타이시분지(台西盆地)
	도미노식 단열(多米诺式断裂)	오우장요함(瓯江凹陷), 민장요함(闽江凹陷) 일부지역
	이동배사(滚动背斜)	오우장요함(瓯江凹陷)
	흔사단괴(掀斜断块)	오우장요함(瓯江凹陷), 타이시분지(台西盆地)
압출구조 (挤压构造)	압출배사(挤压背斜)	민장요함(闽江凹陷)
	단배사(断背斜)	민장요함(闽江凹陷)
	겹쳐진 압등(叠瓦状逆冲)	민장요함(闽江凹陷) 일부지역
주향이동구조 (走滑构造)	역화상구조(负花状构造)	민장요함(闽江凹陷), 타이베이 저철기(台北低凸起)
	계단형단층(雁列式断层)	민장요함(闽江凹陷) 동단(东缘)
반전구조 (反转构造)	정반전구조	민장요함(闽江凹陷), 창장요함(长江凹陷)
디아피르 구조 (底辟构造)	암장 디아피르 구조	타이베이 저철기(台北低凸起)

1) 신장구조(伸展构造)

신장구조는 정단층 시스템의 다양한 구조가 조합된 것으로 분지의 균열, 침강, 최적 및 변형의 과정을 거치면서 서로 다른 지질구조가 수평으로의 이

---
4) 宋小勇. 东海盆地西湖凹陷构造样式及其对油气聚集的控制[D]. 中国地质大学 (北京), 2007; 杨传胜,杨长清,张剑,李刚,杨艳秋.东海陆架盆地中生界构造样式及其动力学成因 探讨[J]. 海洋通报, 2017, 36(04):431-439.

동, 경사 이동, 수직 승강이동을 통해 서로 다른 지질층에서 지구와 지루를 형성하고, 반지구 및 복합식 반지구, 도미노식 단열, 배사이동, 경사이동 등 다양한 지질구조를 형성하였다(그림-3).

수평 장력의 힘으로 서로 마주보는 2개의 고각도 단층(高角度斷層)을 형성하고 불연속 단층이 강하하여 지구(地塹, Graben)를 형성하였다. 반대로 2개의 단층 사이에서 지괴가 상승되면 이를 지루(地垒)라고 한다. 지구(地塹)는 단층운동의 결과 지각의 일부는 융기하고 일부는 하강하여 양측 단층 사이의 중앙부에 지괴가 내려앉아 형성된 지형이다. 이러한 지구가 길게 연속되어 나타나는 것을 지구대라고 한다. 도미노식 단열(多米诺式斷裂)은 거의 평행되거나 경사가 같은 정단층 구조로서 대부분은 작은 규모의 퇴적층으로 이루어진 단열 또는 다단계 단열로 구성된다.

[그림-3] 신장구조 양식의 전형적 지진 단면도

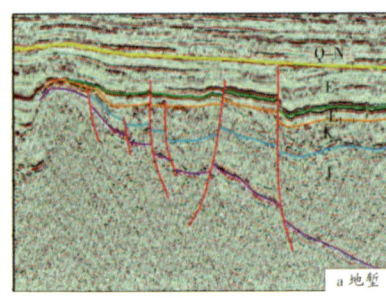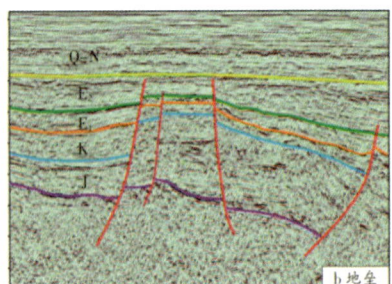

2) 압출구조(挤压构造)

압출구조는 지층, 지각 또는 암석권이 수평 압축 응력을 받아 단층이 접히거나 주향이동하여 단열됨으로써 지층이 축소되어 마침내 다양한 압출구조가 생성된다. 압출배사(挤压背斜), 단배사(断背斜), 첩와형 압등구조(叠瓦状逆冲构造) 등이 포함된다. 압출구조와 신장구조가 동시에 작용할 시 지각운동은 대립되거나 통일되는 두 가지 구조를 형성한다.[5] 그림-4는 지층의 단열에 의해 형성된 특수한 배사구조이다.

압출배사(挤压背斜)란 지층이 측면에서 오는 응력을 받음으로 인해 습곡이 형성되는 것을 의미한다. 지진단면도에서는 지층의 파상 기복현상을 보여준다. 단배사(斷背斜)는 조기 측면 압출, 차이성 승강 등의 작용 하에 변형을 일으켜 배사가 형성된다.

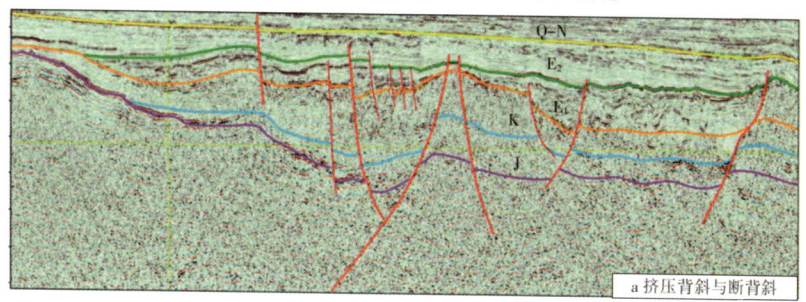

[그림-4] 압출구조 양식의 전형적 지진 단면도

3) 주향이동구조(走滑构造)

주향이동구조란 간단히 말해서 단층의 주향에 평행한 이동을 의미한다. 주향이동구조에는 정화상구조(正花狀构造), 역화상구조(负花狀构造), 계단형 단층(雁列式斷层) 등이 포함된다. 본 연구 대상지역에는 주로 정화상구조와 계단형 단층이 생성되었다.

주향이동구조는 오우장요함(甌江凹陷) 중부 지진 단면도에서 찾아볼 수 있다. 단열은 백악기(白垩系), 고신세(古新统), 시신세(始新统)시기를 절단하였으며 백악기에서 시신세지층의 형성을 저해하였다. 깊은 주요 단열의 각도는 비교적 크며 위쪽으로 퍼져서 분기되어 정단층과 역단층이 조합되는 구조를 형성하였다. 이는 전형적인 역화상구조이다. 이러한 구조를 생성하게

---
5) 姚超, 焦贵浩, 王同和, 等, 2004. 中国含油气构造样式. 北京: 石 油工业出版社, 1-16.

된 것은 주향이동의 영향을 받은 것으로 추측할 수 있다. 대부분의 주향이동구조는 변위가 수평인 단층으로 주향이동단층의 이동은 단층을 횡단하여 보면서 맞은편 지괴가 어느쪽으로 이동했는지를 주목하면서 기재한다. 단 수평 지층은 수직변위를 보여주지 않는다. 오우쟝요함(甌江凹陷) 동쪽 가장자리는 NE-NNE형태를 가진 계단형 단열을 경계로 하고 있으며, 단층 분포가 상대적으로 집중되어 있다. 타이베이 저철기(台北低凸起) 일부분에서 역화상 단열이 형성된 것을 발견하였다.[6]

Ⅲ. 동중국해분지 지층의 생성 특징

1. 지층의 생성 특징

1) 동중국해분지 지질구조의 특징

동중국해분지는 중생대 퇴적을 기반으로 생성된 대형 퇴적분지이다. 동중국해분지는 신생대 퇴적이 중요한 형성 기원이다. 신생대 지층은 잘 발달되어 있으며 주로 쇄설성 퇴적암이다. 아래에서 위로 고신세(古新统), 시신세(始新统), 중신세(中新统), 상신세(上新统)와 제4기(第四系)의 순서로 나타나고 있으며 퇴적층의 두께는 1-10km이다. 시후요함(西湖凹陷)내의 퇴적층의 두께가 10-15km가 가장 두껍다. 고신세 지층은 주로 창쟝요함(长江凹陷), 타이베이요함(台北凹陷), 시후요함(西湖凹陷), 됴베이요함(钓北凹陷)에 분포되어 있으며 그중 시후요함의 퇴적층 두께는 2,000m에 달한다. 창쟝요함의 퇴적층 두께는 변화가 큰데 1,500-4,000m 사이에 있다. 고신세 지층은 후피초철기(虎皮礁凸起), 해초철기(海礁凸起), 위산 저철기(渔山低凸起) 상단 부

---

[6] 杨艳秋, 杨长清, 李刚, 龚建明. 东海陆架盆地南部构造样式及分布特征[J]. 海洋地质与第四纪地质, 2012, 32(03):113-118; 褚庆忠. 含油气盆地反转构造研究综述[J]. 西安石油大学学报(自然科学版), 2004(01):28-33+91-92.

분에서 누락되었다. 따라서 일반적으로 동중국해 대륙붕 분지의 고신세와 시신세는 "고해금육, 남해북육(古海今陆, 南海北陆)"의 특징을 가진다.

첫째, 중하시신세 보석 조합(中下始新统宝石组): 보석조합(宝石组)은 시후요함 서쪽 경사면 남단에 위치한 보석구조에 시추한 보석조합 1호정(1井)에 대한 분석 결과 두께는 385.9m이며 암석은 주로 이질암(泥质岩)이다.

둘째, 상시신세 평호조합(上始新统平湖组): 평호조합(平湖组)은 시후요함에 광범위하게 생성된 지층으로 암석입자가 작고, 주로 이암(泥岩), 미사암(夹粉砂岩), 사암(砂岩)과 탄층(煤层)이 혼합되었다. 시후요함은 현원암(炫源岩)으로서 두께가 두껍고 아래에서 위로 5개의 단층을 형성하였다.

평호조합 5단(平湖组五段): 본 단층의 두께는 대체로 300m이며 하향식의 팔각정(下伏八角亭)모양과 불일치한 접촉을 형성하였다. 아래 부분은 사암으로 모래와 진흙이 섞여 있으며 사함함량이 20-40%로 비교적 높다. 윗부분은 암석의 입자가 크며 석회암(灰质泥岩), 미사암(粉砂质泥岩), 미세 미사암(细粉砂), 미세 사암(细砂岩) 및 아스팔트 질의 얇은 탄층이 있다.

평호조합 4단(平湖组四段): 주로 작은 입자의 사암으로 사암의 함량이 30-70%에 달한다. 미사암(粉砂质泥岩), 이암(泥岩), 석회 미사암(灰质粉砂岩), 흙질의 미세 사암(泥质粉砂), 미세 미사암(细粉砂岩), 미세 사암(细砂岩)이 섞여있으며 아스팔트 질의 얇은 탄층도 분포되어 있는데 두께는 767.5m이다.

평호조합 3단(平湖组三段): 암석의 입자가 아래층보다 더 작으며 미사암이 60%이상으로 가장 많다. 주로 석회미사암(灰质粉砂岩), 흙성분의 미사암(泥质粉砂岩), 이암(泥岩), 석회질 이암(灰质泥岩), 탄질의 혈암(碳质页岩)이 있다. 모래와 흙 사이에 여러 겹의 아스팔트 질의 탄층이 분포되어 있다. 이러한 지질구조는 현재 평호정구(平湖井区)에서만 찾아볼 수 있다.

평호조합 2단(平湖组二段): 입자 크기가 약간 크며 사암의 함량이 20-40%에 달한다. 주로 미사질의 이암(粉砂质泥岩), 이암에 미사암이 혼합된 암석(泥岩夹泥质粉砂岩), 석회질 미사암(灰质粉砂岩), 미사암(粉砂岩), 미세사암(细砂岩) 그리고 여러 겹의 아스팔트 질의 단층이 분포되어 있다.

평호조합 1단(平湖组一段): 입자가 약간 거칠고 사암의 함량이 40-60%에 달한다. 주로 미사질 이암(粉砂质泥岩), 이암(泥岩), 미사암(粉砂岩), 미세사암(细砂岩) 속에 여러 겹의 아스팔트 질의 탄층이 분포되어 있으며, 아래부분에 적은 사력암(砂砾岩)이 분포되어 있다. 이러한 암석층은 주로 시후요함 중간지역에 분포되어 있다.

셋째, 점신세화강암(渐新统花港组): 화강암은 시신세에서부터 불일치한 접촉현상을 보이고 있다. 암석은 거친 부분과 미세한 부분이 선회(旋回)하면서 모양을 형성하였다. 두께는 1,000-2,000m이다.

화강암 하부(花港组下段): 아랫부분은 사암(砂岩), 사력암(砂砾岩)과 이암(泥岩) 및 소량의 아스팔트 질의 탄선(沥青质煤线)이 끼어 있다. 윗부분은 모래와 이암(砂泥岩)이 섞여 있으며 널리 분포되어 있다.

화강암 상부(花港组上段): 아랫부분은 사암과 이암의 특징을 가지며, 상부는 이암과 사암이 지배적이다. 이암은 아래에서 위로 점차 증가하고 색상이 점차 밝아진다.

넷째, 하중신세 용정조합(下中新统龙井组): 단층의 두께는 600-900m이며, 사암이 대부분이고 상부와 하부로 나뉜다.

다섯째, 중중신세 옥천조합(中中新统玉泉组): 두께는 400-1,000m이며, 상부와 하부로 나뉜다. 하부는 2개의 선회(旋回)로 구성되어 있는데 하선회는 이암(泥岩), 혈암(页岩)과 사암이 섞인 단층, 사암에 활암과 석탄이 끼어있다. 상선회는 탄질의 이암(炭质泥岩), 이암(泥岩), 활암(页岩) 미사암(粉砂岩), 미세 사암층에 석탄이 끼어있다. 두 개의 선회 사이에는 미세 사암이 있다. 본 단층에는 석탄이 발달되어 있다.

상부는 회색 이암(灰色泥岩)과 회백색 미사암(灰白色粉砂岩)이 섞여 있으며, 상부는 잡색 이암(杂色泥岩), 미사질의 이암(粉砂质泥岩)과 회황색의 미사암(灰黄色粉砂岩), 사암이 섞여 있고, 소량의 석고(石膏)가 있다. 이 단층에는 소량의 탄층(煤层)이 있으며 아랫부분은 사력암(砂砾岩)이다.

여섯째, 상중신세 류랑조합(上中新统柳浪组): 류랑조합은 시후요함에서 두께의 변화가 크게 나타나는데 가장 두꺼운 곳은 835m로 깊은 함몰지역에서 생성되었다. 아랫부분은 역암(砾岩)이며 이암, 미사암과 사암이 섞여있고, 윗부분은 소량의 탄층이 분포되어 있다.

일곱째, 상신세 삼탄조(上新统三潭组): 이는 두께가 500-700m로 두껍고 안정적이다. 그러나 하복 지층과는 각도가 일치하지 않다. 암석은 전형적인 하조상세(下粗上细)의 2개의 선회(旋回)구조이다. 하단은 이암과 흙질의 미사암이 섞여있고 상단은 흙질의 사암과 미사암이 섞여있다. 하부는 역암층(砾岩层)이다.

여덟째, 제4기 동해군(第四系东海群): 이 단층은 두께가 400-500m이며 광범위하게 형성되어 있다. 하복지층은 수평방향에서 불균형하게 형성되었다. 주로 미사암 점토층, 미사암이 형성되었으며 퇴적암에 역사암(砾砂岩)과 생물 껍질이 끼어있다.

2. 퇴적상의 특징

동중국해분지는 육지와 해양 두 가지 퇴적환경을 형성하였다(그림 5). 그중 점신세(渐新统)에서 중신세(中新统)에는 육지 퇴적환경이 지배적이며, 시신세 중기(中始新统)에는 해양의 퇴적환경이 지배적이다.

1) 해만삼각주상(海湾三角洲相)

동중국해분지의 해만삼각주상은 시신세(始新统) 평호조(平湖组)의 중부, 상부에서 생성되었으며 조석작용의 영향을 받아 삼각주평원, 삼각주 최전선(三角洲前缘)과 전 삼각주 종아상(种亚相)과 약간의 퇴적미상(沉积微相)으로 구성되었다.

2) 조평상(潮坪相)

동중국해분지의 조평상은 주로 시신세 평호조의 중부와 하부에서 생성되었다. 조석작용의 특징 및 조석에 의해 형성된 퇴적환경단위에 따라 시후요함(西湖凹陷) 조평퇴적상(潮坪沉积相)은 조상대아상(潮上带亚相), 조간대아상(潮间带亚相), 조하대아상(潮下带亚相) 등 3개 부분으로 구성되었으며, 그중 조간대와 조하대의 퇴적암은 가장 특이하고 잘 발달되었다.

3) 천해상(浅海相)

동중국해분지의 천해상은 주로 시신세 평호조(平湖组)의 하부에서 형성되었으며 주로 흙으로 만들어진 퇴적암이다.

4) 변상하류상(辫状河流相)

변상하류상은 정사정화강조(净寺井花港组)의 첫 번째 지층에서 발달되었다. 퇴적현상을 분석해보면 주로 하천의 폭이 좁고 굴곡이 많으며 땋은 머리 모양과 유사하다. 강바닥은 주로 진흙이 풍부하고 중간 입자 및 미세한 입자의 사암 퇴적물로 형성되었으며 근처의 토사를 짧은 거리에 운반하는 과정을 거쳤다. 동중국해분지의 변상하류상에는 주로 하도(河道)와 하만(河漫) 두 가지 아상(亚相)으로 발달되었으며, 하도아상은 하도 내의 채움(充填)과 퇴적 등 2가지 미상으로 구성되었으며, 하만아상은 자연제방, 하구, 월안퇴적(越岸沉积), 범람평원 호수(泛滥平原湖泊) 및 늪 등 5개의 미상으로 구성되었다.

5) 호박변상삼각주상(湖泊辫状三角洲相)

동중국해분지의 호박변상삼각주상은 점신세와 중신세 지층에서 발달되었으며, 변상삼각주평원(辫状三角洲平原), 변상삼각주 최전선(辫状三角洲前缘) 및 변상전삼각주(辫状前三角洲) 등 3 가지로 구분할 수 있다. 주로 미사암

(细砂岩), 미세사암(粉砂岩) 및 이암 퇴적물로 구성되었다. 본 연구 대상해역에서 빈천호(滨浅湖)와 천호(浅湖) 두 가지 형태로 구분할 수 있으며 그중 빈천호아상(滨浅湖亚相)은 사현(砂现), 백사장(砂滩), 이평(泥评)으로 구성되었으며, 천호아상(浅湖亚相)은 진흙 퇴적물이 지배적이다.7)

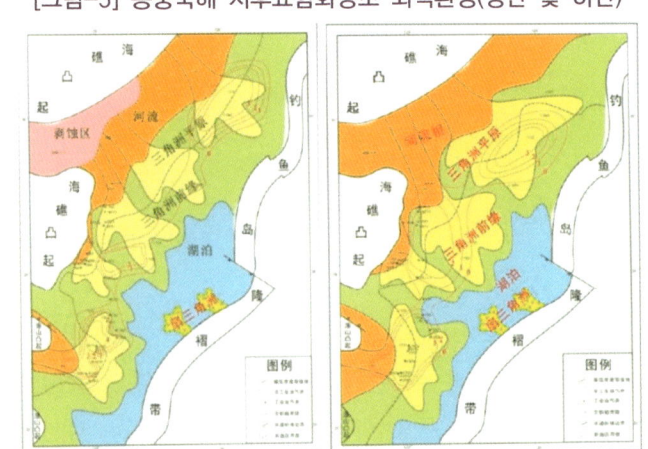

[그림-5] 동중국해 시후요함화강조 퇴적환경(상단 및 하단)

Ⅳ. 동중국해분지 지질구조 변화의 특징

1. 형성 메커니즘

중주해역(中周海域) 퇴적분지의 형성 및 변화과정은 매우 복잡하다. 지질구조의 형성에 영향을 미치는 요소가 다양하고 태평양판, 유라시아판 및 인도·호주판이 서로 모여드는 수렴작용(会聚作用) 및 암석권(岩石圈) 심부(深部) 과정에서 분지가 발달되고 변화되었다. 즉 판의 수렴작용과 암석권 심부과정

---

7) 陈勇. 现代海洋牧场科技体系构建与研究应用[C]//现代海洋(淡水)牧场国际学术研讨会论文摘要集. 赤峰: 中国水产学会海洋牧场研究会, 2017.

이 동중국해 퇴적분지 형성에 가장 큰 영향을 미쳤다. 그림 6에서와 같이 동아시아판구조 진화모델에 대한 분석을 토대로 중국 해역의 분지구조 진화의 특징을 결합하여 중국 연근해 분지구조 진화과정에서 발생한 중요한 판구조 프레임을 재현할 수 있다.8)

고신세에서 시신세에 이르기까지 화남육지경계(华南陆缘)의 남쪽 전체지역은 태평양 범주에 속하였다. 태평양판이 유라시아판으로 섭입 및 후퇴함으로 중국 동부의 연약권(软流圈) 상승하고 암석권의 확장하게 됨에 따라 일련의 작은 "분령(盆岭)"형의 단함분지(断陷盆地)가 형성되었다. 오늘 날 동중국해 육지경계는 단함분지에 속한다. 65-50Ma시기 인도판과 호주판 및 유라시아판이 접촉하기 시작했고 43.5Ma시기 양자는 완전히 충돌한다. 45Ma시기 남중국해 남부와 호주판의 북쪽으로의 이동속도가 가속되어 남중국해가 보르네오쪽으로 침강하기 시작했다.

점신세에는 태평양판의 섭입방향이 NNW방향에서 NWW방향으로 전환되면서 인도와 유라시아대륙이 완전히 충돌했으며, 남극대륙과 인도양·호주판 사이의 확장으로 인해 강력한 추진력이 형성되었으며, 필리핀해판이 북쪽으로 이동하였다.

전술한 주요 판구조의 이동으로 인해 중국 연안분지도 진화하는 과정을 가져왔다. 동중국해는 태평양판의 섭입과 회전운동으로 인해 압출 응력이 증가되었고, 초기의 신장단열작용이 중단되고 암석권이 굴절 변형하게 되어 구부러진 호형모양의 육지분지(弧后前陆盆地)가 형성되었다. 지구판의 주변부에 위치한 동중국해 대륙붕분지는 전체적으로 압축되고 암석권이 굴절 변형되어 휘어진 굴곡분지를 생성하였으며, 여러 차례의 구조적 반전을 거쳐 분지 내에 스러스트 폴드 구조(逆冲褶皱构造)를 형성하였다.

중신세에 들어서서 가장 중요한 지구판 이동사건이 있었는데 호주판이 필리

---

8) 杨红生. 我国海洋牧场建设回顾与展望[J]. 水产学报, 2016, 40(7): 1133-1140.

핀 해양암석권을 북쪽으로 밀어내서 필리핀 해양암석권이 시계방향으로 회전하여 유라시아판과 태평양판사이에 설입(楔入)되었다.

상신세에서 제4기까지는 필리핀 해양암석권이 북쪽으로의 이동을 중단하였으며 태평양판과 함께 서쪽으로 급강(俯冲)하여 타이완섬 호(弧)와 화난지구(华南地块)와 접촉하여 타이완지역의 산맥이 형성되었다. 인도판은 계속하여 유라시아 대륙으로 설입(楔入)되어 화난지구와 화복지구가 각각 동남쪽과 동쪽으로 이동하게 되었다. 전술한 지구판 이동으로 인해 중국 동부지역은 거의 동서방향으로 압축되었으며 해양분지는 열후기(裂后期)의 가속화된 침강단계에 들어섰다.

[그림-6] 중국 동부지역 판구조 진화 및 연안분지의 발달과정
(주위린(朱伟林), 2015)

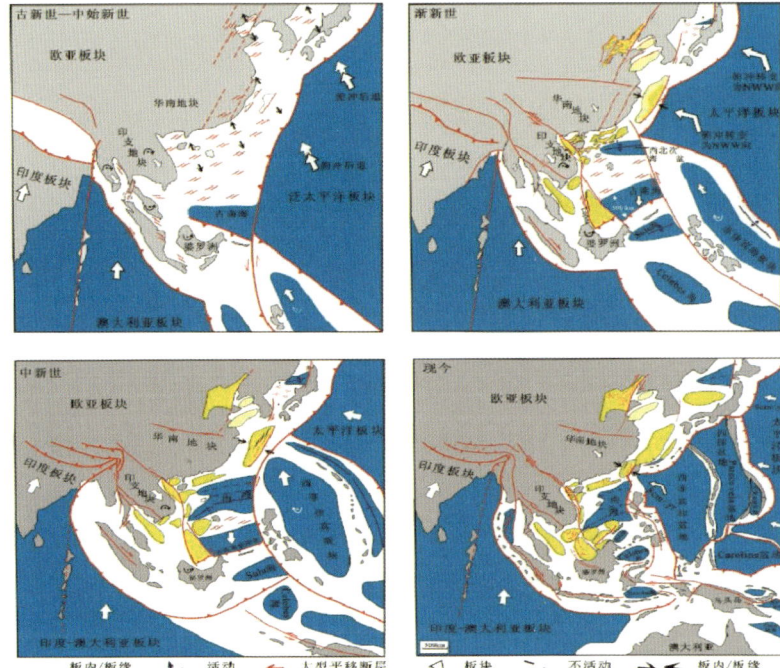

동중국해분지의 속성은 변형이 활발하게 일어나는 대륙 주변부의 활성대에 속하며 서태평양 "구(沟)-호(弧)-분(盆)"체계 중에서 "호후열구형분지(弧后 裂谷型盆地)"에 해당하며 호후(弧后)의 확장은 분지형성에 있어서 중요한 역할을 하였다. 태평양판이 유라시아판으로 침강하는 속도가 급격하게 감소함으로 인해 심부의 발열물질이 상승하게 되었고 활화산과 대륙 경계부 균열이 일어났다(그림-7).[9]

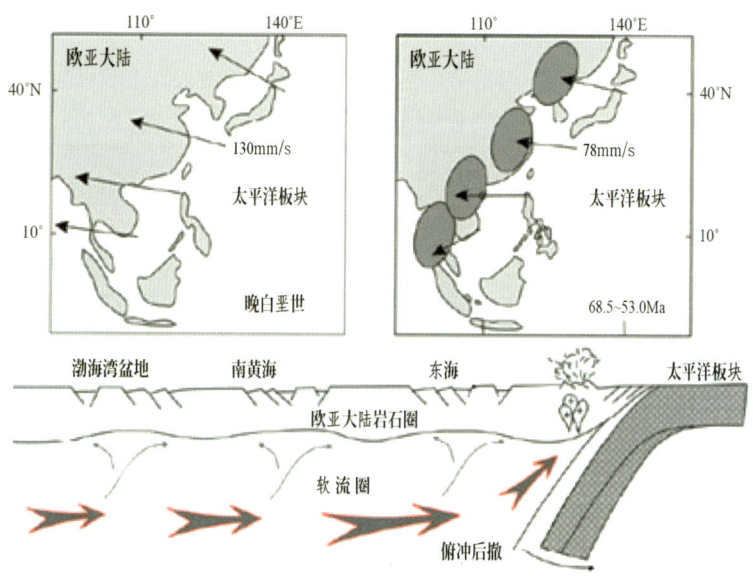

[그림-7] 중국 동부지역 판구조 진화 및 연안분지의 발달과정
(주위린(朱伟林), 2015)

---

9) 中国科协学会学术部编. 新观点新学说学术沙龙文集-海洋牧场的现在和未来[M]. 北京: 中国科学技术出版社, 2013.

2. 지질구조의 진화

동중국해분지 지질구조의 진화와 중후생대 후기 이래 태평양판과 유라시아 판의 이동과 밀접한 관련이 있다. 그러나 중생대부터는 필리핀판의 이동이 동중국해분지의 지질구조 진화에 중요한 역할을 하였다. 고대 동중국해 대륙주변부 지질은 동중국해분지 진화의 주요 특징에서 출발하여 동중국해분지의 신생대 지질구조 진화과정은 기저융기단계, 주요 균열단계, 압축반전단계, 대륙 주변부 융기·균열단계 등 4단계로 나눌 수 있다(그림-8).10)

1) 주라기-백악기 기저융기단계(侏罗世—白垩世基底隆起阶段)

주라기 조기 및 중기(早-中侏罗世): 이자나기판(伊佐奈歧板块)은 NW방향으로 침강, 압축, 충돌하는 진화과정을 거쳐 지각 응력장이 WNW-ESE방향으로 거의 수평으로 단축되는 특성을 가지게 되었으며 압축배사(挤压背斜), 단배사(断背斜) 등의 지질구조를 형성하였다.

백악기(白垩世): 해양판의 후퇴와 번권(翻卷)하는 운동이 일어났으며 인도양판은 NE방향으로 급강하며 충돌하는 과정에서 지역구조 응력이 완전히 다르게 일어나게 되었고, 지역의 지질구조 환경이 ESE-WNW방향으로 확장하게 되어 NNE방향으로 균열분지가 형성되었다.

2) 고신세-시신세 중기 주요 확장균열단계

(古新世 – 中始新世为主伸展裂陷阶段)

이 단계에서 유라시아판과 태평양판이 접촉하면서 B형 급강작용이 일어났으며 고밀도의 해양지각이 저밀도 대륙지각 아래로 급강하기 시작하였다. 고

---

10) 崔鲸涛, 我国海洋牧场建设综述（概念、意义、历程、问题、理念、建议）[N], 中国海洋报, 2017-08-16; 宋蒙蒙, 赵林. 建筑废料应用于人工鱼礁的研究[J]. 建筑经济, 2014, 35(12):105-109.

대 태평양판과 유라시아판의 경사방향으로의 침강운동이 일어나면서 중국 대륙판의 동쪽 주변부는 밖으로 퍼져나가게 되었으며 이로인해 중국 동부지역은 확산경계가 형성되었다. 동중국해분지가 당연히 가장 먼저 밖으로 퍼져나가게 되었는데 서부요함(西部坳陷)은 고신세에서 수많은 함몰지형이 형성되었다. 전형적인 지형에는 리수이·수장요함(丽水－椒江凹陷)이 있다. 그러나 동부요함(东部坳陷)과 분지 경계부분에 대한 지진 단면도 및 시추 자료에 의하면 지각 진화의 관점에서 당시에는 동중국해 대륙붕 주변부 융기가 있었던 것으로 추측된다. 이 융기는 해양과 육지가 급강하는 과정에서 형성된 대륙경계 융기(陆缘隆起)와 전연증생설작용(前缘增生楔作用)의 영향을 받은 것으로 지속적으로 상승하면서 동중국해분지의 생성에 기원을 제공하였다.

백악기 초기로부터 아시아대륙 동부 주변부는 복합성 암석대(增生杂岩带)를 형성하였다. 이에 따라 동중국해분지 대륙붕 경계부분의 융기는 백악기 후기에 일어난 것으로 추측할 수 있다. 주로 동부지역 지층이 지속적으로 발달되고, 서부지역은 융기된 부분이 계속하여 침식되어 동중국해분지에 퇴적물을 제공할 뿐만 아니라 분지 바닥과 바다사이를 연결하는 통로를 형성하였다.

3) 시신세 후기-점신세는 요함기에서 초기 압축·반전단계까지
(晚始新世－渐新世为拗陷期至初始挤压反转阶段)

하와이-엠펠러 해저 산열에 대한 심층 연구를 통해 태평양판 운동방향이 43Ma에서 갑자기 방향을 바꾸었으며 서태평양판이 유라시아판 동부 주변부가 NNW서 방향으로 비스듬히 깎여 내려가더니 NWW방향으로 수직방향으로 급강하였다. 이러한 지각 운동으로 인해 동중국해분지 및 주변해역에서는 일련의 지각 운동현상이 발생하였다. 첫째, 대마도(对马岛)-고토열도(五岛列岛), 조어도(钓鱼岛), 오키나와(冲绳)-구로시마(八重山) 전환단열의 왼쪽 전단이 중단되고 급강 운동이 일어났으며 화산활동이 약한 것에서 점차 강하게 진행되다가 중지되었다. 둘째, 호후 확장(弧后扩张)으로 인해 동중국해 동부요함에 여러 개의 함몰이 형성되었다. 셋째, 동남부 지역은 화산활동이 활발해지면서 새로운 섬인 류큐섬(琉球岛) 호(弧带)가 생겨났다. 이 시기 동중국해분지에 있어서 다양한 지질구조가 형성되었으나 가장 중요한 사건은 동부요함이 급속히 확장하여 퇴적물의 두께가 5,500m에 달하였으며 시신세에서 점신세 지층이 형성되었다.

점신세(34-23Ma) 태평양판이 급속히 침강하게 되고 그 영향으로 인해 해당 지역은 더 이상 남화판(华南板块)이 아닌 화북크래톤(华北克拉通)에 속하게 되었다. 이러한 지각 운동은 동해(일본해)의 확장과 밀접한 연관성을 가진다.[11] 이 기간 동안 필리핀판의 급속한 확장으로 인해 동중국해분지는 필리핀판의 영향을 받게 되었다. 점신세 말기부터 동중국해 대륙붕 연변부가 급속이 침강하게 되었고 이로 인해 점차 평평한 칠레형 급강대(智利型俯冲带)가 형성되었다.[12] 고대 동중국해 대륙붕 연변부 전체가 침식되기 시작하여 원래의 융기된 부분이 크게 변화하였다.

4) 중신세–전신세는 강한 압축과 반전기에서 동중국해 대륙붕 연변부 융기·분해단계(中新世-全新世为强烈挤压反转期至东海陆架外缘隆起裂解阶段)

유라시아판 동부 연변부는 NWW방향으로 서태평양판으로 수직 급강하였으며 급강대는 점차 동쪽방향으로 이동하였다. 이에 따라 필리핀판이 비스듬히 하강하였고 높은 응력과 완만한 경사각으로 급강하였으며 동중국해분지 전체가 압축·반전단계에 진입하였다.

이 기간 동안 서태평양판 운동 방향은 대체로 NWW방향이였으며 앞부분은 유라시아판의 저해를 받아 뤼쏭섬(吕宋岛)의 굴곡부분이 북쪽으로 이동하여 서타이완지각(西台湾地块)과 비스듬히 충돌하였다. 이러한 지구판 운동은 오

---

11) 李娇, 公丕海, 关长涛, 等. 人工鱼礁材料添加物碳封存能力及其对褶牡蛎(*Ostrea plicatula*)固碳量的影响[J]. 渔业科学进展, 2016, 37(6): 100-104.
12) 刘爱霞. 生态混凝土制作人工鱼礁的研究介绍[J]. 农技服务, 2016, 33(18): 107-110.

늘날에도 여전히 일어나고 있다.13) 뤼쏭섬(吕宋岛)고 서타이완지각(西台湾地块)의 사선 충돌은 동중국해분지 중신세-전신세 그리고 제4기 지질구조 진화에 큰 영향을 미쳤으며 중신세 후기-상신세 초기 룽징운동(龙井运动)이 이번 충돌에 의해 생성되었다.

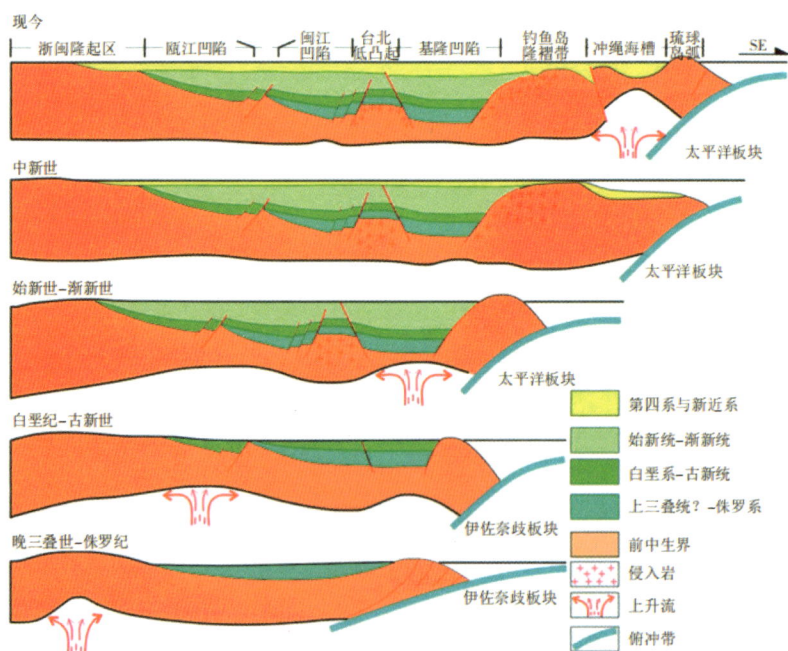

[그림-8] 동중국해분지 지질구조 진화과정 안내도(양추안승(杨传胜), 2017)

지구판의 급강감소작용(俯冲消减作用)이 계속됨에 따라 상신세부터 필리핀판의 급강운동이 낮은 응력, 두경각(陡倾角) 그리고 급강 속도가 낮아지고 심부 열 물질이 상승하게 되었으며 동중국해 대륙붕 연변부가 점차 분해되어

---

13) 姜云鹏,高峰,海洋生态材料研究及应用综述[J].中国水运,2015,15(3):247-249.

오늘날의 오키나와 해조분지(沖绳海槽盆地), 류큐 융기(琉球隆起), 조어도 융습대(隆褶带) 등 독립된 지질단위가 형성되었다. 이 기간의 지각 운동은 다음과 같이 3 가지 특징을 가진다. 첫째, 조어도 섬호대(钓鱼岛岛弧带)와 류큐 구호시스템(琉球沟弧系统) 등 잔류 호척(残留弧脊) 사이에 미세한 확장이 있었으며, 이로 인해 오키나와 해조습곡 간에 분지가 형성되었다. 둘째, 대륙 동부 연변부는 미세한 확장이 차단되어 동중국해 호후분지(东海弧后盆地)는 일부 지역이 열 침강(热沉降)이 있었다. 셋째, 동부분지 및 주변해역의 응력장의 압축방향은 NS방향에서 NE-SE방향으로 바뀌었으며, 전체적으로 부체꼴 모양으로 동쪽으로 확장되어 나갔다.

V. 동중국해분지 석유자원 개발 현황 및 잠재력

1. 동중국해분지 석유개발 현황

중국은 1974년부터 동중국해분지 석유자원 탐사를 시작하였다. 신생대 지질조사는 기본조사, 일반조사, 정밀조사, 탐사개발 등 4단계로 나눌 수 있다.[14] 지난 40여 년간 국내외 많은 석유회사, 연구기관이 해당 해역에서 많은 연구를 수행하였으며 풍부한 지질 기초 데이터를 축적하여 심층개발을 위한 연구기반을 마련하였다. 예비통계에 따르면 분지 내에서 32,000km 이상에 달하는 2차원 다 채널 지진 측정조사를 수행하였으며, 조사면적은 4,000㎢에 달하고, 100여 개의 석유가스 탐사정을 완성하였다. 탐사정은 대체로 오우쟝요함(瓯江凹陷)과 시후요함(西湖凹陷)에 분포되어 있다.[15]

---

14) 姜昭阳, 梁振林, 刘扬. 滩涂淤泥在人工藻礁制备中的应用[J]. 农业工程学报, 2015, 31(14):242-245.
15) 高潮, 乔永梅, 蒋晓宁, 等. 粉煤灰人工鱼礁试验研究[J]. 粉煤灰, 2014(2):4-6; 李颖, 倪文, 陈德平, 等. 冶金渣制备高强人工鱼礁结构材料的试验研究[J]. 材料科学与工艺, 2013, 21(1):73-78.

1979년부터 2008년까지 한국의 여러 석유회사와 한국지질광물과학연구소가 동중국해분지 동북쪽 끝단에 위치한 푸장요함(福江凹陷)에 대해 석유탐사를 수행하고 76,002km에 걸쳐 2차원 다채널 측량을 완료하였다.[16)]

분지 내의 오우쟝요함(甌江凹陷)과 시후요함(西湖凹陷)에 대한 탐사활동은 상대적으로 집중적이고 심화되었다. 특히 오우쟝요함(甌江凹陷) 측량밀도는 1km×1km이며 탐사정 9개를 완공하였고, 그 중 5개 탐사정에서 석유자원이 관측되었다. LS36-1-1 탐사정은 고신세 하부에서 높은 수율의 오일흐름이 발견되었는데 이는 우수한 석유자원이 매장되어 있음을 의미한다. 시후요함(西湖凹陷)에서도 2차원, 3차원 지진측량을 진행하였으며, 측량 대상 지역의 면적은 2,000km²에 달한다. 해당 지역에서는 40개의 평가용 시추정을 완공하였는데 그중 4개 석유 지질구조, 7개의 석유가스전을 확인하였으며 3,000만 톤이상의 석유와 1,000억m³의 천연가스가 매장되어 있음을 확인하였다.

최근 몇 년 동안 시후요함(西湖凹陷)의 중앙배사대 북중부에서는 천연가스 탐사에 큰 성과를 가져왔고, 시후요함(西湖凹陷) 화강가스전에서 중요한 상업적 발견을 가져왔으며, 인월구조(印月构造), 단사구조(团四构造), 옥천구조(玉泉构造)에서도 새로운 탐사 성과를 가져왔다.

1) 근원암(烃源岩) 상태

기존의 시추 자료에 따르면 동중국해분지는 시신세 핑후조(始新统平湖组)와 점신세 화강조(渐新统花港组) 하단 및 중신세 용정조(中新统龙井组) 및 옥천조(玉泉组), 유랑조경원암(柳浪组经源岩系) 등 3 세트의 효과적인 근원암을 형성하였다. 그중 시신세 핑후조 근원암은 반폐쇄 만, 갯벌, 하강삼각주(河控三角洲) 퇴적환경에 의해 형성되었다. 시후요함(西湖凹陷)의 근원암은

---

16) 倪文, 李颖, 陈德平, 等. 冶金渣制备生态型人工鱼礁混凝土的试验研究[J]. 土木建筑与环境工程, 2013, 35(3):145-150.

대체로 이암과 석탄으로 구성되었고, 시신세 평후조(始新统平湖组) 이암 중에서 풍부한 유기물이 포함되어 있다. 점신세 화강조(渐新统花港组) 하단과 중신세 용정조(中新统龙井组) 및 옥천조(玉泉组) 이암에도 풍부한 유기물이 함유되어 있는데 이는 근원암 유기물 함량기준을 초과하였다. 점신세 화강조(渐新统花港组) 상단과 중신세 용정조(中新统龙井组)와 유랑조(柳浪组)의 이암은 유기물 함유량이 낮고 기원이 좋지 않은 근원암이다(표-2).

[표-2] 동중국해분지 근원암에 대한 평가

지 층			근원암	유기탄소 (%)	클로로포름 역청 "A" (%)	총탄화수소 (10^{-6})	이암평가
중신세	유랑조		이암	0.37	0.014	148.05	매우 나쁨
			탄	48.27			
	옥천조		이암	0.85	0.033	173.65	중간
			탄	47.24	1.928	4491.58	
	용정조		이암	0.47	0.027	137.70	나쁨
			탄	52.31			
점신세	화강조	상단	이암	0.37	0.0194	105.54	나쁨
			탄	62.31	1.688	5472.15	
		하단	이암	0.71	0.023	125.16	중간편차
			탄	59.73	2.013	7400.50	
시신세	평호조		이암	1.10	0.053	253.93	좋음
			탄	61.84	1.928	8566.94	
	보석조		이암	0.74	0.056	659.00	중간선호

2) 비축(储盖) 상태

평후조 저장층(储集层)은 조평삼각주 시스템의 하도사(河道砂), 삼각주전연사(三角洲前缘砂), 하구사(河口砂), 조도사(潮道砂) 등 다양한 유형의 중간 입자 사암이 있으며 두께는 3~20m에 달한다. 사암이 상대적으로 발달되었으며 모래땅이 차지하는 비율이 30%에 달하며 공극도(孔隙度)는 10-20%에 달하고 투과율이 $1-100 \times 10^{-3} um^2$이상이다. 현재 당해 지역에서 산업용 오일 기류가 확인되었다.

화강조 저장층(花港组储集层)은 주로 하도사(河道砂), 빈호사(滨湖砂)와 삼각주사암(三角洲砂岩) 등으로 구성되었다. 사암의 발달이 양호하고 모래땅의 비율이 20-50%에 달한다. 저장층의 물질에 대한 분석을 통해 화강암 저장층의 투과성이 좋고 공극도 평균치는 12-24%이며, 평균 투과율은 $1-1270 \times 10^{-3} um^2$이상으로 양호한 저장층이 형성되었다.

중신세 옥천조(中新世玉泉组)와 용정조(龙井组)은 하천의 퇴적으로 형성되었으며 사암 저류층이 매우 발달되었고 모래땅의 비율이 55-75%에 달하고, 사암의 공극도와 투과율 평균치가 모두 $60-1700 \times 10^{-3} um^2$이상으로 저장조건이 매우 좋다. 덮개암(盖层)은 주로 얕은 호수와 하천의 퇴적으로 이루어졌으며 두께는 50-800m이며 분포가 넓고, 이질암의 함량이 높아 40%에 달한다. 또한 단층의 두께가 두껍고 분포가 안정적이며 균열이 발생하지 않는다.

3) 트랩(圈闭) 상태

동중국해분지 트랩은 구조적 트랩이다. 현재 시후요함(西湖凹陷)에서 이미 시추된 유전 및 가스전 구조가 발견되었으며 트랩의 규모도 다양하고 소형, 중형, 대형 트랩이 여러 개 발달되었다. 지질구조의 트랩상태로부터 알 수 있는바 배사(背斜), 단배사(断背斜), 단층(断块) 등 여러 가지로 구분된다. 그중 서부경사대(西部斜坡带)와 동부 급경사 단융대(东部陡坡断隆带)는 요함의 변연부 경사에 위치하기 때문에 주로 단배사, 단층 트랩으로 발달되었으며 연구 대상지역 중앙반전구조대는 양측이 강한 압력을 받음으로써 강한 접힘 현상으로 인해 배사와 반배사(半背斜) 트랩이 형성되었다.[17]

---

17) 沈蔚, 章守宇, 李勇攀, 等. C3D测深侧扫声呐系统在人工鱼礁建设中的应用[J]. 上海海洋大学学报, 2013, 22(3):404-409.

4) 석유 분포 특징

동중국해분지 시후함(西湖陷) 중앙배사대(中央背斜带)와 서부배사대(西部斜坡带)에서 석유가 가장 많이 발견되었다. 서부경사지대는 천연가스와 응축유가 분포되어 있으며 중앙 배사대는 가스층으로 응축유 생산량이 많지 않다. 석유와 가스분포의 특징은 다음과 같다. 첫째, 대체로 중부와 남부에 분포되어 있다. 둘째, 석유와 가스는 대형 및 중형 압축배사구조에 분포되어 있다. 셋째, 석유가스층이 수직으로 중첩되어 분포되어 있으며 상중부에 정규 가스층이 있고 중간부분의 깊은 곳에 저공저침가스층(低孔低渗气层)이 있다.

2. 동중국해분지 석유가스탐사 전망

전체적으로 보자면 동중국해 대륙붕분지, 특히 남부지역에 중생대 암석층이 널리 분포되어 있으며 두께가 두껍고 구조가 안정적이며 암장활동이 약하고 근원암(烃源岩)이 잘 발달되어 있어 대규모 중생대 석유가스가 형성할 수 있는 지질조건을 갖추었다.

또한 지층의 발달과 분포, 퇴적 특징, 근원암의 발달 상태 등을 분석할 때 동중국해 대륙붕분지 남부에 위치한 민쟝요함(闽江凹陷), 기융요함(基隆凹陷) 내 중생대지층이 잘 발달되었고 두께가 두꺼우며, 주라기 탄화수소 형성이 양호하다. 이러한 지질구조와 퇴적현상은 동중국해 대륙붕분지에서 중생대 석유가스 탐사가 성공적으로 진행될 수 있는 유리한 구조단위이다.[18]

지금까지 동중국해 대륙붕분지의 신생대 석유 탐사가 큰 성과를 거두었으며 석유자원 개발 작업이 지속적으로 진행되고 있다. 기존의 석유자원 탐사 및 개발성과 외에도 기융요함(基隆凹陷) 서부의 경사지대가 그 다음으로 유리한 석유가스 탐사지역으로 지목되고 있으며 신생대 석유개발을 위한 유망지역이

---

18) 刘永虎, 刘敏, 田涛, 等. 侧扫声纳系统在石料人工鱼礁堆体积估算中的应用[J]. 水产学报, 2017, 41(7): 1158-1167; 刘敏. 利用侧扫声纳对大型藻类的藻场资源量评估的研究[D].大连海洋大学硕士论文, 2017.

다. 특히 중앙와함지대(中央洼陷带)의 중앙에 위치한 노즈구조는 석유 및 천연가스 이동방향을 나타내며 석유 및 천연가스의 저장소로 적합한바 앞으로 석유가스 탐사업무의 중심이 될 것이다(그림-9).[19]

[그림-9] 동중국해분지 석유가스 전망 평가

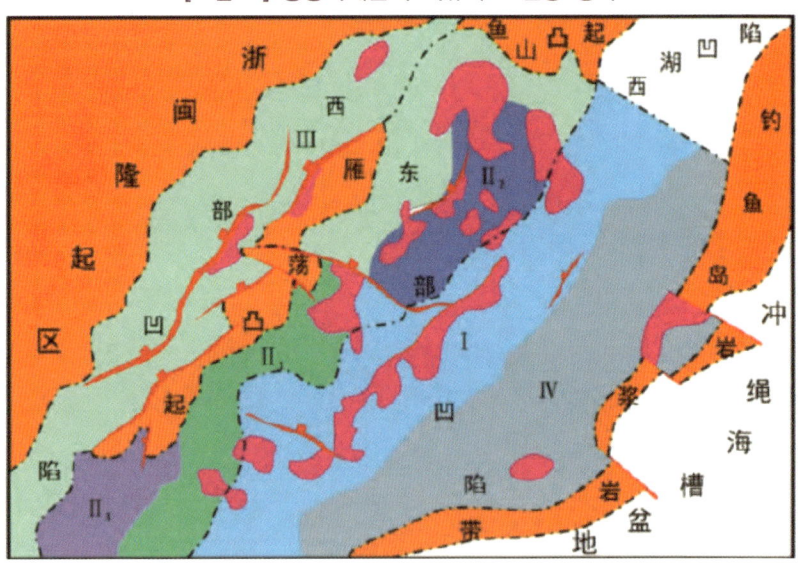

Ⅵ. 결론

첫째, 동중국해분지는 지질구조상 "동서분대, 남북분괴(东西分带, 南北分块)"의 특징을 가지며 단면도는 "동단서초, 하단상요(东断西超, 下断上坳)"의 특징을 가진다. 주로 신전구조(伸展构造), 압출구조(挤压构造), 주향이동구조(走滑构造), 반전구조(反转构造) 및 디아피르구조(底辟构造) 등 5개의 유

---

19) 李东, 唐诚, 邹涛, 等. 基于多波束声呐的人工鱼礁区地形特征分析[J]. 海洋科学, 2017, 41(5): 127-133.

형이 발달되었다.

둘째, 동중국해분지 고신세와 시신세는 "고해금육, 남해북육(古海今陆, 南海北陆)"의 특징을 가진다. 퇴적환경에는 대륙과 해양 두 가지 구조가 있으며, 점신세에서 중신세까지는 대륙퇴적환경이 지배적이며, 중신세에는 해양 퇴적환경이 지배적이다.

셋째, 동중국해분지의 지각 진화과정은 기저융기단계(基底隆起期), 주요 균열단계(主裂陷期), 압축반전단계(挤压反转期)와 대륙붕 외부 융기균열단계(陆架外缘隆起裂解期) 등 4개 단계로 구분할 수 있다.

넷째, 분지 남부의 민쟝요함(闽江凹陷), 기융요함(基隆凹陷)은 중생대 석유탐사의 돌파구에 가장 유리한 구조단위이며, 기융요함(基隆凹陷)의 서부 경사지대와 중앙와함지대(中央洼陷带)는 앞으로 신생계 석유탐사에 있어서 가장 유리한 지역이다.

참고문헌

[1] 农业农村部渔业渔政管理局, 全国水产技术推广总站, 中国水产学会编. 2019中国渔业统计年鉴[M]. 北京: 中国农业出版社, 2019.

[2] 市村武美. 夢ふくらむ海洋牧場: 200 カイリを飛び越える新しい漁業[M]. 東京: 東京電機大学出版局, 1991.

[3] 国際海洋科学技術協会. 水産生物生息場ならびに沿岸開発に関する日米シンポジウム講演集[C]. 東京: 第5回国際人工生息場技術国際会議, 1991.

[4] 杨宝瑞, 陈勇. 韩国海洋牧场建设与研究[M]. 北京: 海洋出版社, 2014.

[5] Steele J H, Thorpe S A, Turekian K K. Encyclopedia of ocean sciences[M]. New York: Academic Press, 2008.

[6] Ohno M, Critchley A T. Seaweed cultivation and marine ranching[M].

Tokyo: JICA, 1993.

[7] Taylor M D, Chick R C, Lorenzen K, et al. Fisheries enhancement and restoration in a changing world[J]. Fisheries Research, 2017, 186: 407-412.

[8] 朱树屏. 朱树屏文集 [M]. 北京: 海洋出版社, 2007

[9] 曾呈奎. 关于我国专属经济海区水产生产农牧化的一些问题 [J]. 自然资源, 1979, (1): 58-64.

[10] 曾呈奎. 海洋农牧化大有可为 [J]. 科技进步与对策, 1985, (2): 9-10.

[11] 冯顺楼. 开创海洋渔业新局面的一个重要措施——从我国海洋渔业潜在危机看人工鱼礁建设的必要性[J]. 福建水产, 1983, (4): 20-23.

[12] 冯顺楼. 发展人工鱼礁开辟海洋牧场是我国海洋渔业的必然趋势 [J]. 现代渔业信息, 1989, (5): 3.

[13] 农业部渔业渔政管理局, 中国水产科学研究院编. 中国海洋牧场发展战略研究[M]. 北京: 中国农业出版社, 2017.

[14] 陈永茂, 李晓娟, 傅恩波. 中国未来的渔业模式——建设海洋牧场[J]. 资源开发与市场, 2000, 16(2):78-79.

[15] 黄宗国. 海洋生物学词典[M]. 北京: 海洋出版社, 1994.

[16] 张国胜, 陈勇, 张沛东等. 中国海域建设海洋牧场的意义及可行性[J]. 大连水产学院学报, 2003, 18(2): 141-144.

[17] 杨金龙, 吴晓郁, 石国锋, 等. 海洋牧场技术的研究现状和发展趋势[J]. 中国渔业经济, 2004, 5: 48-50.

[18] 陈勇. 现代海洋牧场科技体系构建与研究应用[C]// 现代海洋(淡水)牧场国际学术研讨会论文摘要集. 赤峰: 中国水产学会海洋牧场研究会, 2017.

[19] 杨红生. 我国海洋牧场建设回顾与展望[J]. 水产学报, 2016, 40(7):

1133-1140.

[20] 中国科协学会学术部编. 新观点新学说学术沙龙文集-海洋牧场的现在和未来[M]. 北京: 中国科学技术出版社, 2013.

[21] 崔鲸涛, 我国海洋牧场建设综述（概念、意义、历程、问题、理念、建议）[N], 中国海洋报, 2017-08-16.

[22] 宋蒙蒙, 赵林. 建筑废料应用于人工鱼礁的研究[J]. 建筑经济, 2014, 35(12):105-109.

[23] 李霞, 赵敏, 陈海燕, 等. 多种废弃材料在混凝土人工鱼礁中的研究[J]. 混凝土, 2016(7):149-152, 156.

[24] 李娇, 公丕海, 关长涛, 等. 人工鱼礁材料添加物碳封存能力及其对褶牡蛎（*Ostrea plicatula*)固碳量的影响[J]. 渔业科学进展, 2016, 37(6):100-104.

[25] 刘爱霞. 生态混凝土制作人工鱼礁的研究介绍[J]. 农技服务, 2016, 33(18):107-110.

[26] 姜云鹏, 高峰. 海洋生态材料研究及应用综述[J].中国水运,2015,15(3):247-249.

[27] 姜昭阳, 梁振林, 刘扬. 滩涂淤泥在人工藻礁制备中的应用[J]. 农业工程学报, 2015, 31(14):242-245.

[28] 高潮, 乔永梅, 蒋晓宁, 等. 粉煤灰人工鱼礁试验研究[J]. 粉煤灰, 2014(2):4-6.

[29] 李颖, 倪文, 陈德平, 等. 冶金渣制备高强人工鱼礁结构材料的试验研究[J]. 材料科学与工艺, 2013, 21(1):73-78.

[30] 倪文, 李颖, 陈德平, 等. 冶金渣制备生态型人工鱼礁混凝土的试验研究[J]. 土木建筑与环境工程, 2013, 35(3):145-150.

[31] 沈蔚, 章守宇, 李勇攀, 等. C3D测深侧扫声呐系统在人工鱼礁建设中的应用[J]. 上海海洋大学学报, 2013, 22(3):404-409.

[32] 刘永虎, 刘敏, 田涛, 等. 侧扫声纳系统在石料人工鱼礁堆体积估算中的应用[J]. 水产学报, 2017, 41(7): 1158-1167.

[33] 刘敏. 利用侧扫声纳对大型藻类的藻场资源量评估的研究[D].大连海洋大学硕士论文, 2017.

[34] 李东, 唐诚, 邹涛, 等. 基于多波束声呐的人工鱼礁区地形特征分析[J]. 海洋科学, 2017, 41(5): 127-133.

[35] 张丽珍, 王江涛, 胡庆松, 等. 近海中上层柔性浮鱼礁设计与应用[J]. 上海海洋大学学报, 2016(4):613-619.

[36] 沈卫星. 智能化浮式聚鱼装备研发与试验[D]. 上海:上海海洋大学,2016.

[37] 周岩岩, 李纯厚, 陈丕茂, 等. 龙须菜海藻场构建及其对水环境因子的影响[J]. 生态科学, 2011, 30(6): 590-595.

[38] 章守宇, 孙宏超. 海藻场生态系统及其工程学研究进展[J]. 应用生态学报, 2007, 18(7):1647-1653.

[39] 姚天舜. 青浜大型海洋藻类生态分布与人工海藻场生境构造技术[D]. 舟山：浙江海洋大学, 2017.

[40] 潘金华. 大叶藻（Zostera marina L.）场修复技术与应用研究[D]. 青岛：中国海洋大学, 2015.

[41] 潘金华, 江鑫, 赛珊, 等. 海草场生态系统及其修复研究进展[J]. 生态学报, 2012, 32(19):6223-6232.

[42] 孟振, 刘新富, 雷霁霖. 略论我国海水鱼类苗种繁育和种质改良的研究[J]. 渔业信息与战略, 2012, 27(3):224-231.

[43] 孙慧玲. 刺参苗种繁育研究与产业现状以及存在问题[C]// "全球变化下的海洋与湖沼生态安全"学术交流会论文摘要集. 南京:中国海洋湖沼学会, 2014.

[44] 曹学彬, 王福辰, 刘佳亮, 等. 刺参速生耐高温品系生长性能及高温期摄食性能分析[J]. 大连海洋大学学报, 2019, 34(5): 623-628.

[45] 司飞, 王青林, 于清海, 等. 基于投喂法的牙鲆耳石锶标记[J]. 渔业科学进展, 2019, 40(4): 65-72.

[46] 徐开达, 徐汉祥, 王洋, 等. 金属线码标记技术在渔业生物增殖放流中的应用[J]. 渔业现代化, 2018, 45(1): 75-80.

[47] 周辉霞, 甘维熊. 鱼类标记技术研究进展及在人工增殖放流中的应用[J]. 湖北农业科学, 2017, 56(7): 1206-1210.

[48] 周珊珊, 王伟定, 丰美萍, 等. 贝类标志技术的研究进展[J]. 浙江海洋学院学报: 自然科学版, 2017, 36(2):172-179.

[49] 贺海战. 渔业资源增殖放流技术及效果评价方法[J]. 河南水产, 2017(5): 3-4,8.

[50] 聂永康, 陈丕茂, 周艳波, 等. 水生生物增殖放流生态风险评价研究进展[J]. 生态科学, 2017, 36(4): 236-243.

[51] 王欢欢, 毕福洋, 曹敏, 等. 獐子岛海洋牧场秋季渔业资源声学调查与评估[J]. 大连海洋大学学报, 2018, 33(6): 802-807.

[52] 郭栋, 董婧, 付杰, 等. 基于双频识别声呐的东港大鹿岛人工鱼礁调查研究[J]. 海洋湖沼通报, 2018, (2): 41-48.

[53] 李斌, 汤勇, 孙建富, 等. 基于声学方法的黄河三门峡水库渔业资源空间分布研究[J]. 大连海洋大学学报, 2016, 31(5): 563-571.

[54] 邢彬彬, 殷雷明, 张国胜, 等. 鱼类的听觉特性与应用研究进展[J]. 海洋渔业, 2018, 40(4): 495-503.

[55] 殷雷明. 大黄鱼声诱集行为反应与机理研究[D]. 上海: 上海海洋大学, 2017.

[56] 侍炯, 钱卫国, 唐振朝, 等. 150 Hz矩形波断续音对褐菖鲉音响驯化的试验研

究[J]. 大连海洋大学学报, 2014, 29(5): 514-519.

[57] 梁君, 陈德慧, 王伟定, 等. 正弦波交替音对黑鲷音响驯化的实验研究[J]. 海洋学研究, 2014, 32(2): 59-66.

[58] 张国胜, 杜国升, 陈勇, 等. 音响驯化仪: 中国, CN201010291387.2[P]. 2012-06-06.

[59] 陈帅, 黄洪亮, 张国胜, 等. 音响驯化对鱼类有效作用范围的研究[J]. 渔业现代化, 2013, 40(1): 36-39.

[60] 田方, 黄六一, 刘群, 等. 许氏平鲉幼鱼优势音响驯化时段的初步研究[J]. 中国海洋大学学报, 2012, 42(10):47-50, 124.

[61] 张磊. 海洋牧场鱼类驯化技术研究及装备设计[D]. 上海海洋大学博士论文, 2014.

[62] 马丁一, 邢彬彬, 齐雨琨, 等. 气泡幕对大泷六线鱼的阻拦效果[J]. 大连海洋大学学报, 2016, 31(3): 311-314.

[63] 王志超, 陈国宝, 曾雷, 等. 防城港人工礁区内5种恋礁鱼类的声学标志跟踪[J]. 中国水产科学, 2019, 26(1): 53-62.

[64] 张国胜, 杨超杰, 邢彬彬. 声诱捕捞技术的研究现状和应用前景[J]. 大连海洋大学学报, 2012, 27(4): 383-386.

[65] 李明智, 张光发, 李秀辰, 等. 虾夷扇贝捕捞网具的改进及应用效果[J]. 农业工程学报, 2013, 29(11): 52-60.

[66] 马文昭. 扇贝捕捞网具的改良设计[J]. 大连海洋大学学报, 2009, 24(5): 429-435.

[67] 石尧, 李晖, 杨永钦, 等. 海洋牧场多参数智能监测系统设计与实现[J]. 传感器与微系统, 2017,36(9):70-72, 76.

[68] 王志滨, 李培良, 顾艳镇. 海洋牧场生态环境在线观测平台的研发与应用[J]. 气象水文海洋仪器, 2017, (1): 13-17.

[69] 邢旭峰, 王刚, 李明智, 等. 海洋牧场环境信息综合监测系统的设计与实现[J]. 大连海洋大学学报, 2017, 32(1): 105-110.

[70] 花俊, 胡庆松, 李俊, 等. 海洋牧场远程水质监测系统设计和实验[J]. 上海海洋大学学报, 2014, 23(4):588-593.

[71] 刘勇虎. 海洋牧场可视化系统的构建[C]//全国人工鱼礁与海洋牧场学术研讨会论文集. 腾冲:中国水产学会, 2009.

05
일-대 어업합의서 이후 동중국해 어업문제에 대한 연구

박문진(朴文进)

일-대 어업합의서 이후 동중국해 어업문제에 대한 연구

박문진(朴文进)*

국문초록

동중국해는 중국, 대만, 일본, 한국 등 동북아해역의 각 연안국들이 공동으로 조업하던 전통어장이다. 오랜 세월에 걸쳐 무분별한 남획으로 인해 동중국해의 주요 수산자원이 고갈되었으며 수산자원에 대한 보호가 필요하게 되었다. 유엔해양법 발효에 따라 200해리 배타적 경제수역체제로 전환되었으며 중국, 일본, 한국, 대만은 양자 간에 어업합의서를 체결하여 경계 미획정지역에 대한 수산자원을 공동으로 관리하게 되었다. 새로운 형태의 어업관계는 지정학적으로 중요한 의미를 가질 뿐만 아니라 동북아지역 및 아태지역의 평화협력에 적극적인 영향을 미치게 되었다. 그러나 경계획정이 아닌 양자 간 어업합의서는 수산자원의 보전과 관리에 있어서 한계를 가진다. 장기적인 관점에서 동중국해의 지리적 위치, 수산자원의 특성 등에 근거하여 지역해 수산관리기구의 수립을 적극 검토할 필요성이 있다.

키워드: 일-대 어업합의서, 유엔해양법협약, 동중국해 문제, 어업협력

---

* 산동성사회과학원 해양경제문화연구원 주임, 법학박사.

Ⅰ. 일본·대만 어업합의서 체결배경

첫째, 일본과 대만 간의 어업 갈등이 심각하다. 1980년대 일본은 일방적으로 "동중국해 일중 중간선"을 발표하여 우리나라 조어도 주변해역을 일본의 관할해역에 포함시켰으며, 대만어선을 포함한 중국어선이 동중국해 전통어장에서의 조업활동을 규제하기 시작하였다. 2001년 7월부터 2005년까지 잠정집법선 내에서 대만어선 적발 건수는 15척이며, 잠정집법선 외에서의 적발건수는 28척에 달한다. 대만정부는 자국 어민과 국민들의 여론 압력이 급증하게 되자 2003년에 배타적 경제수역 잠정집법선을 공포하였다(그림-1 참조). 잠정집법선은 대만 본섬과 주변 도서지역 해안으로부터 200해리 주변 수역을 포함한다. 그 당시 민진당(民進党)은 비록 잠정집법선을 선포하였으나 정치적 타협안으로 "해양순찰서(海巡署)" 순시선과 해군함정이 자국 어선을 보호하기 위해 순시·경계하지 않는 것에 합의하였다. 2005년부터 2006년에는 대만과 일본 간의 어업분쟁이 고조에 이르렀으며 일부 어선들은 중화인민공화국 국기인 오성홍기를 게양하고 중국 당국의 보호를 요청하는 경우도 있었다. 이는 대만 해양순찰서와 해군이 어민을 보호하지 않는데 따른 자구조치라고 밝혔다. 그 후 2008년부터 국민당이 재집권하게 되었으며 일본정부에 대한 민진당이 취한 일관적인 양보·타협정책에서 해양순찰서의 순시선과 해군함정을 파견하여 어민을 보호하고 경계하도록 정책의 패러다임을 전환하였다. 이로 인해 대만 어민들은 정부에 대한 신뢰를 회복하게 되었다. 대만 국제수산협력발전협회의 통계자료에 의하면, 2010년부터 2012년 3년 간 국제사회에서 불법조업을 벌이다 단속된 대만어선은 총 39척이며, 그 중 일본 관할해역에서 적발된 어선은 14척으로 전체 적발된 어선의 36%를 차지한다. 이로부터 알 수 있는바 대만과 일본 간의 어업분쟁 해결을 위한 협상은 필수불가결하다.

[그림-1] 대만 당국이 공포한 잠정집법선
行政院海岸巡防署專屬經濟海域執法範圍示意圖

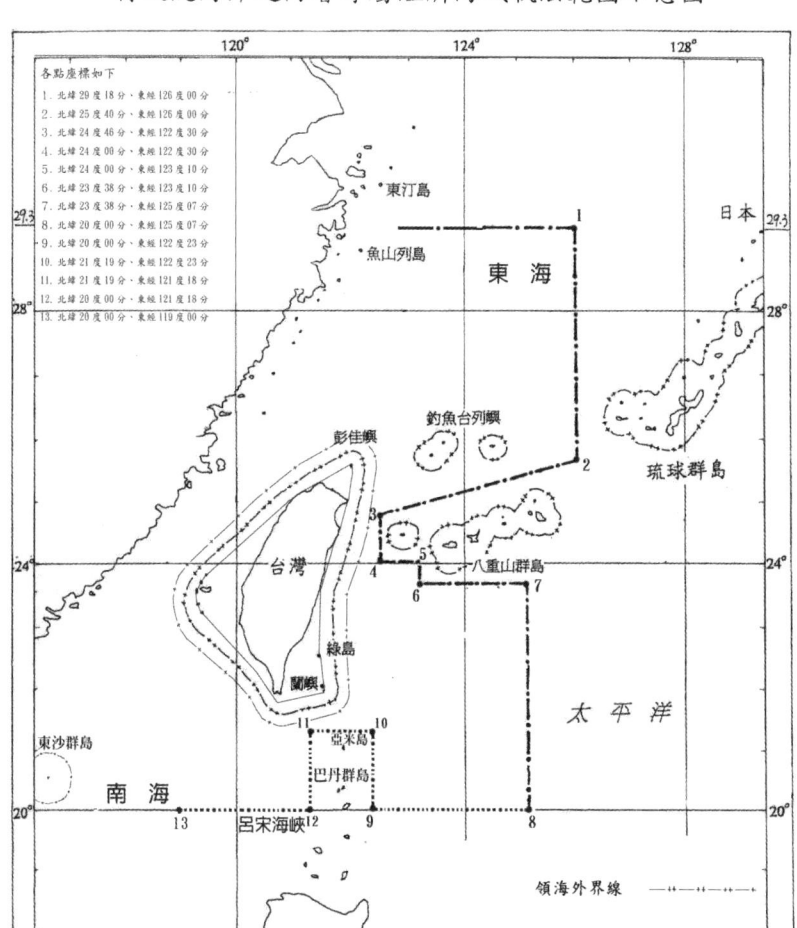

자료: 陈荔彤, 陈贞如等, 《从国际法观点论台日渔业协议之未来展望》, 2013.9.

둘째, 대만정부가 "동중국해 평화창의(東海和平倡议)"를 제시하였다. 2012년 마잉쥬(马英九) 대만 총통은 "동중국해 평화창의"를 제시하고 일본과의 어업합의서 체결을 위한 협상을 추진하였다. "동중국해 평화창의" 개념은 주권 분할은 불가능 하지만 자원공유는 가능하다는 것이다(主权无法分割, 但天然资源可以分享). 모든 당사자는 주권 논쟁은 뒤로 하고 평화적 협상을 통해 해양자원에 대한 공동개발을 추진하기 위한 방안을 모색하여야 한다.

셋째, 중국 대륙과 대만에 대한 일본 국민 호감도에 따른 관계 변화이다. 2012년 동중국해에서 중일간의 해양갈등으로 인해 중국 대륙에 대한 일본 국민 호감도가 크게 낮아졌다. 이에 반해 대만에 대한 일본 국민 호감도가 지속적인 상승세를 보이고 있다. 2013년 조사결과에 따르면 대만인에 대한 일본 국민 호감도가 63%까지 상승하였으며, 중국인에 대한 호감도가 14%로 떨어졌다. 311 일본 대지진 이후 대만인에 대한 호감도가 더욱 높아졌다. 일본의 입장에서는 이번 어업합의서에 대한 협상을 발판으로 조어도 문제에서 대만과의 연대 움직임을 보임으로써 중국을 견제하려는 생각이다.

II. 일본·대만 어업합의서의 주요내용

1. 어업협상 경과

일본과 대만 간의 어업 교섭은 1996년 8월에 시작하여 2009년 2월까지 약 13년의 기간 16차례의 어업회담을 열었다. 양국은 공식 외교 관계가 없는 관계로 합의서는 대만의 동아시아관계협회와 일본 교류협회가 양측 정부를 대신해 조인했다. 협상 초반에는 북위 27도선을 핵심으로 논의되었는데, 일본은 조어도 배타적 경제수역 외부 경계선을 최북단 지역으로 설정하여서는 안 된다고 주장하였고, 대만은 조어도를 기점으로 어업구역을 설정할 것을 주장하였다. 나아가 북위 27도 이남 해역의 경우 일본은 중간선원칙에 따라 경계를 확정할 것을 주장하는 반면에, 대만은 형평원칙에 따라 경계를 획정하거나 형평원칙에 따른 경계획정이 어려울 시 잠정수역을 설정하여 중간선을 대체할 것을 주장하였다. 제16차 어업회담에서 일본과 대만은 양국 어선의 조업규칙에 대해 협상하였을 뿐 실질적인 어업합의서를 체결하는 등 구체적인 결과물을 도출하지 못했다.

2012년 일본 정부는 주변국과의 영토 분쟁을 막기 위해 선제조치로 조어도를 국유화하였다. 이에 따라 중일 간 조어도 영유권 분쟁이 심화되었고, 일본은 대만과의 어업회담을 서두르게 되었다. 2012년 11월 30일부터 2013년 3월 13일까지 일본과 대만은 동경과 타이베이에서 제17차 어업회담 개최를 위한 제1차, 제2차 예비회의를 소집하였다. 첫 번째 예비회의에서 대만은 조어도에 대한 영유권을 재확인했으며, 조어도 주변수역은 대만 어민들이 조업하는 전통어장으로 어민들의 조업권이 보장되어야 한다고 주장하였다. 나아가 대만정부는 동중국해 평화창의를 제시하였다. 대만 언론보도에 의하면 양측은 입장의 격차가 컸기 때문에 합의에 이르지 못했다고 한다. 2013년 3월 13일에 개최된 제2차 예비회의에서 일본정부는 "양측이 상당한 합의에 도달했다."고 강조하였으며, 린융러(林永乐) 대만 협상대표단 단장도 "구체적인 진전이 있다."고 밝혔다. 4월 10일 대만과 일본은 어업합의서에 서명하였다. [1]

[표-1] 제17차 대만·일본 어업회담 진행 상황

회담 순번	시 간	장소	의제 및 진행 상황
제1차 회담	1996.08	타이베이	양측은 조어도 영유권 주장, 어업문제에 대한 실질적인 논의가 이루어지지 못함
제2차 회담	1996.10	동경	

---

[1] 제17차 대만과 일본의 어업회담은 과거와 달리 "국안(国安)"급으로 승격시켰다(东南网10月26日讯。http://www.fjsen.com/b/2012-10/26/content_9684702.htm, 2013年9月12日登录。).

회담 순번	시간	장소	의제 및 진행 상황
제3차 회담	1997.12	타이베이	양측은 조어도 영유권, 해양경계획정 등 민감한 문제는 협상 의제에서 제외. 어선조업수역, 어선 수량, 어획량 등 의제에 대해 협상
제4차 회담	1998.11	동경	"어선작업 현황", "대만어선이 일본의 배타적 경제수역에서 꽁치 조업 허용", "양측 배타적 경제수역 획정 원칙 및 입법 현황" 등 의제에 대한 입장 교환
제5차 회담	1999.04	타이베이	
제6차 회담	2000.06	동경	
제7차 회담	2000.07	타이베이	북위 27도 이남 해역에 "양국 국내법 적용을 배제하는 수역 설정", "어선 긴급피난" 등 의제에 대한 논의를 통해 수산자원공동개발구역 설정에 대한 합의점 도출. 2003년 11월 7일 대만은 일방적으로 "배타적 경제수역 잠정집법선"을 선포하였으나, 14차 회담 시 일본은 이를 인정하지 않겠다고 성명을 발표
제8차 회담	2000.08.14	동경	
제9차 회담	2000.08.24	타이베이	
제10차 회담	2000.09	동경	
제11차 회담	2001.08	동경	
제12차 회담	2003.03	타이베이	
제13차 회담	2003.06	동경	
제14차 회담	2004.09	타이베이	
제15차 회담	2005.07.12(예비)	동경	어업문제의 실질적인 해결을 위해 수역관리, 어업구조, 수산자원 보존, 어선 긴급피난, 협상체제 등 논의. "대일어업 워킹그룹" 구성 및 협상 추진
	2005.07.29(공식)	동경	
제16차 회담	2005.10(예비)	타이베이	긴급 상황 발생 시 상호연락체제 구축, 해양공동법집행, 민간어업회담 등 의제 논의
	2006.01(예비)	동경	
	2009.02(공식)	타이베이	
제17차 회담	2012.11(예비)	동경	양측 어선 조업수역 및 수산자원 보전·관리에 대해 의견 교환, 각자의 입장 설명
	2013.03(예비)	타이베이	양측 어선 조업수역 및 수산자원 보전·관리에 대한 의견 교환
	2013.04(공식)	타이베이	대만·일본 어업합의서 체결

출처: 钓鱼台情势发展与台日关系之进展, "行政院"农委会渔业署报告, 2012年10月1日; 台湾"外交部"及日本公益财团法人交流协会台北事务所网站相关声明; 陈荔彤´陈贞如等: 《从国际法观点论台日渔业协议之未来展望》, 2013年9月.

2. 주요 내용

1) 합의서 적용수역

합의서 적용수역은 북위 27도선을 기준으로 남쪽 수역에 적용된다. 합의서 적용수역의 총 면적은 73,631㎢이며,[2] 북측 한계선은 북위 27도선을 기준으로 하고, 남측 한계선은 동경 122도 30분선을 기준으로 한다. 합의서 적용수역은 당초 일본정부가 주장한 중간선에서 10-20해리 벗어났으며, 중첩해역의 면적은 약 6,190㎢이다.[3] 동측과 남측의 3개 좌표가 대만이 선포한 잠정집법선을 벗어났고, 합의서 적용수역의 면적은 대만이 선포한 잠정집법선에 비해 4,445㎢나 확대되었다.

2) 특별협력수역

특별협력수역은 합의서 적용수역의 동쪽에 위치하였으며 평행사변형의 모양을 나타낸다. 특별협력수역의 면적은 4,515㎢이다. 특별협력수역에서 양측은 어업분쟁이 발생하지 않도록 어업질서를 유지하고, 우호와 호혜협력에 근거한 조업을 최대한 존중하여야 하며, 어업문제에 관한 사항은 일본·대만어업위원회를 통해 협의한다.

3) 법령적용제외수역

법령적용제외수역은 합의서 적용수역에서 특별협력수역을 제외한 나머지 부분에 해당한다. 법령적용제외수역의 면적은 69,116㎢이다.[4] 당해 수역에서 양측은 자국 어선에 대해 각자 관리한다. 즉 일본과 대만 쌍방의 어업자에 대하여 자국의 어업에 관한 관계 법령이 상대방에게 적용되지 않도록 하는

---

[2] 만약 조어도 도서면적을 제외하면 합의서 적용수역의 면적은 69,237㎢이다.
[3] 대만과 일본은 2013년 4월 10일 어업합의서를 체결하였다.
[4] 대만 일본 어업위원회 제1차 회의는 2013년 5월 7일 타이베이에서 개최하였다. 양측은 어업합의서 실시세칙에 합의하였다.

수역이다. 양측은 서명한 날로부터 30일 이내에 쌍방의 법적 조치가 강구될 수 있도록 각각의 관계 당국에 요청할 의무를 부담한다.5) 대만과 일본은 대만일본 어업위원회를 설립하여 합의서 적용수역에서의 수산자원 보전, 조업활동 및 작업안전, 그리고 어업관련 양자 간 협력에 관한 사항을 협상하도록 합의하였다.

[그림-2] 대만·일본 어업합의서 설명도

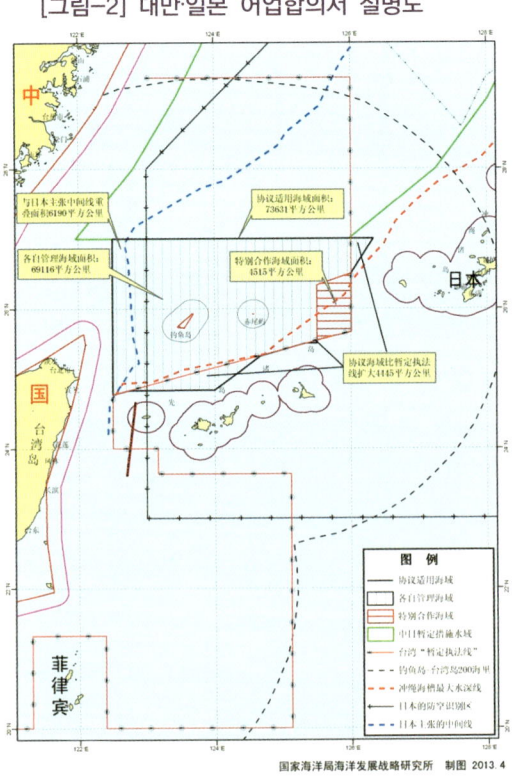

출처 : 百度百科, https://baike.baidu.com/item/台日漁業協议/1535424?fr=aladdin

---

5) 언론보도 자료에 의하면 2013년 4월 10일 대만 타이베이시에서 대만-일본 제1회 어업관리위원회가 개최되었으나 본 회의에서 어업협정 시행규칙에 대한 공동합의를 이끌어 내지 못하였다고 한다.

3. 대만일본 어업합의서와 중일어업협정 간의 관계

합의서 적용수역 대부분 해역이 중일어업협정수역 내에 위치하여 있다. 중국과 일본은 1997년 11월 11일 양자 어업협정을 체결하여 2000년 6월 1일에 발효되었다. 대만과 일본이 어업합의서 체결을 위한 협상을 추진하게 된 것은 유엔해양법협약 발효에 따라 중국과 일본이 자국의 국내 관련법을 정비하여 배타적 경제수역을 설정하는 한편 양자 간의 어업교섭을 통하여 새로운 어업 질서를 수립할 필요성이 제기되었기 때문이다. 또한 일본 어민과 정치단체는 200해리 배타적 경제수역 체제를 전면적으로 실시하여 중국어선의 불법조업을 차단해야 한다는 여론이 활발하게 일어났다. 반면에 중국 어민들은 중국정부가 협상을 통해 일본의 배타적 경제수역에서의 조업활동을 확보할 것을 요구하였다. 중국 어민들의 주장에 의하면, 1950년대부터 일본 어선들이 중국 연근해에서 대규모로 조업하여왔는바 국제법상 상호주의원칙(互惠原則)에 근거하여 일본도 중국어민의 전통 조업권을 보장해주어야 한다는 것이다. 일본의 배타적 경제수역에서의 조업활동이 중단될 경우 어민들의 생계를 위협하게 된다고 주장하였다.[6]

중일어업협정의 적용범위는 중국과 일본 양국의 배타적 경제수역이다. 중일 양국은 북위 27도선과 북위 30도 40분선 사이의 해역에 대하여 양국 연안으로부터 양측의 배타적 경제수역을 설정하고, 그 바깥수역은 잠정수역으로 설정하여 어업공동위원회의 결정에 따라 수산자원을 공동으로 관리한다. 잠정수역 내에서 수산자원 보존과 합리적인 이용을 목표로 어업활동을 규제하고, 협정 위반 어선에 대한 단속 및 처벌은 선적국주의에 의하여 처리한다. 또한 각자의 배타적 경제수역에서의 상호간에 타방체약국 어선의 상호입어를 인정한다.

---

[6] ZOU Keyuan, Sino-Japanese joint fishery management in the East China Sea. *Marine Policy*, 2003(27), pp.125-142.

중일어업협정 제6조의 규정에 따라 북위 27도 이남의 동중국해와 동경 125도 30분 이서의 남중국해 수역 중 중국의 배타적 경제수역 바깥수역에 있는 어업질서를 유지하도록 하였다. 당해 수역에서의 수산자원 보전 및 관리에 관한 사항은 중일어업공동위원회에서 협상하여 양측 정부에 제안한다. 아울러 중일 양국은 어업협정에 서명한 당일 협정수역에 대한 특별사항에 대한 문서를 교환하여, 북위 27도 이남의 동중국해 수역에 대한 관리규정을 명확히 하였다. 이에 따르면 중일 양국은 어업협정 제6조 제2항에 따른 어업수역에서 불법어선에 대한 단속 및 처벌에 관한 일본 국내법 및 관련 규정은 중국 어선에 적용되지 않는다. 2013년 8월 9일에 개최된 제14차 중일어업공동위원회에서 양국은 북위 27도선 이남 해역의 산호초 채취 어선에 대한 관리에 대해 논의하였다.[7] 금번 중일어업공동위원회에서 처음으로 산호초 등 생물자원의 보존 및 관리에 관한 협상이 추진되었는데, 이는 양국이 국제해양법상 해양생물자원 보존 및 관리에 관한 연안국의 의무를 이행하기 위한 것이다.[8]

III. 일본·대만 어업합의서의 법적성격 및 영향

1. 법적성격

일본과 대만 간의 어업합의서는 합의문 체결 주체가 민간단체일 뿐 아니라 수산자원 보존 및 관리에 관한 임시적 조치로서 국제법상 조약의 성격과 효력을 갖지 않는다. 그러나 대만과 일본 양측은 당해 어업합의서가 정부 간 양자협정으로 법적 구속력을 가지는 법률문서로 간주한다.

첫째, 일본과 대만 간의 어업합의서는 민간단체가 양국 정부를 대신하여 협상에 참여함으로써 외교 협상의 본질을 숨겼다. 과거 양국 간의 어업회담은

---

7) 张吉喆：《中日渔业联合委员会第十四次会议召开》, 《中国渔业报》2013年8月19日第A1版.
8) 付玉：评析"台日渔业协议", 《中国海洋报》, 2013-04-17.

대만 동아시아관계협회와 일본 교류협회가 양측 정부를 대신해 추진하였으나 협상 대표단은 대만의 외교부, 수산부, 해경순찰서의 공무원으로 구성되었으며, 일본은 외무성, 농림수산성, 해상보안청의 공무원으로 구성되었다. 이로부터 알 수 있는바 형식적으로는 민간단체가 협상을 대신하였으나 실질적으로 정부차원에서 협상을 추진하였다.

둘째, 일본과 대만 간의 어업합의는 제3국의 권리를 제한해서는 안된다. 국제법의 규정에 의하면 쌍방 당사국이 체결한 협의는 제3국에 대해 구속력을 갖지 않는다. 대만일본 어업합의서는 대만과 일본의 어선에 한해 구속력을 가지면 제3국의 어선에 영향을 미치지 않는다. 본 합의서의 입법목적에 관한 규정에 따르면, 합의서 적용수역에서 해양생물자원의 보존과 합리적인 이용과 조업질서 유지를 위해 합의서를 체결한다. 따라서 합의서 적용수역에서 대만과 일본의 어선을 제외한 기타 어선 예컨대, 공무집행선, 해양조사선, 석유탐사선 및 기타 선박의 작업과 활동은 합의서의 적용을 받지 않는다.

셋째, 어업합의서는 언제든지 종결할 수 있다. 대만일본 어업합의서 제5조의 규정에 따르면 어느 일방 체약국이 협의를 종결하고자 할 시 6개월 전에 타방 체약국에 본 협의를 종결시킬 의사를 통고하면 된다. 즉 어느 일방 체약국이 타방 체약국에 본 협의를 종결시킬 의사를 통고하는 날로부터 6개월 간 효력을 가진다. 일부 평론가들은 본 협의의 종결에 관한 규정은 국제어업협정의 관행 형식을 취하고 있으나 실제로는 대만에 큰 위협이 될 소지가 있다고 평가한다.

2. 어업합의서가 미치는 영향

첫째, 해양력의 재균형이다. 2012년 일본측의 조어도 국유화 조치를 반대하는 중국과 대만의 어선과 경비함이 조어도 주변 영해 침입해 일본 해상보안청과 충돌을 하는 등 관계가 악화되었다. 일본 해상보안청은 중국과 대만의 경비함과 순시선보다 어민과 어선 대응이 보다 어려웠다. 대만일본 어업합의서 체결 이후 과거 대만어선 단속에 투입된 순시선과 인력을 중국 해양경찰과 어업감독집법선박 대응에 투입하게 되었다.

둘째, 대만·일본 어업합의서 체결로 인해 해상법집행의 범위가 확대되었다. 대만·일본 어업합의서의 대상해역은 대만정부가 선포한 잠정집법선을 벗어난 관계로 대만 해양순찰서의 법집행범위가 확대되었다. 또한 합의서 대상해역은 일본이 주장하는 중간선의 범위를 초과하였는데, 일본이 주장한 중간선에서 서쪽으로 10-20해리 연장되어 약 6190㎢가 확대되었다. 따라서 일본 해상보안청의 중간선 외측 수역에서의 법집행이 가능하게 되었다.

셋째, 중일 간 동중국해 및 조어도 문제 해결이 더욱 복잡해졌다. 본 합의서 제4조에서 "어업합의서는 조어도 영유권에 대한 각국의 입장에 영향을 미치지 않는다."고 명시하고 있으나 이는 최종적 경계획정이 아닌바 조어도 영유권 분쟁해결을 위한 임시 방편에 불과하다. 대만·일본 어업합의서 존속기간에도 중일 간의 조어도 영유권 분쟁과 주변해역의 배타적 경제수역, 대륙붕 경계획정, 해양자원의 공동개발에 관한 갈등요소는 여전히 존재한다. 대만·일본 어업합의서의 체결로 인해 기존의 동중국해 및 조어도 문제의 해결에 있어서 불확실한 요소가 추가되었으며, 앞으로 중일 간 동중국해 및 조어도 문제 해결이 한층 더 복잡해질 것으로 판단된다.[9]

Ⅳ. 일본·대만 어업합의서 후속조치

대만·일본 어업합의서 체결 이후, 대만·일본 어업위원회는 양측이 어업질서를 유지하고 어업문제를 해결하는 중요한 협의체가 되었다. 대만·일본 어업위원회는 대만 타이베이와 일본 동경에서 차례로 회의를 열어 지금까지 총 8차례 회의를 개최하였다.[10] 2019년 3월 동경에서 제8차 대만·일본 어업위원회가

---

9) https://baike.baidu.com/item/台日渔业协议/1535424?fr=aladdin，2020年4月16日检索.

열렸다. 회의에서 자동선박식별시스템(AIS) 선주책임보험(P&I) 등 의제에 대해 논의하였다. 대만은 본 회의에서 합의서 적용수역 외의 중첩수역에서 조업활동에 대한 대만의 입장을 반복하여 주장하였다.11)

[표-2] 대만·일본 어업위원회 역대 회의진행 상황

회의 명칭	시 간	장소	주요 내용
제1차 회의	2013.5.7	타이베이	5.10일 양측은 어업협상 개시 합의
제2차 회의	2013.12	동경	조업질서 및 규범화에 대해 논의
제3차 회의	2014.1.23	타이베이	어업분쟁해결을 위한 규칙 논의
제4차 회의	2015.3.4	동경	어업합의서 대상 수역에서의 조업구역과 조업기간을 정하여 관리, 양측 어민의 조업 편의성 향상, 조업분쟁 사전예방을 위한 여건 조성. 대상 수역에서의 양측 어선 간 조업 거리와 관련하여 일본 류큐 어민들은 양측 어선이 4해리 간격 확보를 주장하였고, 대만은 1해리 간격을 확보할 것을 주장
제5차 회의	2016.3.2	타이베이	어업합의서 적용수역에서 어업협의체를 구축하여 매년 정기적 교류 추진. 대만과 일본이 번갈아 어업회의 주최, 양측의 중요한 협상체제로 자리매김
제6차 회의	2017.3.1	동경	양측 조업 현황에 대해 논의, 기존의 어업질서 유지에 합의, 본 어업합의서 상 상호존중의 원칙에 근거하여 합의서 적용수역에서 어선의 안전 조업과 안전 운행 확보를 위한 방안 모색 어선의 조업안전을 위해 양측 어선이 자동선박식별시스템(AIS) 및 선주책임보험 가입에 대해 논의

---

10) 대만과 일본은 어업합의서 체결에 따라 2013년 4월 10일 어업위원회를 설치하였다. 어업위원회는 정부배경을 가진 민간기구이다. 어업위원회는 4명의 위원으로 구성되어 있는데 대만 외교부와 어업서의 대표와 일본의 외무성과 수산청의 대표로 구성되었다. 원칙상 어업위원회는 1년에 1차례의 회의를 개최하며 타이베이와 동경에서 번갈아 개최한다. 필요시 임시회의를 소집할 수 있다. 위원회 결정은 모든 구성원이 만장일치로 동의해야 한다.
11) 일본은 유메노야(八重山) 이남 해역 및 오키노토리 섬(冲之鸟岛) 주변해역에서의 조업에 대한 협상에 소극적인 태도를 취하고 있는바 양측은 당해 수역에서의 어업질서에 대한 합의를 도출하지 못했다.

회의 명칭	시간	장소	주요 내용
제7차 회의	2018.3.16	타이베이	특별협력수역, 유메노야(八重山)군도 이북 해역에서 조업규칙에 대해 재협상
제8차 회의	2019.3.5 (3일)	동경	특별 협력수역, 유메노야(八重山) 이북에 위치한 삼각수역에서의 작업 규칙, 유메노야(八重山) 이남 해역 및 오키노토리 섬(冲之鸟岛) 주변해역에서의 조업규칙에 대해 논의
제9차 회의	2019.3.26	타이베이	어선의 조업안전을 위해 양측 어선이 자동선박식별시스템(AIS) 및 선주책임보험 가입 등 의제 논의. 대만은 합의서 적용해역 이원의 중첩수역에서 조업문제에 대해 대만의 입장 재차 강조

2016년 민진당 집권 이후 오키노토리섬 주변해역에서의 어업문제가 새로운 현안문제로 제기되었다. 대만과 일본 양측은 2016년 10월, 2017년 12월, 2018년 12월에 3차례의 해양사무협력대화를 가졌다. 유의할 점은 2016년부터 대만과 일본은 어업회의는 어업분쟁 해결에 관한 협상에만 국한되지 않고 해상구조 및 해양자원조사, 해양과학 등 다원화된 해양협력을 위한 협상으로 패러다임을 전환하였다. 현재 대만과 일본 어업위원회 회의는 양측이 해양현안을 논의하는 중요한 협의체로 부상하였다.

2018년 12월 동경에서 개최된 제3차 해양사무대화에서 해상안전, 해양과학조사, 수산협력 등 다양한 분야에 대해 논의하였다. 오키노토리섬과 관련하여 양측은 합의를 이끌어내지 못하였으나 도서 주변수역에서 어선의 조업활동에 대해 지속적인 협상을 추진하는 것에 합의하였다.

나아가 대만과 일본 양측은 "대만일본 밀수 및 불법출입국 대응에 관한 협력 각서"를 체결하여 양측이 국제범죄 단속에 공동으로 대응하기로 합의하였다. 또한 "대만일본 해양과학연구 협력 각서"를 체결하여 대기, 지질, 지구물리, 생태 및 환경변화 등 분야에서의 학술협력과 교류를 추진하는 것에 합의하였다.

[표-3] 대만·일본 해양사무협력대화 회의 진행 상황

회의 명칭	시 간	장소	주요 내용 및 성과
예비회의	2016.06	타이베이	현안문제에 대한 사전 협상. 2016.7.28. 제1차 회의 개최에 합의
제1차 회의	2016.10	동경	어업, 해상구조, 해양과학 등 협력사항 논의. 해양과학조사 및 어업협력 2개의 워킹그룹 구성
제2차 회의	2017.12	타이베이	해상수색구조, 해양과학조사, 어업 등 협력사항 논의, 해상수색구조협력 각서 체결
해양과학협력 분과 1차 회의	2017.12	타이베이	해양과학협력 워킹그룹 구성 및 운영에 관한 논의
해양과학협력 분과 2차 회의	2018.2	동경	해양과학조사에 관한 구체적 규정 논의
제3차 회의	2018.12	동경	해상안보, 해양과학조사, 어업 등 협력사항에 대한 논의, 밀수 및 불법출입국 대응 협력 각서, 해양과학연구협력 각서 체결

　　대만과 일본이 2016년부터 "어업회의"를 "해양사무협력대화"회의로 협의체를 승격시킨 이유에는 여러 가지가 있겠지만 가장 중요한 이유는 양측이 오키노토리섬 주변해역에서의 어업분쟁 해결을 비롯하여 해양과학조사, 해상구조, 해양자원조사 등 다양한 분야에서의 협력을 도모하기 위한 것이다. 차이잉원(蔡英文)을 대표로 하는 집권여당 민진당이 일본과의 관계강화를 통해 국제 네트워크 구축 및 영역 확대하고, 어업문제 협상을 통해 대만과 일본 정부 간의 협의체를 구축하기 위한 것이다. 해양사무협력 대화 채널은 민진당이 친일정책 추진을 위한 수단이다. 최근에 들어 미국과 일본은 대만문제를 통해 중국을 견제하고 있는바, 앞으로 일본과 대만의 협력은 보다 강화될 것으로 판단되다.

　　특히 제2차 해양사무협력대화회의에서 대만과 일본 양측은 "해난구조수색협력 각서"를 체결하였다. 민진당은 본 협력각서 체결을 대만과 일본 어업협력에 있어서 중요한 성과로 인정하고 있다. 그러나 민진당이 오키노토리섬에 관한 입장은 대만 어민들의 조업권을 침해하였을 뿐만 아니라 오키노토리섬에 대한 일본의 영유권을 간접적으로 인정한 것과 같다.

V. 동중국해 어업문제 및 대책

1994년 유엔해양법협약이 발효됨에 따라 동중국해 연안국 및 지역은 자국의 국내 관련법을 정비하여 배타적 경제수역을 설정하는 한편 관할해역에서의 법집행을 강화하였다. 특히 자국의 배타적 경제수역에서의 타국 어선에 대한 단속과 처벌을 강화하게 되었으며 어업갈등이 심화되었다.

1990년대 후반에 들어서 한중일 3국은 유엔해양법 및 기타 국제관습에 근거하여 새로운 어업질서를 수립하였으며, 수산자원에 대한 보존 및 관리, 해상 어업질서 유지를 위해 양자간 어업협정을 체결하였다.[12] 2013년 대만과 일본 간의 어업합의서 체결을 통해 동중국해 모든 주변국들은 유엔해양법상 200해리 배타적 경제수역에 근거한 지속가능한 어업관계를 형성하였다.

[표-4] 동중국해 주변국 및 지역 간 어업협정 체결 현황

명칭	체결 시간	발효 시간	체결 장소
중일어업협정	1997.11	2001.06	도쿄
한중어업협정	1998.08	2001.06	베이징
한일어업협정	1998.11	1999.01	가고시마
대일어업합의서	2013.04	2013.05	타이베이

대만·일본 어업합의서는 양측이 배타적 경제수역 경계획정 이전에 어업문제를 우선적으로 해결하기 위하여 체결한 잠정조치로 어업분쟁을 해결하고 해양갈등을 관리하는 것을 목표로 한다.[13] 일본 해상보안청과 한국 해양경찰청

---

12) 동중국해는 한·중·일 3국의 배타적 경제수역이 중첩되는 지역으로 3국은 아직 배타적 경제수역 경계획정에 합의하지 못하였다. 따라서 배타적 경제수역 경계 획정 이전에 어업문제 해결을 위한 어업에 관한 양자간 협정을 체결하였다.
13) 동중국해 주변국 및 지역 간에 체결한 어업협정 또는 어업합의서는 전통적 어업관계에서 배타적 경제수역 체제하의 새로운 어업관계로 전환하는 과도기적 조치이다. 이는 전통적 조업에 대한 상호 간의 배려차원에서 부득이하게 상호입어를 허용하고 있는 등 유엔해양법상의 이념과 기본원칙에 부합된다.

05. 일-대 어업합의서 이후 동중국해 어업문제에 대한 연구

통계에 의하면 연안국들의 공동관리 하에 일본과 한국 관할해역에서 불법어선에 대한 단속 및 처벌 건수는 매년 감소 추세를 보이고 있다.

[표-5] 일본의 외국 불법어선 단속 현황

명칭	한국	중국	러시아	대만
2019.1-3	1(1)	0	0	0
2018	5(3)	0	1	0
2017	1(1)	4(4)	0	0
2016	5(4)	1(1)	0	0
2015	6(6)	3(3)	0	3(1)
2014	7(7)	5(4)	0	2
2013	9(7)	6(6)	0	4

자료: 일본 수산청

[그림-3] 한국 해양경찰청 중국어선 단속 현황

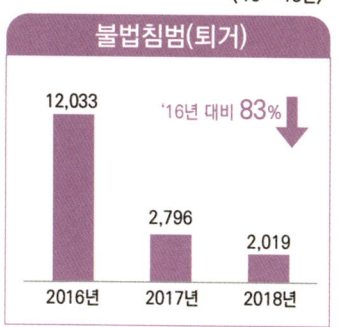

자료: 한국해양경찰청 보도자료(2019.1)

한중일 그리고 대만지역은 유엔해양법협약의 규정에 근거하여 수산자원의 관리 및 이용에 필요한 어업질서의 규율을 위해 해양경계획정 이전에 임시적인 방안으로 양자간 어업협정을 체결하였다. 기존에 체결된 4개의 어업협정(어업합의서 포함)은 다음과 같은 공통의 특징을 가진다. 첫째, 협정적용수역을 협정에서 명문으로 규정하고, 해역별 특징에 따라 다양한 관리모델을 적용하여 어업분쟁을 최소화하였다. 둘째, 협력기구를 설립하여 수산자원관리 및 어업질서 유지에 관한 사항을 공동으로 협의한다. 예컨대, 어업공동위원회를 설립하여 수산정보 공유, 교류협력을 강화하고 수산자원의 보존 및 관리를 위한 협력을 이끌어 내고, 민간차원의 어업협력과 교류를 위한 편의를 제공하였다. 셋째, 해역별 특성을 반영한 관리수단을 도입하였다. 예컨대, 입어허가, 어업강도 규제를 통해 불법어선을 단속하고, 고갈되는 수산자원을 보호한다. 넷째, 정부 간의 어업협력을 강화하고 협의체제를 구축함으로써 불법어업에 대한 단속 및 처벌 등으로 인한 어업분쟁 해결 시 극도의 자제력을 발휘하고, 대화를 통해 해결하도록 노력하였다. 그러나 어업협정은 어업문제에 한정된 양국 간의 합의로서 효율적인 생물자원의 보존과 관리를 실현하는 데는 일정한 한계를 가진다. 또한 공동어업위원회의 기능이 미비하고, 양자 간의 협정내용이 제3국의 이익을 침해하는 등 해양갈등을 유발할 수 있으며, 해상 법집행 체제의 문제점도 지적되고 있다.

이와 같이 동중국해에서 양자 간 어업협정이 갖는 한계를 보완하기 위해 다자간 어업협력을 적극 추진하여야 하며, 지역해 어업협력을 통해 해양생물자원의 관리방법, 어획방법 및 어획량 등에 대한 규제개선이 필요하다. 어업협력에 있어서 앞으로 합리적인 어획량 할당과 수산과학연구, 수산정보 교환 등에 있어 지역간 협력을 강화해야 한다. 또한 장기적인 관점에서 동북아해역의 지리적 특징과 수산자원의 특성에 근거하여 동중국해와 황해를 포함하는 동북아해역의 지역수산기구 설립의 필요성과 가능성에 대한 진지한 검토가 있어야 한다. 이와 관련하여 중서태평양 수산위원회 등 외국사례를 참고하여 동북아해역의 수산관리기구 수립을 추진하고, 동중국해 어업공동위원회를 구성하여 실질적 이행을 촉구해야 한다.

참고문헌

[1] 李明杰,蒋围.台湾当局对日海洋事务合作强化及其影响.边界与海洋研究, 2018.3

[2] 肖徐进.东海区渔业资源的区域合作管理与共同养护研究.海峡科技与产业, 2017.6

[3] 邓敏. 两岸关系背景下的《台日渔业协议》研究.兰州大学,2015.

[4] 张萌,刘相平.台日渔业谈判述论.学海,2014.6

[5] 周怡,谢建新.论东海渔业合作的国际法模式.法学评论,2014.3

[6] 王伟男."台日渔业协议"的背景、内容及可能影响.太平洋学报,2013.7

[7] 陈荔彤,陈贞如等.从国际法观点论台日渔业协议之未来展望, 2013.9

[8] 付玉. 评析"台日渔业协议". 中国海洋报, 2013-04-17.

[9] 张良福. 中国与海洋邻国初步建立新型渔业关系.海洋法学评论,2005.8

환황해 동북아 해양안보 현안과 지역해 자원 보존

06
미국군함의 대만해협 통과에 관한 법적 쟁점

리밍제(李明杰), 쟝웨이(蔣圍)

미국군함의 대만해협 통과에 관한 법적 쟁점

리밍제(李明杰)*, 쟝웨이(蔣围)**

국문초록

　　미국군함이 수차례 대만해협을 통과함으로써 대만해협 및 그 주변 수역의 법적 성격에 대한 논란이 계속 일어나고 있다. 대만해협의 성격과 관련하여 "대만해협은 중국의 영해이다", "중국이 기존의 세계질서에 도전하면서 대만해협의 내해화를 시도한다", "대만해협은 공해로서 미국은 항행의 자유와 통상흐름의 자유"라는 등의 잘못된 주장을 펼치고 있다. 본 연구는 "중국의 대만해협 내해화 여부", "대만해협상 공해가 존재하는지 여부", "대만해협상 국제수역이 존재하는지 여부" 등 현안에 대해 검토함으로써 대만해협의 법적 성격에 대해 분석하고자 한다. 나아가 국제법상 국제해협제도의 발전과정 및 유엔해양법협약상 해협제도를 바탕으로 대만해협의 법적 지위를 명확히 하고, 미국군함이 대만해협 통과시의 권리와 의무를 제시하고자 한다.

키워드: 대만해협, 법적 지위, 미국군함

---

* 자연자원부 해양발전연구소 연구원, 법학박사.
** 서북정법대학교 국제법연구센터 강사, 법학박사.

I. 들어가면서

    2018년부터 2020년 4월까지 22개월 동안 미국군함들은 18회에 걸쳐 대만해협을 통과하였다. 2020년 4월 10일, 미해군 구축함 DDG-52 USS Barry가 대만해협을 남하하여 지났다. 올해 3월 25일에는 미군 매캠벨함이 대만해협을 북상해 지나갔다.[1] 2020년 미국군함이 대만해협을 통과하는 빈도가 크게 증가하였는바 4월 14일 기준 미국군함이 4회에 걸쳐 대만해협을 통과하였다. 미국군함은 한 달에 한번 씩 대만해협을 정기적으로 통과하고 있다. 2018년 6월 7일, 미국 Project 2049 연구소 Ian Easton[2] 소장은 허드슨 연구소가 주최한 "미국의 대만 지원: 성공으로 가는 길(U.S.Support of Taiwan: The Way Forward)" 주제의 학술회의에서 "대만해협은 공해로서 미국은 항행의 자유를 가진다"고 주장하였다. 나아가 "중국이 대만해협은 중국의 내해라는 여론을 조성하여 사실을 왜곡시키고 있다. 미해군 함정이 대만해협을 통과하는 것은 대만해협을 내해인 것처럼 행동하는 중국의 영유권 주장을 부정하는 것이다."고 지적하였다.[3]

    중국 대만사무실 신문 대변인은 2018년 6월 13일 정례 브리핑에서 "미국 Project 2049 연구소 연구원이 미국군함의 대만해협 통과는 항행의 자유를 행사하는 것이며, 미국이 항행의 자유 작전을 통해 대만해협이 공해라는 것을 상기시킨다"는 질문과 관련하여, 대만해협의 법적 성격을 명확히 하지 않았으

---

1) 半个多月美国军舰两次过台海 美海军公布最新过台海现场照片,
   https://xw.qq.com/cmsid/2020041 1A0BUOG00。
2) 미국 Project 2049 연구소 연구원으로 동북아 안보문제 전문가이다. 그는 University of Illinois Urbana-Champaign에서 국제연구를 전공하였으며, 대만정치대학교에서 중국연구학 석사학위를 취득하였다. 또한 중국 복단대학교와 대만사범대학교에서 중국어를 전공하고, 중국에서 5년간 생활하였다. 그는 2017년 《中国的侵略威胁：台湾的国防和美国的亚洲战略》(The Chinese Invasion Threat: Taiwan's Defense and American Strategy in Asia) 저서를 출판하였다.
3) 美智库：台海可自由航行，中国警告离台海远一点！,
   http://baijiahao.baidu.com/s?id=1603038416410612446&wfr=spider&for=pc;U.S. SupportofTaiwan:TheWayForward(June7Event),https://www.hudson.org/events/1565-u-s-support-of-taiwan-the-way-forward62018.

며, 미국 Project 2049 연구소의 주장이 옳았는지도 언급하지 않았을 뿐더러 단지 정치적인 시각에서 대만문제가 중미관계에 미치는 영향에 대해 대답하였다.4) 대만사무실 대변인의 답변과 6월 5일 외교부 기자회견에서 제기된 질문에 대한 답변과 일치하다.5) 즉 중국정부는 대만해협의 법적 성격에 대한 직접적인 언급을 하지 않고 대만문제의 중요성만 재차 강조하였다. 그 후 국내 언론은 대부분 외신 보도를 인용하여 미국군함이 공해를 통과한 것으로 믿었다. 이에 따라 우리는 대만해협은 "공해"인가, 대만해협수역의 법적 성격은 무엇인가? 미국은 유엔해양법협약의 비회원국가로서 대만해협의 무해통항권을 행사할 수 있는가? 미군 군함이 대만해협을 통과할 시 어떤 권리와 의무를 가지는가 등 의문을 가지게 되었다.

II. 대만해협 현황

대만해협(臺灣海峽)은 중국대륙과 대만섬 사이에 위치하여 있으며 동중국해와 남중국해를 연결하는 해협이다. 대만해협은 북동쪽에서 남서쪽으로 뻗어 있으며, 복건성 민강하구의 황기반도와 대만섬 부귀각을 연결하는 선을 북쪽 경계선으로 하고, 광동성 남오섬과 대만 남단에 있는 어란비섬을 연결하는 선을 남쪽 경계선으로 한다. 대만해협의 길이는 약 162해리이며, 해협의 북쪽 끝은 북위 25.5°이고 너비는 135해리이다. 대만해협의 남쪽 끝은 북위 22°에 위치해 있으며, 너비는 350해리이다. 동서방향의 평균 너비는 108해리이

---

4) 国台办新闻发布会辑录（2018-06-13），
http://www.gwytb.gov.cn/xwfbh/201806/t20180613_11 965156.htm。
5) 2018年6月5日，外交部发言人华春莹主持例行记者会。问：据报道，美国军方正考虑派军舰穿越台湾海峡。中方对此有何评论？答：我们多次强调，台湾问题是中美关系中最重要最敏感的核心问题。美方应切实恪守一个中国原则和中美三个联合公报规定，慎重处理涉台问题，以免损害中美关系和台海地区和平稳定。2018年6月5日外交部发言人华春莹主持例行记者会，http://www.fmprc.gov.cn/web/fyrbt_ 673021/jzhsl_673025/t1565977.shtml。

며, 가장 좁은 지점은 복건성 평탄섬과 신죽시를 연결하는 선으로 너비가 78해리이다. 일부 학자들은 평후군도를 경계로 대만해협을 협의대만해협과 평후항로 두 개 부분으로 나눌 것을 주장한다. 평후항로는 대만섬과 평후군도 사이에 위치하여 있으며 수심은 177미터에 달한다. 평후항로의 남쪽 끝 입구의 중간 해역은 수심이 25미터이다.6)

대만해협은 동북아지역과 동남아지역을 연결하는 중요한 국제항로로서 하루 평균 600-800척의 화물선이 통과한다. 대만해협의 상공에는 하루 평균 900에서 1200대의 여객기가 통과한다. 즉 3분마다 하나의 국제선이 대만해협을 통과하고 일본 석유 수입의 90%는 대만해협에 의존한다.

III. 대만해협수역의 성격에 대한 논의

미국 Project 2049 연구소 Ian Easton 연구원이 "대만해협은 공해"라고 주장하고 있으며, 미국 국무부대변인 마트 토너(Mark Toner)도 연설문에서 대만해협은 국제수역이라고 밝혔다. 마트토너 대변인은 2017년 1월 기자회견에서 "중국 요녕호 항공모함이 대만해협을 통과하는 것은 국제수역을 통과하는 것으로 관련 법규를 준수한 다면 미국은 이에 아무런 문제를 제기하지 않는다."고 언급하였다.7) 여기서 명확히 해야 할 것은 미국정부가 중국의 항공모함이 대만해협을 통과하는 행위에 대해 평가할 자격이 있는지 여부와 관계없이, 대만해협을 "국제수역"이라고 표현한 것은 대만해협의 성격을 판단하는 데 큰 영향을 미치게 된다. 본 장에서는 "중국정부가 대만해협을 중국의 내해라고 여론을 이끌어간다", "대만해협은 공해이다", "대만해협은 국제수역이다"

---

6) 姜皇池：《由国际海峡制度论台湾海峡与澎湖隧道法律定位问题》, 《台大法律论坛》1999年第3期, 第91-92页。
7) 国防部回应中国航母编队过航台湾海峡遭美舰跟踪, http://news.haiwainet.cn/n/2017/0720/c35 41737-31029145.html。

라는 주장에 대해 논증함으로써 대만해협의 법적 지위에 대해 명확히 하고자 한다.

1. 대만해협은 중국의 내해인가?

중국정부는 영해선의 기준점이 되는 영해 직선기선의 기점을 순차적으로 발표하였다. 이와 관련하여 일부 학자들은 2006년까지 발표된 영해기점으로는 대만해협의 법적 지위를 판단하기 어렵다고 주장한다.[8] 중국정부는 대만섬이 중국 영토의 일부분이라고 간주하고 있으며, 중국영토의 완전한 영해 기준점을 공식적으로 발표하지 않았지만 이에 대만섬 및 섬의 영해 기점을 포함하고 있는 것이 분명하다. 중국 국내법은 중국대륙의 영해 및 접속수역법은 직선기선법을 적용한다고 명문으로 규정하고 있다. 이에 따라 "중국대륙의 영해 범위가 대만해협을 포함한다."는 주장은 법률 해석이나 이해에 대한 잘못이 있다고 판단된다.[9] 이러한 주장에 따르면 중국대륙은 대만해협을 영해로 분류한다는 결론을 도출하게 되는데, 이는 미국 Project 2049 연구소의 주장과 같은 맥락이다. 그러나 미국 Project 2049 연구소가 가장 앞서나가는 주장을 하고 있으며, 중국이 대만해협의 내해화를 시도한다는 여론을 조성하고 있다.

유엔해양법협약은 수역을 내수, 영해, 접속수역, 배타적 경제수역, 대륙붕, 공해, 심해저 등으로 구분하고 있다. 본 협약 제8조 제1항의 규정에 따르면 영해기선의 육지 쪽 수역은 그 국가 내수의 일부를 구성한다. 중국정부는 1996년 5월 15일 "중화인민공화국 영해기선 성명"을 발표하였다. 이에는 중국대륙의 일부 기선과 서사군도(西沙群岛)의 영해기선이 포함된다. 중국의 영해기선 성명에는 (1)발해 동남부의 산동반도 동쪽 끝에 위치한 "산동고각(山东高角)"과 해남도 서해안을 연결하는 영해기선과, (2)서사군도의 직선기선

---

8) 沈鹿枝：台湾海峡航行制度之研究, 台湾海洋大学2006年硕士论文，第111页。
9) 沈鹿枝：台湾海峡航行制度之研究, 台湾海洋大学2006年硕士论文，第112页。

등 2개의 영해기선이 포함된다. 중국은 이미 대만해협의 영해기선을 발표하였다. 그러나 중국대륙과 대만이 분단 상황에 처해 있는바, 대만당국도 1999년 대만섬의 "영해기선"을 발표하였다. 객관적으로 말하자면 중국은 대만해협 양측의 내수범위를 분명히 하였다. 중국정부는 대륙해안과 대만섬 연안의 영해기선의 육지 쪽 수역을 내수로 확정하고 있으나, 내수범위는 대만해협의 극히 일부분에 그친다. 유엔해양법협약은 영해기선에서 12해리를 넘지 아니하는 범위에서 영해의 폭을 설정하도록 규정하고 있다. "중화인민공화국 영해 및 접속수역법"은 영해의 폭을 영해기선으로부터 12해리로 규정하고 있으며, 대만해협의 일부만 중국의 영해범위에 포함된다. Ian Easton 연구원은 "중국이 대만해협을 내해화 하려는 여론을 조성하고", "중국대륙은 대만해협을 영해범위에 포함시키려고 의도가 분명하다."고 주장하였다. 이러한 주장은 해양법에 대한 전문성이 결여되며 중국과 대만이 대만해협의 내수범위에 대한 합의사항을 무시하고 의도적으로 중국 위협론을 만들었다고 본다.

2. 대만해협은 공해인가?

유엔해양법협약 발효 이전에는 수역을 영해와 공해 두개 수역으로 구분하였다. 따라서 영해가 아니면 공해이다. "1958년 공해에 관한 협약" 제1조의 규정에 의하면 전통적으로는 어떠한 국가의 영해 또는 내수에도 포함되지 않는 해양의 모든 부분은 공해이다. 1982년 유엔해양법협약 초안 작성 시, 배타적 수역을 공해에 포함시킬 것인가에 대한 논의가 이루어졌으며 이러한 논쟁으로 인해 공해의 개념이 명문으로 정의되지 못하였다. 유엔해양법협약 제5부에서 배타적 경제수역에 관한 규정을 두고 있다. 협약의 규정에 따르면 배타적 경제수역이란 영해기선으로부터 200해리까지의 수역으로, 연안국은 자국의 배타적 경제수역에서 천연자원의 탐사, 개발, 보존 및 관리를 목적으로 하는 주권적 권리를 가진다.

비록 이 협약에서 공해에 대한 정의규정을 두고 있지 않지만, 제7부(공해)

제86조에서 이 부의 규정은 어느 한 국가의 배타적 경제수역, 영해, 내수 또는 군도국가의 군도수역에 속하지 아니하는 바다의 모든 부분에 적용된다"고 규정하고 있는바 공해는 내수, 영해 또는 군도수역에 속하지 아니하는 수역으로, 어떠한 국가라도 유효하게 공해의 어느 부분을 자국의 주권아래 둘 수 없다. 따라서 유엔해양법협약의 시행에 따라 공해의 범위가 대폭 줄어들어드는 반면에 연안국의 관할수역의 범위가 대폭 확대되었다.

이 협약의 규정에 따라 중국대륙과 대만섬은 영해기선에서 12해리까지의 영해와 200해리까지의 배타적 경제수역을 가지게 되었다.[10] 또한 대만해협의 폭이 400해리를 초과할 때만 공해가 존재한다. 그러나 대만해협의 폭은 78-200해리로서 대륙의 해안선과 대만섬의 해안선에서 12해리까지의 영해 범위를 제외시키면 남은 54-176해리의 수역은 중국대륙과 대만섬의 배타적 경제수역에 속한다. 이에 따라 대만해협은 중국의 배타적 경제수역으로 공해가 전혀 없다.

3. 대만해협에는 "국제수역"이 존재하는가?

미국정부와 미군은 대만해협을 "국제수역"으로 표현하고 있다. 그러나 유엔해양법협약에는 "국제수역"에 관한 용어가 명문으로 규정되어 있지 않으며 이에 관한 법규정 또한 없다. 미국정부와 학자들은 유엔해양법협약상의 용어와 개념을 오용하였을 뿐만 아니라 "국제수역"이란 새로운 개념을 만들어냈다. 2007년에 발표된 "해군작전법에 관한 지휘관 지침서"에서는 "해상작전의 목적에 따라 해양을 (1)내수, 영해, 군도수역과 (2)접속수역, 배타적 경제수역, 공해 등 두개 부분으로 구분한다. 첫 번째 수역은 연안국의 관할수역으로 국제사회에 특별한 항행의 권리를 부여하고 있으며, 두 번째 수역은 국제수역으로

---

10) Reports of the United States Delegation to the Third United Nations Conference on the Law of the Sea 148-149, 174-175. (Myron H. Nordquist & Choon-ho Park eds., 1983).

모든 국가는 공해에서와 마찬가지로 항행의 자유, 상공비행의 자유를 가진다. 국제수역이란 어떠한 국가의 주권도 적용되지 않는 수역으로 영해 밖의 모든 수역은 국제수역에 포함된다"고 규정하고 있다.11) 일부 학자들은 유엔해양법협약에서 "국제수역"에 관한 규정을 두고 있지 않지만 "국제수역"이란 용어가 이 협약에 부합하지 않는다고 판단할 수 없다고 주장한다.12)

미국이 제시한 "국제수역" 용어는 언뜻 보기에는 유엔해양법협약에 근거하여 해역을 구분하고 있는 것으로 보이고 이 협약의 규정에 부합하거나 적어도 "겸용(兼容)"되는 것으로 보인다. 그러나 "국제수역"에 관한 주장은 국제법상의 실정법적 근거가 부족하다고 판단된다. "국제수역"이란 용어는 유엔해양법협약의 어느 조항에서도 찾아볼 수 없을 뿐더러 협약의 어느 조항에도 간접적으로 포함되지 않는다. 따라서 이 용어는 유엔해양법협약체제 밖의 개념으로 일부 학자나 국가에 의해 만들어진 개념이다. 미국의 "해군작전법에 관한 지휘관 지침서"는 해상작전의 목표 달성을 위해 전 세계 해역을 국가수역과 국제수역 두개의 유형으로 구분하고 있다. 반면에 유엔해양법협약에서 국가주권을 고려하여 해양질서를 재확립하고, 해상교통과 평화적인 이용을 촉진하기 위해 전체 해역을 내수, 영해, 접속수역, 배타적 경제수역, 공해 등으로 구분하고 있다. 이로부터 알 수 있는바 미국의 "해군작전법에 관한 지휘관 지침서"는 군사적 목표를 달성하기 위한 것으로 유엔해양법협약과 목적을 달리 설정하고 있다.13)

종합하자면 중국은 대만해협을 내해화 하지 않았으며, 대만해협 또한 공해가 아니다. 대만해협은 유엔해양법협약의 규정에 따라 내수, 영해, 배타적

---

11) 包毅楠：美国"过度海洋主张"理论及实践的批判性分析，《国际问题研究》 2017年第5期，第112-113页。
12) 黎蜗藤：美军无权穿越台湾海峡？对国际法的误解与错误，2018/06/21, https://www.thenewslens.com/article/98179。
13) 包毅楠：《美国"过度海洋主张"理论及实践的批判性分析》，《国际问题研究》 2017年第5期，第113页。

경제수역을 가진다. 미국인 Ian Easton 연구원이 제기한 "중국이 대만해협의 내해화 시도", "대만해협은 국제 수역", "중국 대륙은 대만해협을 영해범위에 포함시키려는 의도가 분명하다." 등의 주장은 앞으로 중국이 관할권 행사에 있어서 또는 중국과 대만의 통일을 통해 대만해협을 "내해화", "영해화"하고 관할권을 행사함으로써 대만해협이 국제해협으로서의 법적 지위를 전환시킬 것이라는 기본 전제가 깔려있다. 그러나 Ian Easton 연구원이 중국대륙의 영해기선에 관한 실질적 조사를 거치지 않고, 유엔해양법협약에 대한 법리를 오해한 잘못된 주장을 하는 것은 세계적 웃음거리가 된다고 생각한다. 중국은 유엔해양법협약의 체약국으로서 협약에서 규정한 법제도를 적용할 권리와 의무가 있으며, 미국의 "해군작전법에 관한 지휘관 지침서"에서 언급한 "국제수역"에 관한 용어와 관련 제도를 채택하는 것이 타당하지 않다고 한다.

IV. 대만해협의 법적 지위

1. 국제해협제도의 입법과정

국제항행에 이용되는 해협은 항행과 무역거래에 있어서 매우 중요한 역할을 한다. 2차 세계대전 이전 국제사회 구성원들은 국제항행에 이용되는 해협을 형성하는 수역의 문제를 영해에서의 통과제도로 해결하는 데는 한계가 있음을 인지하고 국제해협에 관한 조약을 체결하였다. 예컨대 1857년에 체결한 코펜하겐 조약은 모든 덴마크의 해협을 국제수역으로 지정하여, 군사 및 상업용 선박이 지나갈 수 있도록 허용하였다.[14] 그러나 1949년 이전의 국제해협에 관한 법률규정에 의하면 특별 조약이 체결된 경우를 제외한 기타 수역에서는 여전히 영해에서의 무해통항제도의 적용을 받았다.[15]

---

14) 姜皇池：《由国际海峡制度论台湾海峡与澎湖隧道法律定位问题》, 《台大法律论坛》 1999年 第3期, 第94页。

1949년 국제사법 재판소(ICJ)는 "코르푸해협사건(Corfu Channel Case)" 판결에서 "국제관습법에 따르면 평시 군함을 포함한 모든 국가의 선박은 연안국에 해가 되지 않는 한 자유롭게 통과할 수 있다. 이러한 통과는 연안국의 사전허가를 받지 않아도 된다. 당해 해협의 일부 또는 전체수역이 연안국의 영해범위에 포함될 경우에도 무해통과가 가능하다."고 판시하였다. 본 판결은 국제해협의 통과제도와 관련하여 다음과 같은 두개의 구성요건을 확인하였다. 첫째, 해협은 공해를 연결하는 지리적 조건을 갖추어야 한다. 둘째, 국제항행에 이용되는 해협에 적용된다. 나아가 코르푸해협사건에 대한 판결과 1958년 제네바에서 채결된 "영해 및 접속수역법" 제16조 제4항의 규정에 따라 국제항행에 이용되는 해협이 공해의 한부분과 다른 부분을 연결하거나 공해와 기타 국가의 영해를 연결하는 해협의 경우 외국 선박의 무해통항을 저해하거나 중단해서는 안 된다는 규정을 발표하였다. 국제항행에 이용되는 해협에서의 무해통항권과 연안국 영해에서의 무해통항은 내용의 차이가 있다. 즉 영해에서 연안국은 자국의 안보보장의 필요에 의해 외국 선박의 무해통항을 임시적으로 중단할 수 있지만 국제항행에 이용되는 해협에서의 무해통항의 경우 연안국은 어떠한 이유로도 무해통항을 중단할 수 없다. 제3국의 잠수함은 국제항행에 이용되는 해협을 통과할 시 수면으로 올라가 국기를 게양하여야 하며, 항공기는 통과통항권이 없다. 그때 당시 대부분 국가의 영해 폭은 3해리로서 중요한 국제해협은 중간부분에 여전히 공해에서 통과항로가 확보되었다.[16)]

　제3차 해양법회의에서 미국을 포함한 선진 해양국들은 영해의 폭을 12해리로 확장할 경우 해협의 폭이 24해리 미만인 100개의 국제해협이 해협연안국의 영해에 편입되는 사실을 우려하였다. 아울러 영해에서 무해통항제도가 해협을 통한 무해통할을 보장할 수 없다는 우려를 표시하였다. 이러한 문제를

---

15) 姜皇池：《由国际海峡制度论台湾海峡与澎湖隧道法律定位问题》，
　　《台大法律论坛》1999年第3期，第94页。
16) 参见姜皇池：《由国际海峡制度论台湾海峡与澎湖隧道法律定位问题》，
　　《台大法律论坛》1999年第3期，第95-103页。

해결하기 위해 유엔해양법협약은 "제3부 국제항행에 이용되는 해협"의 장을 만들었다.

2. 유엔해양법협약의 국제항행에 이용되는 해협

1) 통과통항제도가 적용되는 해협: 국제항행에 이용되는 해협

유엔해양법협약 제37조는 통과통항제도가 적용되는 수역, 즉 국제항행에 이용되는 해협에 대해 규정하고 있다. 이러한 해협에는 말라카해협이 대표적인 적용 대상이다. 통과통항권을 가지는 국제해협은 아래와 같은 두개의 요건을 포함한다. 첫째, 지리적 요건으로 공해 또는 배타적 경제수역의 일부와 공해나 배타적 경제수역의 다른 부분 간을 연결한다. 둘째, 기능적 요건으로 국제항행에 이용되는 해협이어야 한다. 통과통항제도는 "자유항행"과 "무해통과권" 사이의 절충안이다. 당해 해협 내에서 모든 선박과 항공기는 방해받지 아니하는 통과통항권을 향유하며, 잠수함은 수면에 부상할 필요 없이 수중에서 항행이 가능하다.[17]

2) 통과통항제도가 적용되지 않는 해협

유엔해양법협약 제36조의 규정에 따라 항행 및 수로 특성에서 유사한 편의가 있는 공해 통과항로나 배타적 경제수역 통과항로가 국제항행에 이용되는 해협수역에 있는 경우, 본 규정을 그 해협에 적용하지 아니한다. 이러한 항로에 있어서는 통항 및 상공비행의 자유에 관한 규정을 포함한 이 협약의 다른 관련 부를 적용한다. 그러나 유엔해양법협약 제3부 국제항행에 이용되는 해협과 관련하여 적용 예외조항을 두고 있다. 첫째, 해협의 폭이 24해리보다 작지만 해협연안국이 12해리 영해를 주장하지 않은 이유로 해협 중간 부분에 배타

---

17) Nordquist edit, United Nations Convention on the Law of the Sea, 1982: A Commentary Volume II, Kluwer Law International, 1988, p.320.

적 경제수역 또는 공해 항로가 존재하는 경우이다. 둘째, 해협의 폭이 24해리를 초과하고 해협 중심에 배타적 경제수역 또는 공해항로가 있다.[18] 이 경우 해협 중 영해 내에서 무해통항제도를 적용하고 배타적 경제수역 또는 공해에서는 자유통항제도를 적용한다.

3) 정지될 수 없는 무해통항

유엔해양법협약 제45조의 규정에 따르면, 본 협약 제2부 제3절에 규정된 무해통항제도는 국제항행에 이용되는 다음 해협에 적용된다. (1)제38조 제1항에 규정된 통과통항제도가 적용되지 아니하는 해협, (2) 공해 또는 배타적 경제수역의 일부와 외국의 영해와의 사이에 있는 해협이다. 이러한 해협을 통한 무해통항은 정지될 수 없다. 그 당시 역사적 조건으로 인해 관련 국가들이 특별해협에서의 항행문제에 대한 합의를 통해 국제협약을 체결하였는바 이러한 해협에서는 유엔해양법협약의 국제항행에 이용되는 해협에 관한 법제도가 적용되지 않는다.

그밖에 유엔해양법협약 제311조 다른 협약·국제협정과의 관계에 관한 규정에 따르면 당사국이 새로운 협정을 체결할 시 이 협약의 목적과 대상의 효과적 이행과 양립하지 않는 조항 일탈에 관한 것이어서는 아니되며 현재 유효한 규범이어야 한다.[19]

4) 국제협약에 따라 통항제도가 확립된 해협

유엔해양법협약 제35조 제c항의 규정에 따라 "특정해협에 관한여 장기간에 걸쳐 유효한 국제협약에 따라 통항이 전체적 또는 부분적으로 규제되고 있는

---

18) Nordquist edit, United Nations Convention on the Law of the Sea, 1982: A Commentary Volume II, Kluwer Law International, 1988, p.310.
19) Nordquist edit, United Nations Convention on the Law of the Sea, 1982: A Commentary Volume II, Kluwer Law International, 1988, p.317.

해협의 법제도"는 유엔해양법협약 제3부(국제항행에 이용되는 해협) 어떠한 규정도 이에 영향을 미치지 아니한다. 예컨대 이스라엘과 이집트 간에 체결한 "평화협정"은 아카바만과 티란해협에 관한 별도의 규정을 두고 있다.

[표-1] 유엔해양법협약상 해협의 분류

통항제도	협약 조항	해협의 분류	사례
통과통항제도	제37조	공해나 배타적 경제수역의 일부와 공해나 배타적 경제수역의 다른 부분간의 국제항행에 이용되는 해협	말라카해협
무해통항제도	제45조	해협이 해협연안국의 섬과 본토에 의하여 형성되어 있는 경우, 항행상 및 수로상 특성에서 유사한 편의가 있는 공해 통과항로나 배타적 경제수역 통과항로가 그 섬의 바다쪽에 있는 해협	
통과통항제도 적용 제외	제36조	(1) 해협의 폭이 24해리보다 작지만 해협연안국이 12해리 영해를 주장하지 않은 이유로 해협 중간 부분에 공해나 배타적 경제수역에 항로가 존재한다. (2) 해협의 폭이 24해리를 초과하고 해협 중심에 배타적 경제수역이나 공해항로가 있다.	대만해협, 소야해협, 쓰가루해협, 쓰시마해협 동쪽 항로, 쓰시마 해협 서쪽 항로, 오스미해협
국제협약에 의거한 통항제도	제35조 제c항	유엔해양법협약 체결 시 특정해협에 관한여 장기간에 걸쳐 유효한 국제협약에 따라 통항이 전체적 또는 부분적으로 규제되고 있는 해협	터키해협, 지브롤터해협, 마젤란해협, 흑해해협 등

3. 대만해협의 법적 성격

1) 대만해협의 법적 지위에 대한 논의

대만해협의 법적 성격과 관련하여 아래와 같은 두 가지 견해가 있다. 첫째, 대만해협은 국제항행에 이용되는 해협이다. 즉 통과통항제도가 적용되는 해협이다. 둘째, 대만해협은 유엔해양법협약 제36조에 해당하는 해협으로, 국제항행에 이용되지 않는 해협으로 통과통항 중인 선박과 항공기는 기타 제도를 적용한다. 배타적 경제수역 내에서 배타적 경제수역에서의 항행 및 항공기의 통과통항제도가 적용되고, 영해에서는 무해통항제도가 적용된다.

첫 번째 견해와 관련하여 대만 당국은 "영해 및 접속수역법" 제13조 제1항에서 "국제항행에 이용되는 해협이며 영해수역에 해당하지 않는다. 이에 따라 대만당국은 해협에서 외국 선박 및 항공기의 통과통항에 관한 법률을 제정할 수 있다"고 규정하고 있다. 본 규정으로부터 알 수 있는바 대만해협은 국제항행에 이용되는 해협이며, 대만해협은 영해수역에 해당되지 않으며 통과통항제도가 적용된다.

대만해협의 법적 지위에 관한 견해 중 첫 번째 견해와 비교하여 두 번째 견해가 유엔해양법협약에 더 부합된다. 첫 번째 견해를 주장하는 학자에는 쏭엔후이(宋燕輝), 쟝황츠(姜皇池), 후녠주(胡念祖) 등이 있다.

쏭엔후이(宋燕輝)의 주장은 아래와 같다. 대만해협은 하루 평균 400척 이상의 선박과 350척 이상의 항공기가 통과하는 세계에서 가장 분주한 해협 중 하나이다. 대만해협은 국제해협에 속하나 유엔해양법협약 제37조의 규정에 따른 공해나 배타적 경제수역의 일부와 공해나 배타적 경제수역의 다른 부분을 연결하는 해협은 아니다. 중국대륙과 대만섬의 영해기선에서 측정한 배타적 경제수역은 상호 중첩되며, 항행상 및 수로상 특성에서 유사한 편의가 있는 통과항로가 존재하는 바 본 협약 제3부에서 규정하고 있는 국제항행에 이용되는 해협에 관한 제도가 적용되지 않는다. 이에는 통과통항제도도 포함된다.[20]

쟝황츠(姜皇池)의 주장은 다음과 같다. 대만해협 폭이 가장 넓은 지점은 122.2해리이고, 가장 좁은 지점은 72.2해리로서 양안이 모두 12해리 영해를

---

[20] Yann-huei Song, The Legal Status of Taiwan Strait and Potential Maritime Disputes in China-US Relations, 2008.3.28, pp.4-5.

주장할 경우 대만해협의 중심부분은 배타적 경제수역 통과항로가 생긴다. 유엔해양법협약 제36조의 규정에 따라 "항행 및 수로 특성에서 유사한 편의가 있는 배타적 경제수역 통과항로가 국제항행에 이용되는 해협 안에 있는 경우 그 해협에 적용하지 아니한다. 이러한 항로에 있어서는 통항 및 상공비행의 자유에 관한 규정을 포함한 이 협약의 다른 관련 부를 적용한다." 따라서 배타적 경제수역 내에서 이와 관련한 통항 및 상공비행에 관한 규정이 적용되며, 영해에서 외국 선박은 무해통항권을 가진다.21)

후녠주(胡念祖)는 다음과 같이 주장한다. 지리적 위치와 외국선박이 장기간 지속적으로 통과한다는 사실에 비추어 본다면 대만해협은 유엔해양법협약상 "국제항행에 이용되는 해협"에 속한다고 할 수 있다. 그러나 "우리나라"는 협약 제36조의 규정을 적용하여 "항행 및 수로 특성에서 유사한 편의가 있는 공해 통과항로나 배타적 경제수역 통과항로가 국제항행에 이용되는 해협 안에 있는 경우 본 규정을 그 해협에 적용하지 아니한다. 이러한 항로에 있어서는 통항 및 상공비행의 자유에 관한 규정을 포함한 이 협약의 다른 관련 부를 적용한다."22)

2) 대만해협은 유엔해양법협약 제36조에 해당하는 해협

대만해협의 폭은 78-200해리이며 해협 양측이 각각 12해리의 영해를 주장할 경우 중심부분에는 배타적 경제수역이 존재한다. 즉 해협의 중심부분에 항행 및 수로 특성에서 유사한 편의가 있는 배타적 경제수역 통과항로가 존재한다. 이에 따라 대만해협은 유엔해양법협약 제36조에서 규정하는 국제항행에 이용되는 해협을 통한 공해 통과항로 또는 배타적 경제수역 통과항로에 해당한다. 유엔해양법협약 제36조 규정에 의하면 "항행 및 수로 특성에서 유사한 편의가 있는 공해 통과항로나 배타적 경제수역 통가항로가 국제항행에 이

---

21) 姜皇池：《由国际海峡制度论台湾海峡与澎湖隧道法律定位問題》，《台大法律论坛》 1999年第3期，第141页．
22) 胡念祖：《美舰"无害通过"用语欠妥》，中国时报2000年5月27日．

용되는 해협 안에 있는 경우, 본 규정을 그 해협에 적용하지 아니한다. 이러한 항로에 있어서는 통항 및 상공비행의 자유에 관한 규정을 포함한 이 협약의 다른 관련 부를 적용한다."

(1) 대만해협의 내수

중국은 대만해협의 내수에 대해 완전한 영토주권을 가진다. 양안의 분단관계로 인해 선박 통행은 양측의 규정에 따라 이루어진다. 중국 대륙 측의 내수는 국제항행에 이용되는 수로가 없기 때문에 외국 군함은 통과할 수 없으며, 외국 국적의 상선은 사전 승인을 얻은 후 통과할 수 있다. 대만섬 측의 펑후열도(澎湖列島)와 대만섬 사이의 펑후수로는 남중국해와 동중국해를 연결하는 중요한 통로이다. 또한 대만당국의 기준선 설정으로 인해 대만섬과 펑후섬 사이의 수역이 내수로 확정되었다. 현재 대만당국의 법 규정에 의하면 외국 군함과 공무용 선박이 해당 수로를 통과할 시 사전승인을 받아야 한다.

(2) 대만해협의 영해

대만해협 중 영해부분에 대해서는 유엔해양법협약 제2부의 영해에서의 무해통항제도가 적용된다. 연안국이거나 내륙국이거나 관계없이 모든 국가의 선박은 이 협약에 따라 영해에서 무해통항권을 가진다. 외국 항공기는 상공비행의 자유가 없으며, 외국선박의 통항은 영해에서의 무해통항권을 가진다. 잠수함은 영해에서 해면 위로 국기를 게양하고 항행한다. 잠수항행기기는 유엔해양법협약상 무해통과에 관한 조항을 준수해야 한다. 영해에서 외국 군함의 통과와 관련하여 중국정부와 대만당국은 국내법상 규정을 두고 있다. 중국의 경우 외국 군함이 영해에 진입할 경우 사전승인을 받아야 하며, 대만의 경우 외국군함 또는 공무용 선박이 영해에 진입할 경우 사전에 통보하여야 한다.

(3) 대만해협의 배타적 경제수역

대만해협의 배타적 경제수역에 대해서는 유엔해양법협약 제5부 배타적 경제수역에서의 항행제도를 적용한다. 외국 선박과 항공기가 연안국의 배타적 경제수역을 통과할 시 공해에서의 항행 및 상공비행의 자유를 가진다. 단 배타적 경제수역에서의 항행 및 상공비행의 권리를 행사함에 있어서 각국은 연안국의 권리와 의무를 적절하게 고려하고, 본 규정과 배치되지 아니하는 한 이 협약의 규정과 그 밖의 국제법 규칙에 따라 연안국이 채택한 법령을 준수한다.

[그림-2] 대만해협의 해역 표시도

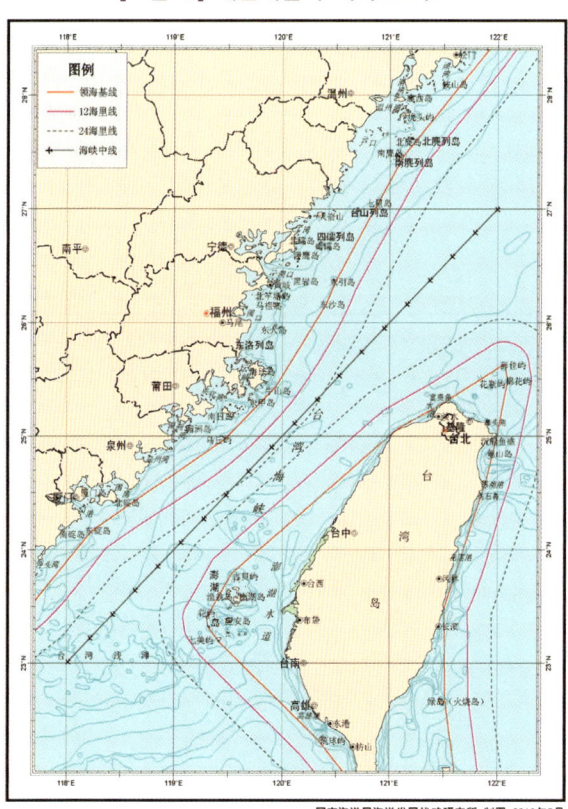

国家海洋局海洋发展战略研究所 制图 2018年7月

(4) 미국군함이 대만해협 통과시의 권리와 의무

군함의 이동경로는 보안사항으로 미국군함이 대만해협을 통과하는 특정 경로를 파악할 수 없다. 2018년 7월 미해군 7함대의 이지스함 2척이 7월 7일과 8일에 대만해협을 통과한데 이어 3척의 일본 관용선이 태풍 마리아를 피해 대만해협 동쪽 해역과 서쪽 해역을 통과하여 가오슝항만에서 바람을 피한 후 대만해협 동쪽을 따라 돌아왔다. 위성과 연안 AIS 데이터를 바탕으로 분석한 결과 국호(PL14) 7월 9일 오전 대만해협의 대만 연안에서 24해리 떨어진 서남쪽 해역을 통과하였고, 7월 10일 오전 대만 가오슝 외측 해역을 통과하였다. 추진섬호(秋津島号, PLH32)는 7월 9일 오후 대만 동측 해역서 서남쪽으로 항행하였고, 9일 저녁 바시해협을 통과하여 10일 가오슝 외곽 해역에 정박하였다. 다른 순찰선 지간호(池间号, PL-86)의 항행 경로는 추진섬호와 거의 같다. 태풍 마리아가 지나간 후 3척의 순찰선이 대만 동쪽 해역을 통과하여 돌아갔다.

[그림-3] 일본 관용선 대만해협 통과 경로

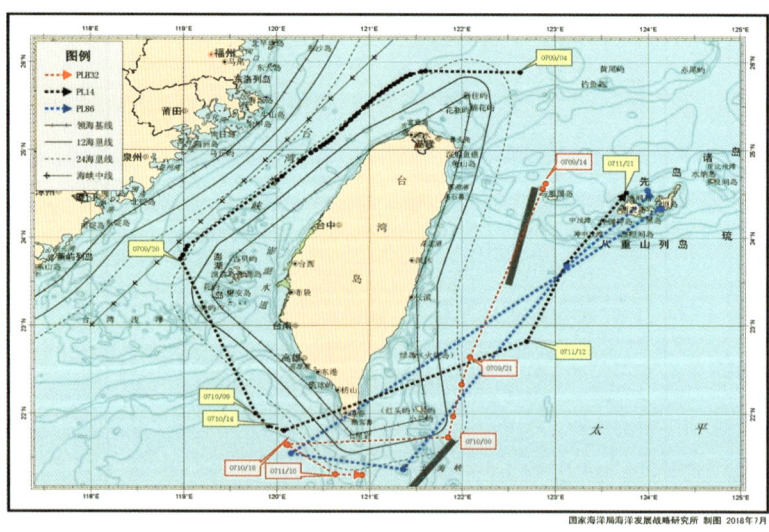

2018년 11월 28일 미군 알레이버크급 구축함 USS Stockdale과 보급함 USNS Pecos이 대만해협을 남북으로 통과하였다. 2019년 4월 28일, 미국 미사일 구축함 스테뎀함(DDG-63)과 윌리엄 로렌스호(DDG-110)는 헝춘 서남해역에서 출발하여 대만해협을 남북으로 통과하였다. 이로 인해 2척의 미군 군함의 궤적을 확인할 수 있었다.

위에서 언급한 미군 군함외의 대부분 군함의 이동경로는 확인할 수 없다. 그러나 일본 관용함은 미국 군함과 성격이 유사한 점을 감안한다면 미군 군함의 이동경로와 일본 관용함의 이동경로는 크게 다르지 않을 것으로 생각된다. 이에 따라 미군 군함이 대만해협을 통과한 경로는 일본 관용선의 이동경로를 참조할 수 있다. 아울러 2018년 11월과 2019년 4월 미군 군함의 이동경로에 비추어 본다면 미군 군함은 대만섬에서 24해리 떨어진 수역을 통과하였으며, 가오슝 외곽에서 피난할 시에서 대만섬에서 24해리 떨어진 수역이었다. 본 지점은 대만해협의 중심부분 근처에 위치해 있다.

종합하자면 유엔해양법협약 상 통행규칙 중에서 국제 관습법으로 형성된 규범만이 비회원국을 구속할 수 있다. 따라서 미군 군함이 대만해협 통과 시 가지는 권리와 의무는 유엔해양법의 근거를 필요로 하며, 이러한 법률 규정이 국제 관습법으로 형성되었는지도 검토하여야 한다.

1982년 2월 국제사법재판소는 배타적 경제수역에 관한 국제관습법의 지위에 대한 사건을 처음으로 다루게 되었다. 즉 1982년 튀니지·리비아 간의 대륙붕 경계획정사건이다. 이 사건 판결에서 국제사법재판소는 배타적 경제수역 개념은 현대 국제법의 일부라고 주장하였다. 1984년 메인만 사건에 국제사법재판소는 배타적 경제수역에 관한 특별 조항이 "현재는 일반 국제법에 부합되는 내용이라고 판시하였다."[23] 아울러 메인만 사건에서 국제사법재판소는 "배타적 경제수역에 관한 조항은 일반 국제법의 규정과 일치하며, 니카라과사건

---

23) Continental Shelf Case (Tunisia/Libya), 1982 I.C.J. 18, P100.

에서 국제사법재판소는 유엔해양법협약 제58조 배타적 경제수역에서의 다른 국가의 권리와 의무에서 배타적 경제수역에서 공해에서의 항행자유의 원칙이 적용된다"고 판시하였다.

 1985년 리비아몰타대륙붕사건에서 국제사법재판소는 "법원의 관점에서 볼 때 각국의 실천으로부터 알 수 있는바 배타적 경제수역제도가 관습법의 일부가 되었음을 보여준다."고 판시하였다. 국제사법재판소는 영해에서 선박의 항행과 관련하여 유엔해양법협약 제17조의 무해통항권과 제18조 통항의 의미는 국제 관습법으로 형성되었다고 판시하였다. 그러나 외국 군함이 영해에서 무해통항권을 향유하는지에 대해 의견 차이가 존재한다. 요약하자면 유엔해양법협약상 배타적 경제수역제도와 영해에서의 무해통항권제도는 국제관습법으로 형성되었는바 미국도 이를 준수하여야 한다. 그러나 외국 군함 또는 관용선이 영해에서의 무해통항권은 국제관습법이 아니다.

 따라서 미군 군함이 중국대륙의 영해를 통과할 시 중국정부의 사전승인을 받아야 한다. 중국과 대만관계는 분단되어 있는 관계로 미군 군함이 대만섬의 영해를 통과할 시에도 대만당국에 사전 통보하여야 한다. 아울러 대만해협의 배타적 경제수역 내에서 미국은 유엔해양법협약에서 규정하고 있는 항행과 상공비행의 자유를 가지는 동시에 동 협약 제58에서 규정하고 있는 배타적 경제수역에서의 다른 국가의 권리와 의무를 준수하여야 한다. 즉 배타적 경제수역에서 항행, 상공비행의 자유를 향유함에 있어서 각국은 연안국의 권리와 의무를 적절하게 고려하고 이 부의 규정과 배치되지 아니하는 한 이 협약의 규정과 그 밖의 국제법규칙에 따라 연안국이 채택한 법령을 준수하여야 한다.

[표-2] 미군 군함의 대만해협 통과 사건 리스트

NO	시간	미군 군함	지역/노선	사건
1	1950.6	미군 제7함대	대만 지룽, 가오슝 주둔, 대만해협에서 순찰 및 훈련	• 1950.6.28. 트루먼대통령은 미군 제7함대 대만해협 주둔 명령, 대만에 대한 공격을 막고 대만의 중립을 보장 • 27일 제7함대 소속 10척의 군함 대만 기룽, 가우슝 항만 주둔, 대만해협에서 순찰 및 작전 훈련 개시
2	1955.2	미군 제7함대	대만해협 동북부	• 첫 번째 대만해협 위기 1955년 1월 인민해방군 이장산섬(一江山岛) 미군 대천도 군민을 협조하여 대만 복귀. 미군은 대만해협에 대한 군대 배치 확대. 미군은 대만해협 동북부 해역에서 제7함대 소속의 4척의 항공모함과 12척의 구축함 배치[24]
3	1958	미군 제7함대	국제수역에서 국민당 군대의 항행 보호	• 두 번째 대만해협 위기 미군은 대만해협에서 6척의 항공모함 집결, 96척의 항공기, 중순양함 3척, 구축함 40척, 잠수함 7척, 기타 20척 이상의 군함 배치[25]
4	1995. 12.19	미군 제7함대 Nimitz 항고모함	대만해협 통과	1995년 7월-11월, 해방군은 처음으로 미사일 발사 및 군사훈련 실시. 12월 19일 니미츠호 항공모함 전투부대 항행의 자유 행사. 대만동부 태평양해역을 통과하는 노선을 대만해협 통과로 변경
5	1996. 3.8-10	미군 제7함대 독립호 항공모함전투부대, 제5함대 미니츠호 책추진항공모함 전투부대	대만해협 및 주변 해역	• 세 번째 대만해협 위기 1996년 3월, 해방군은 동중국해와 남중국해에서 해양과 상공에서 실탄 군사훈련 실시 미국정부는 대만해협해역에 항공모함 파견, 3월 11일 걸프만에 배치된 제5함대 미니츠항공모함의 대만해협으로 파견
6	1998	미군 항공모함작전부대	대만해협 통과	미니츠호 항공모함전투부대
7	1999	미군 미사일 순양함 1척	대만해협 통과	미국 미사일 순양함 모바일 베이호

NO	시간	미군 군한	지역/노선	사건
8	2007.11.29	미국 항공모함 작전부태	대만해협 통과	2007년 11월 29일, 미해군 항공모함 작전부대의 홍콩접근이 거부된 후 대만해협을 통해 일본으로 귀항
9	2017.7.1	미국 항공모함 작전부대	대만해협을 북쪽에서 남쪽으로 종단	요녕호 항공모함 대만해협 투입, 미군 구축함 대만해협 주둔 및 중국 군부대 추적. USS Stethem DDG-63
10	2018.7.7	미군 제7함대 구축함전대	대만해협을 남쪽에서 북쪽으로 종단	미해군은 미사일 구축함 USS Benfold DDG-65와 USS Mustin DDG-89 배치
11	2018.10.22	미군 제7함대 순양함과 구축함전대	대만해협을 남쪽에서 북쪽으로 종단	미해군 미사일 순양함 USS Antietam CG-54, 이지스 구축함인 USS Curtis Wilbur DDG-54 통과
12	2018.11.28	미군 제7함대 구축함과 연료보급함	대만해협을 북쪽에서 쪽으로 종단	미사일 구축함 USS Stockdale DDG-106와 연료보급함 USNS Pecos T-AO-197)
13	2019.1.24	미군 제7함대 구축함과 연료보급함	대만해협을 남쪽에서 북쪽으로 종단	미사일 구축함 USS McCampbell DDG-85과 연료보급함USNS Walter S. Diehl T-AO-193
14	2019.2.25	미군 제7함대 구축함과 연료보급함	대만해협을 남쪽에서 북쪽으로 종단	미사일 구축함 USS Stethem DDG-63과 연료보급함 USNS Cesar Chavez T-AKE-14
15	2019.3.25	미군 제7함대 구축함과 해안경비대 법집행 선박	대만해협을 남쪽에서 북쪽으로 종단	미사일 구축함 USS Curtis Wilbur DDG-54 2척, 해안경비대 순찰선 USCGC Bertholf WMSL-750
16	2019.4.28	미군 구축함전대	대만해협을 남쪽에서 북쪽으로 종단	미사일 구축함 USS Stethem DDG-63와 USS WILLIAM P. LAWRENCE DDG-110)
17	2019.5.22	미군 제7함대 구축함과 연료보급함	대만해협을 남쪽에서 북쪽으로 종단	미사일 구축함 USS Preble DDG88와 연료 보급함 USNS Walter S. Diehl T-ao-193

---

24) 戴超武：《敌对与危机的年代》，第191页，社会科学文献出版社，2003年。
25) 第二次台湾海峡危机与美国核威慑的失败，
  http://www.cssn.cn/sjs/sjs_sjxds/201505/t20150504_1718521_ 1.shtml。

NO	시간	미군 군함	지역/노선	사건
18	2019. 7.24 -25	미군 미사일 순양함	대만해협을 남쪽에서 북쪽으로 종단	7월 24일 미해군 제7함대 대변인 클레이 도스(Clay Doss)는 성명을 통해 미해군 순양함 엔티템(USS Antietam CG-54)이 대만해협을 통과했다. 도스 대변인은 "미 해군 순양함의 대만해협 통과는 미국이 자유롭고 개방된 인도·태평양 지역 구축에 노력하고 있음을 보여주는 것"이라고 강조했다
19	2019. 8.23	미군 안토니오급 수륙 양용 도크 상륙함 그린베이호 등 2척 군함	대만해협을 남쪽에서 북쪽으로 종단	그린 베이호는 제11 상륙전대 소속으로 아태지역에 배치되어 각종 비상상황에 대응하기 위한 상설부대이다.
20	2019. 9.20	미군 미사일 순양함 1척	대만해협을 북쪽에서 남쪽으로 종단	엔티엠(USS Antietam CG-54)은 2개월 만에 두 번째로 대만해협 통과
21	2019. 11.12	미군 미사일 순양함 1척	대만해협을 북쪽에서 남쪽으로 종단	미사일 순양함 챈슬러즈빌호(USS Chancellorsville CG-62)가 서태평양에서 훈련 중인 레이건호 편대를 이탈하여 대만해협을 통과하여 다시 레이건편대에 합류
22	2020. 1.16 -17	미군 미사일 순양함 1척	대만해협을 남쪽에서 북쪽으로 종단	이지스급 순양함 샤일로호(USS Shiloh CG-6)
23	2020. 2.15	미군 미사일 순양함 1척	대만해협을 북쪽에서 남쪽으로 종단	순양함 챈슬러즈빌호(USS Chancellorsville CG-62)가 2019. 11. 3. 대만해협 통과 이후 3개월 만에 두 번째 통과
24	2020. 3.25	미군 미사일 구축함 1척	대만해협을 남쪽에서 북쪽으로 종단	미사일 구축함 맥캠벨호(USS McCampbell DDG-8)
25	2020. 4.10	미군 미사일 구축함 1척	대만해협을 북쪽에서 남쪽으로 종단	미사일 유도 구축함 USS Barry DDG-52는 3월 25일 맥캠벨호 대만해협 통과에 이어 15일 만에 두 번째로 통과

[그림-4] 미해군 군함의 대만해협 통과 경로

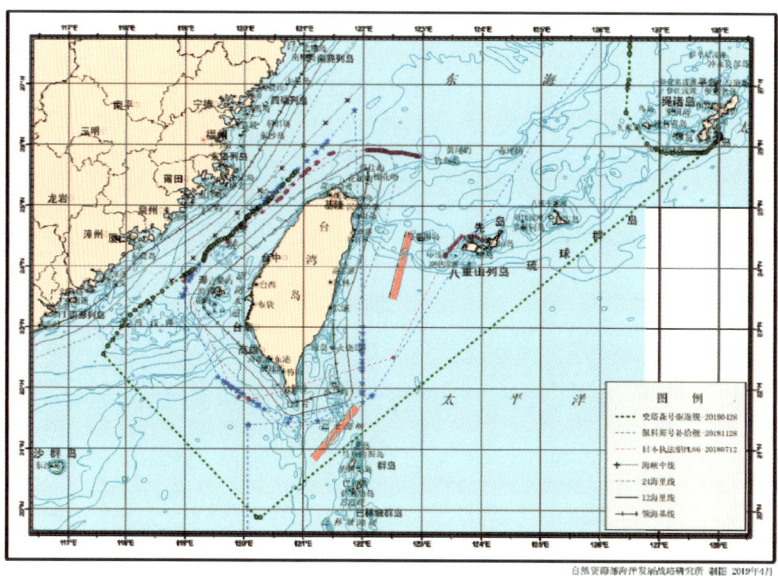

V. 결론

국제사회는 "대만해협이 중국의 영해", "중국의 대만해협 내해화", "대만해협은 공해이며, 미국은 항행과 상공항행의 자유를 향유한다"는 등의 잘못된 견해로 가득 차 있으며, 이러한 견해를 받아들이는 이들도 상당히 많다. 중국정부는 1996년에 대륙의 영해기선을 선포하였고, 대만당국도 1999년에 대만섬의 영해기선을 선포하였다. 객관적으로 중국은 대만해협 양측 연안의 내수 범위를 확정하였는바 중국이 대만해협을 내해화하고자 시도하였다는 주장은 법적 근거가 없다. 또한 대만해협은 공해란 주장과 관련하여, 대만해협의 폭이 78-200해리로서 해협 연안의 12해리 영해의 폭을 제외하면 해협 중간수역은 54-176해리의 배타적 경제수역에 해당한다. 따라서 대만해협에는 공해수역이 존재하지 않는다.

유엔해양법협약 제36조의 규정에 따른 국제항행에 이용되는 해협으로 내수, 영해, 배타적 경제해역 내에서 각각 내수, 영해, 배타적 경제수역에서의 항행과 상공비행에 관한 제도가 적용된다. 따라서 미해군 군함이 중국의 영해를 통과하고자 할 경우 사전승인을 받아야 한다. 또한 중국과 대만이 분단국가이기 때문에 대만해협을 통과하고자 할 시 대만당국에 사전에 통지하여야 한다. 대만해협내의 배타적 경제수역에서 미국은 유엔해양법협약에 근거한 항행과 상공비행에 관한 자유를 가지는 동시에 본 협약 제58조의 규정에 따른 배타적 경제수역에서의 다른 국가의 권리와 의무를 준수하여야 한다.

2018년 6월 13일, 국무원 대만사무 판공실 대변인이 마샤오광(马晓光) 대변인은 미국 Project 2049 연구소 Ian Easton 연구원의 발언에 대한 답변 내용 그리고 같은 해 6월 5일 "미해군이 대만해협에 군함을 보낼 것이라는 성명"에 대한 외교부의 답변은 모두 미해군 군함이 대만해협을 통과할 시 중미관계에 미치는 영향을 정치적 관점에서 언급하고 있을 뿐 미군이 대만해협 통과 시 준수해야할 국제법 및 해양법상 의무에 대해서는 언급하지 않았다. 중앙정부 기관, 국무원 대만사무 판공실, 외교부의 성명은 국가의 입장을 대변하는 것으로 대중의 관심을 많이 받고 있다. 따라서 미해군의 대만해협 통과에 관한 국가의 입장을 밝힐 시 대만해협의 수역별 성격과 대만해협의 법적 성격에 대한 설명을 추가한다면 대만해협에 대한 국제사회의 오해를 효과적으로 해명할 수 있을 것이다.

참고문헌

[1] 包毅楠, 《美国"过度海洋主张"理论及实践的批判性分析》, 《国际问题研究》 2017年第5期.

[2] 宋恩等著, 《海洋法精要》, 傅崐成等译, 上海交大出版社2014年.

[3] 姜皇池,《由国际海峡制度论台湾海峡与澎湖隧道法律定位问题》,《台大法律论坛》1999年第3期.

[4] 沈鹿枝, 台湾海峡航行制度之研究, 台湾海洋大学2006年硕士论文.

[5] 胡念祖,《美舰"无害通过"用语欠妥》, 中国时报2000年5月27日.

[6] 黄奎博, 美国军舰穿越台海有法可循, 2018年6月11日.

[7] 黎蜗藤, 美军无权穿越台湾海峡？对国际法的误解与错误, 2018/06/21.

[8] Yann-huei Song, The Legal Status of Taiwan Strait and Potential Maritime Disputes in China-US Relations, 2008.3.28.

[9] Nordquist edit, United Nations Convention on the Law of the Sea, 1982: A Commentary Volume II, Kluwer Law International, 1988.

환황해 동북아 해양안보 현안과 지역해 자원 보존

07
동아시아해역에서 중미 항공기 조우에 관한 규칙

장칭(張競)

동아시아해역에서 중미 항공기 조우에 관한 규칙

장칭(張競)*

국문초록

본 연구는 동아시아해역에서 중미 군용기의 우발적 조우에 대한 행동규범의 제정과정에 대해 소개하고 관련 합의서의 실질적 내용에 대해 검토함으로써 동아시아해역 상공에서 군용기 조우분쟁 해결을 위한 판단기준과 근거를 제공하고자 한다. 특이한 점은 중국과 미국정부 간의 "군용기 해상 상공서 조우 시 행동규칙에 관한 합의서"는 체결과정에서 당사국 외의 서태평양 주변국들이 규범 제정을 위한 실질적 논의 과정에 참여한 것이다.

본 합의서는 민감 해역에서의 군용기의 우발적 충돌에 관한 행동강령을 제정하기 위한 근거자료로 기여하고 있는바 국제사회에서 민감 해역 상공에서의 군용기 우발적 충돌에 관한 행동지침을 마련하기 위한 근거자료로 활용할 수 있다. 나아가 중미 간 "군용기 해상 상공서 조우 시 행동규칙에 관한 합의서"의 효과적인 이행을 위한 방안을 제시하고자 한다.

키워드: 해상군사합의서, 해상 군용기 우발 조우, CUES, 군용기 조우 시 안전행동규칙에 관한 양해 비망록, 해상에서의 항공기 조우에 관한 안전행동규칙 양해 비망록에 대한 보충 규범

---

* 대만 중화전략학회 수석연구원, 국제관계학 박사.

Ⅰ. 들어가면서

　2차 세계대전 이후 미국은 동아시아지역에서 냉전의 위험에 대응하기 위해 군부대를 적극 배치하였다. 그 후 1950년대에 들어 조선전쟁이 발발하였고, 1955년에는 베트남 전쟁이 발발하면서 냉전 당시 미국이 중국정부에 대한 군사수색 활동으로 인해 양국은 대결상태에 들어갔다. 이러한 중미관계는 조선전쟁이 끝난 후에도 지속되었고, 미군은 베트남 전쟁 시기 중국 윈난(云南), 광시(广西), 하이난(海南) 상공을 수차례 침범하였다. 1960년대 말 중국공산당 해군 군용기와 방공부대가 미군의 침공 반격에 성공하자 중국 서남부 변방 지역과 주변 해역에 대한 미국의 정찰과 괴롭힘은 비로소 멈추었다.[1] 그러나 미군이 중국 주변해역 상공에서의 정찰과 정보 수집활동은 줄어들지 않았다.

　미국은 1979년 중국정부와 공식적으로 수교하고 소련의 위협을 공동으로 방어하기 위한 동맹관계를 맺었다. 그러나 중미 양국은 서로 진정성을 의심하고 있었고 미국은 중국 관련 정보 수집활동을 완화하지 않았다. 그 후 중국은 개혁개방정책을 실시하고 종합 국력이 점차 증가하게 되었으며 국방비 증가를 통해 해군과 공군의 공격 능력이 증대하게 되었으며, 관련 해역 상공에서 중국과 미국의 군용기가 조우할 가능성이 높아진다. 미국은 중국과 군용기 조우 시 준수해야할 행동강령을 마련하기 위한 협상을 개시하였다.

　비록 중미 양국은 해상에서 우발적 충돌에 관한 합의서를 체결하였으나 양국의 패권 전쟁이 치열해지면서 해상에서 군용기 조우사건이 여러 차례 발생하였고 이로 인해 합의서 체결과정과 합의서 내용에 대한 검토 및 해결방안 모색이 필요하게 되었다. 아울러 지역해 평화를 유지하기 위해 긴장상태를 완화하고 신뢰를 구축하기 위한 협력 환경 조성이 필요하게 되었다.

---

1) 大家說，盤點建國後中國擊落的外國入侵飛機：國人不敢信，每日頭條，2018年2月23日，https://kknews.cc/mili tary/93jkevb.html，최종방문일：2020.4.3.

본 연구는 중미 간 합의서 체결과정, 합의서 내용에 대해 검토함으로써 중미 양국이 해상에서 군용기 조우 시 행동강령을 제시하고, 당사국이 자국 군용기가 준수하도록 관리함으로써 매번 해상에서의 우발적 충돌사건 발생 시 언론이나 군사평론가 또는 정치 평론가에 의한 여론 조작을 방지하는데 기여하고자 한다.

II. 합의서 체결 과정

중미 양국은 군용기가 해상에서의 우발적 충돌에 대해 각별한 관심을 보이고 있다. 특히 미국은 중국의 관할해역이나 공역에서의 군사활동과 정보수집 활동을 지속적으로 진행할 것을 희망하고 있다. 중국의 입장에서는 미군이 주변해역 상공에서의 군사활동은 국제법의 관련 규정에 근거한 행동이라고 할지라도 그 의도가 불순하다고 본다.

이러한 이유로 매번 미국의 군용기가 중국의 관할해역이나 공역을 통과할 시 중국은 해군과 공군 병력을 파견하여 감시하도록 한다. 그러나 1990년대에 들어서 감시 및 단속과정에서 과도한 근접사례가 발생하여 미국은 해상에서 우발적 충돌에 관한 법규범 마련을 희망하였고, 이를 통해 위험한 행동과 우발적 사건·사고를 사전에 방지하고자 하였다. 반면에 중국은 오랜 시간의 논의를 통해 미국과의 합의체계 구축 및 양국 간의 군사·외교관계의 개선에 동의하였다.

중미 양국은 1998년 1월 19일 베이징에서 "군사해양안보협력(MMCA)"를 체결하고 역내에서 군사활동 시 해양과 상공에서의 안전을 확보하는데 노력하기로 했다. 이는 양국의 국방부장이 합의서를 체결한 공식적 행정합의이다.[2]

---

2) TRESTIES AND OTHER INTERNATIONAL ACTS SERIES 12924, MARITIME MATTERS, Military Safety, Agreement Between the UNITED STATES OF AMERICA and the PEOPLE'S REPUBLIC OF CHINA, Signed at Beijing January 19, 1998; Entered into force January 19, 1998, AGREEMENT BETWEEN THE DEPARTMENT OF DEFENSE OF THE UNITED STATES OF

언론과 평론가들은 "군사해양안보협력(MMCA)"라고 부르지만 원래 명칭은 "해양에서의 군사적 안전문제를 다루기 위한 상호 협의체 구축에 관한 협정 (On Establishing A Consultation Mechanism to Strengthen Military Maritime Safety)"이다.

본 합의서 서문에서는 "유엔해양법협약을 포함한 국제법상 관련 원칙과 제도에 근거하여 군사적 행동을 할 것에 합의하였다"고 규정하고 있으며, 나아가 제1조에서 "양당사자는 각 국방부가 권한을 위임한 대표단 간의 협의를 적절하게 격려하고 촉진해야 한다. 여기서 유엔해양법협약을 포함한 국제법상 관련 원칙과 규정에 근거하여 군사적 행동을 할 것에 합의하였다."3) 아쉬운 점은 본 협정은 양국이 대표단을 파견하여 논의할 것에 대해 합의하였을 뿐 각자가 취할 수 있는 행동기준에 대한 합의점을 도출하지 못하였다. 따라서 협상을 개시한 것에 불과하며 중미 군용기의 우발적 충돌문제 해결을 위한 합의 도출에 성공하였다고 할 수 없다.

본 협정 제2조에서 양 당사자는 협의기구를 설립하여 연례회의, 실무진 회의, 전문가 회의 등 다양한 채널을 통해 의견을 전개하고 정보를 교류할 수 있는 군사해양안보 협의체를 구축하였다고 규정하고 있으며, 언론을 통해 관련 정보를 공개하고 있으나 회의 의사록의 자세한 내용은 공개하지 않는다. 중미 양국이 군사해양안보 문제해결을 위한 협의체를 구축한 것은 상당한 진전이 있다고 평가하지만, 2001년 4월 1일 남중국해에서 중미 군용기 충돌사건이 발생하였다. 사고 이후 양국은 우발적 충돌사고를 예방하기 위한 자세한

AMERICA AND THE MINISTRY OF NATIONAL DEFENSE OF THE PEOPLE'S REPUBLIC OF CHINA ON ESTABLISHING A CONSULATATION MECHANISM TO STRENGTHEN MILITARY MARITIME SAFETY.
https://www.state.gov/wp-content/uploads/2019/02/12924-China-Maritime-Matters-Misc-Agreement-1.19.1998.pdf, 資料獲得時間：1100, 2020년4月3日.

3) 위의 각주와 동일하다. 본 협정은 제2조 협의체는 연례회의, 실무진 회의 및 전문가 회의를 개최한다고 규정하고 있다. 제3조와 제4조에서는 회의 의사록의 작성과 처리방법에 대해 규정하고, 그 외의 규정은 협의사항을 이행하기 위한 행정 규범이다.

규범이 필요하다는 것을 인식하게 되었고 자세한 행동강령 또는 행동 지침을 명확히 하여야 한다는 것에 합의하였다.

그러나 주지하는 바와 같이 베이징과 워싱턴의 관계는 좋았다 나빴다를 반복한다. 특히 군사·외교적 관계는 상호 신뢰가 부족하고 양국이 각자 입장과 의견을 강조하는바 합의점 도출이 어렵다. 이러한 맥락에서 양국은 서태평양 해군 심포지엄을 개최하여 지역 해군 간 해양안보협력을 다지고 상호 신뢰 증진을 위한 현안 문제 해결방안을 모색함으로써 중미 양국의 의견 차이를 조정해 나갔다. 예컨대 2014년 4월 22일 중미 양국은 서태평양지역 해군 간 협력을 위해 2년에 한 번씩 다자간 협의체 "서태평양 해군 심포지엄"을 개최하기로 합의하였으며 본 회의에서 "해상에서의 우발적 충돌에 관한 강령(CUES)"1.0버전을 채택하였다.[4] 이는 중미 양국이 후속 합의서 도출을 위한 근거로서 역할을 한다.

서태평양 해군 심포지엄에서 채택된 "해상에서의 우발적 충돌에 관한 강령(CUES)"은 본 문서가 법적 구속력을 가지지 않는다는 점을 명확히 규정하고 있다. 비록 본 협력이 법적 구속력을 가지지 않지만 중미 양국은 본 협정을 기반으로 구속력을 가지는 양자 간 협약체결을 시도해왔다. 따라서 2014년 연말 미국 국방부 장관 Chuck Hagel와 중국 국방부 장관 창만첸은 "해상에서의 우발적 충돌에 관한 강령(CUES)"의 주요 내용에 근거하여 "공중과 해양에서의 미국과 중국 간 안전행동규칙 양해 각서(The Rules of Behavior for Safety of Air and Maritime Encounters)"과 "중화인민공화국 국방부와 미합중국 국방부 간의 주요 군사행동 상호 통보 및 신뢰 구축을 위한 양해 각서"을 체결하였다.

---

4) CODE FOR UNPLANNED ENCOUNTERS AT SEA, Version 1.0, Western Pacific Naval Symposium, 22 April 2014, Qing Dao, China, Approved at WPNS 2014, https://www.jag.navy.mil/distrib/instructions/CUES_2014.pdf, 2020年4月3日.

또한 "공중과 해양에서의 미국과 중국 간 안전행동규칙 양해 각서"에서 해상에서 군용기 조우 시 행동규칙에 대한 명확한 규정을 두고 있지 않았기 때문에5) 양국은 2015년 9월 군용기 조우에 관한 "공중과 해양에서의 미국과 중국 간 안전행동규칙 양해 각서 보충 규범"을 체결하였다. 보충 규범의 내용은 "해상에서의 우발적 충돌에 관한 강령(CUES)"과 6)2014년에 체결한 "공중과 해양에서의 미국과 중국 간 안전행동규칙 양해 각서"의 내용을 참고하여 작성하였다.7) 즉 미국과 중국은 협상과정에서 도출한 합의 내용을 바탕으로 해상과 상공에서 조우하는 우발적 충돌문제를 해결하기 위한 방안을 마련하고자 노력하였다.

---

5) 동상, "…The document is not legally binding; rather, it's a coordinated means of communication to maximise safety at sea." Page 5 of 25, 1.1 Purpose.

6) 양국이 체결한 합의서는 미국 국방부에 보관되어 있다. MEMORANDUM OF UNDERSTANDING BETWEEN THE DEPARTMENT OF DEFENSE OF THE UNITED STATES OF AMERICA AND THE MINISTRY OF NATIONAL DEFENSE OF THE PEOPLE'S REPUBLIC OF CHINA REGARDING THE RULES OF BEHAVIORS FOR SAFETY OF AIR AND MARITIME ENCOUNTERS, This Memorandum is signed at Washington, Beijing on NOVEMBER 9, NOVEMBER 10, 2014 in both English and Chinese, United States Department of Defense,
https://archive.defense.gov/pubs/141112_MemorandumOfUnderstandingRegardingRules.pdf, 資料獲得時間：1510, 2020年4月4日。합의서 원문은 중국 국방부 홈페이지에서 확인 가능한다(http://www.mod.gov.cn/big5/regulatory/2014-12/06/content_4617799.htm, 최종방문일, 1520, 2020年4月4日).

7) 양국이 체결한 합의서는 미국 국방부에 보관되어 있다. MEMORANDUM OF UNDERSTANDING BETWEEN THE DEPARTMENT OF DEFENSE OF THE UNITED STATES OF AMERICA AND THE MINISTRY OF NATIONAL DEFENSE OF THE PEOPLE'S REPUBLIC OF CHINA ON NOTIFICATION OF MAJOR MILITARY ACTIVITIES CONFIDENCE-BUILDING MEASURES MECHANISM, This Memorandum is signed at Beijing and Washington on OCTOBER 31and NOVEMBER 4, 2014 in both English and Chinese, United States Department of Defense,
https://archive.defense.gov/pubs/141112_MemorandumOfUnderstandingOnNotification.pdf, 資料獲得時間：1540, 2020年4月4日。

Ⅲ. 주요 내용에 대한 검토

앞에서 언급한 문서의 내용을 확인한 결과 중국과 미국의 군용기 해상 조우에 관한 행동규범들,[8] 즉 2014년 연말에 체결한 "공중과 해양에서의 미국과 중국 간 안전행동규칙 양해 각서"와 2015년 "공중과 해양에서의 미국과 중국 간 안전행동규칙 양해 각서 보충 규범"은 모두 "해상에서의 우발적 충돌에 관한 강령(CUES)"를 기반으로 작성되었다는 것을 알 수 있다.

그러나 위에서 언급한 2개의 합의서는 각각 해상에서의 함정과 상공 군용기의 조우에 관한 내용을 중점으로 다루고 있다. 입법방법은 긍정적인 나열방식을 채택하고 있어 해상에서 양국 군함과 군용기 충돌할 시 취할 수 있는 행동을 열거하고 있다. 이와 같이 합의서에서 양국 군함 또는 군용기의 우발적 충돌이 발생할 경우 준수해야할 행동규칙을 나열함으로써 양국의 판단 오류와 절차적 하자를 사전에 예방하고, 충분한 소통과 의견 표명 부족으로 인해 발생하는 위험사건과 충돌을 미리 예방하고자 하였다. 독자들은 미국이 유엔해양법협약의 당사국이 아닌 상태에서 미중 양국의 해양안보협약 등 합의서에서 유엔해양법협약의 관련 규정을 수용하고 있다는 점에 대해 의문을 가질 수 있는데, 이와 무관하게 독자들은 미국과 중국이 체결한 합의서의 내용을 핵심으로 이해하면 될 것 같다.

본 연구는 위에서 언급한 열거주의 규정에 대한 내용 보다는 포괄주의 규제 사항을 중점으로 살펴보고자 한다. 포괄주의는 규제와 제한을 둘 때 원칙을

---

[8] Supplement to the Memorandum of Understanding On the Rules of Behavior for Safety Of Air And Maritime Encounters Between the Department of Defense of the United States of America and the Ministry of National Defense of the People's Republic of China, This Memorandum supplement is signed at Beijing, Washington on SEPTEMBER 15, 2015, SEPTEMBER 18, 2015 in duplicated texts in both English and Chinese, HOMELAND SECURITY DIGITAL LIBRARY, Center for Homeland Defense and Security, United States Naval Postgraduate School, https://www.hsdl.org/?view&did=787566, 資料獲得時間：1600, 2020年4月4日。

지칭하는 말로서 제한금지하는 규정 및 사항을 나열하고 나머지는 원칙적으로 자유화하는 것이다. 합의서 이행에 있어서 중국과 미국은 포괄주의 규제사항으로 인한 갈등이 빈번히 발생하고 있는바 본장에서는 "공중과 해양에서의 미국과 중국 간 안전행동규칙 양해 각서"의 포괄주의 규제사항을 살펴보고자 한다.

(1) 화포, 미사일, 사격통제 레이다, 수뢰 발사관 혹은 기타 무기로 상대방 군함 또는 군용기를 조준하거나 모의공격을 수행하는 것
(2) 상대방 군함 또는 군용기를 향해 예광탄, 무기 또는 기타 물체를 발사하는 것. 단 해변은 제외
(3) 상대방 군함함교 또는 군용기 조종석을 조사(照射)하는 행위
(4) 상대방 군함 또는 군용기의 인원을 상해하거나 장비를 손상시킬 수 있는 레이저 설비를 사용하는 것
(5) 조우한 군함에 대해 모의 공격을 하거나 근처에서 곡예비행을 하는 행위
(6) 어느 일방 당사국의 소형 보트가 다른 일방 당사국의 군함에 안전조치를 취하지 않고 접근하는 행위
(7) 상대방의 군함을 위협하는 기타 행위[9]

"공중과 해양에서의 미국과 중국 간 안전행동규칙 양해 각서 보충 규범" 부칙3 "공중 조우 시 안전행동규칙(Rules of Behavior for Safety of Air-to-Air Encounters)" 제6조(공중에서 상호 신뢰 규범(Rules for Establishing Mutual Trust in the Air))에서도 규제사항에 대한 포괄조항을 두고 있다.

---

[9] 7가지 금지규정은 합의서 본문의 내용을 번역한 것으로 "공중과 해양에서의 미국과 중국 간 안전행동규칙 양해 각서"의 관련내용을 참고하기 바란다. 또한 본 합의서 부칙 2 "군함조우에 관한 안전행동규칙" 제5조의 내용도 참고하였다. 7가지 금지규정 중 제1-제5는 "해상에서의 우발적 충돌에 관한 강령(CUES)" 제2.8.1 규정을 참고하였으며, 제6-제7항은 관련 규정에 대한 출처를 찾을 수 없었다.

(1) 상대방 군용기 안전운항에 영향을 미치는 행동
(2) 통제할 수 없는 접근 속도로 상대방 군용기를 접근함으로써 당사국 일방의 군용기 안전운항을 위협하는 행동
(3) 상대방 군용기에 탑승한 인원을 상해하거나 장비를 손상시킬 수 있는 레이저 설비를 사용하는 경우
(4) 상대방 군함에서의 군용기 이·착륙을 방해하는 행동
(5) 조우한 군함에 대해 모의 공격을 하거나 근처에서 곡예비행을 하는 행동
(6) 상대방 군함 또는 군용기를 향해 예광탄, 무기 또는 기타 물체를 발사하는 행동. 단 해변은 제외10)

앞에서 언급한 2개의 합의서 내용은 모두 포괄주의 입법방법을 통해 금지사항을 규정하고 있다. 비록 금지사항이 대체로 구체적이지만 용어의 정의가 명확하지 않은 이유로 엄격한 행동기준을 제시할 수 없는 문제점을 나타내고

---

10) 중국정부가 보충 규범에 대한 중국어버전을 공개하지 않은 이유로 금지조항은 저자가 영어원문을 중국어로 번역하였다. 영어원문의 내용은 아래와 같다.
  1. Actions that impinge upon the ability of the other Side's military aircraft to maneuver safely;
  2. Approaching the other Side's military aircraft at an uncontrolled closure rate that may endanger the safety of either aircraft;
  3. The use of a laser in such a manner as to cause harm to personnel or damage to equipment onboard the other Side's military aircraft;
  4. Actions that interfere with the launch and recovery of military aircraft by the other Side's military vessel;
  5. Aerobatics and simulated attacks in the vicinity of the vessels encountered; and
  6. Except in the case of distress, the discharge of signal rockets, weapons, or other objects in the direction of military vessels or military aircraft encountered.
  SECTION VI, Rules for Establishing Mutual Trust in the Air, ANNEX III, Rules of Behavior for Safety of Air-to-Air Encounters, Supplement to the Memorandum of Understanding On the Rules of Behavior for Safety Of Air And Maritime Encounters Between the Department of Defense of the United States of America and the Ministry of National Defense of the People's Republic of China

있다. 따라서 양측이 해상 또는 공중에서 실제로 충돌할 경우 법조문 해석에 대한 오해와 논쟁이 발생할 여지가 있으며 이는 궁극적으로 양국의 의견 차이를 형성하고 합의점 도출이 어렵게 된다.

예컨대 "화포, 미사일, 사격통제 레이다, 수뢰 발사관 혹은 기타 무기로 상대방 군함 또는 군용기를 조준하거나 모의공격을 수행하는 것을 금지한다." 라는 조항은 문맥상 합리적으로 보이지만 현대 무기시스템에 대한 이해가 있는 사람이라면 이에 대한 문제점을 쉽게 발견할 수 있다. 현대식 무기는 목표물을 조준하거나 겨냥할 필요가 없는데, 특히 갑판 위의 고정 발사대나 갑판 수직 발사시스템의 방공 또는 대함 미사일의 경우 발사 후 수신 유도를 통해 목표물을 조준한다.

반면에 사격 통제 레이더 등을 활용하여 목표물을 조준할 경우 레이더 전자 매개변수 정보를 노출하는바 상대방에게 군사보안정보를 유출하게 될 위험이 있다. 현재 무기시스템의 목표물 추적 및 탄도계산능력은 일반 순항레이다로 목표물 조준이 가능한바 이러한 위협적 조치와 행동은 현대 무기 공정의 현황에 부합되지 않으며 해상안전 대응에 관한 관행에도 어긋난다.

레이저로 인해 발생할 수 있는 위협과 관련하여 레이저 위협 감지센서가 장착되어 있어 경고 오디오 발송이 가능하고, 레이저 위협요소의 위치, 방향, 거리변수 등을 정확하게 계산할 수 있으나 전자신호 수집능력에 해당하는 정확도에 미치지 못한다. 따라서 합의서 조항에서 양측 군함이 접근할 시 레이저 신호를 완전히 비활성화 할 것을 규정하는 것이 바람직하나, 레이저 신호가 항해에서 거리 측정과 목표 지시에 사용되는 것인지 아니면 무기 유도에 사용되는 것인가에 대한 논란이 일어나고 있다.[11]

---

11) 2020年2月27日美國太平洋艦隊透過新聞稿, 指控共軍呼和浩特艦與美軍P-8海上巡邏機遭遇時, 使用雷射對其產生威脅。但遭致解放軍堅決否認, 但是因為美軍無法充分證明, 最後還是無疾而終, 無法達成任何具體結論。U.S. Pacific Fleet Public Affairs, People's Liberation Army Navy lased a U.S. Navy P-8A in unsafe, unprofessional manner, February 27, 2020.

그밖에 "모의공격", "곡예비행", "안전하지 않은 접근", "통제 불가능한 접근 속도" 등 용어는 개념이 불명확하기 때문에 상대방이 취해야 할 행동기준을 제시하기에는 역부족이다. 아울러 기술적인 측면에서도 큰 어려움이 있으며 "상대방 군함에서의 군용기 이·착륙을 방해하는 행동"도 판단의 기준이 모호하다. 예컨대 고정익 또는 회전익 항공기의 이착륙을 어느 정도 방해하는 것인지 여부와 방해 행위에 해당되지 않은 거리는 몇km인가 등 문제에 대한 세부적 지침이 필요하다.

마지막으로 "상대방 군용기의 안전 운항에 영향을 미치는 행동", "상대방 군함에 위협을 주는 기타 행동" 등 규정은 원칙적인 규정으로서 법 규정 해석의 오해가 발생할 수 있다. 특히 "안전한 운항"과 관련하여 각 항공기마다 작동원리가 완전히 다르며 항법 신호 접수와 간섭에 관한 기준이 다른 점을 감안한다면 해석의 범위가 너무 넓다고 판단된다.

나아가 "위협"이란 용어의 개념 확정이 훨씬 더 어렵다. 군함의 이동경로 파악을 통해 속도와 방향을 계산하고, 가까운 이동 좌표에 대한 예측을 통해 해상 충돌을 사전에 방지하는 것인가 아니면 해상에서 충돌을 뜻하는 것인가? 아울러 상대방 군함을 적군의 목표물이라고 간주할 경우 무기시스템을 활용한 추적, 잠금, 공격에 대한 분석과 계산방법은 기본적으로 동일한 프로세스이다.

이로부터 알 수 있는바 합의서에서 포괄주의 입법방식을 채택하여 금지사항을 규정하고 있는 것은 발생 가능성이 있는 사항을 열거하는 것으로 분쟁해결을 위한 대책이 될 수 없다. 또한 불명확한 법 규정으로 인해 해석의 오해나 분쟁이 발생할 수 있으며, 전술한 여러 상황과 현상은 법률의 입법 목적이나 의도를 정확히 구현할 수 없다. 따라서 선의의 행동인지 악의의 행동인지를 우선 구분함으로써 이론 추정이 가능한 인과관계를 구축함으로써 갈등의 소지

---

https://www.cpf.navy.mil/news.aspx/110928, 資料獲得時間：1800, 2020年4月12日。針對激光信號實在難以確認之說明, 請參閱 張競, 機艦相遇10日後美軍再發聲明恐有玄機, 2020年3月3日, 三策智庫網, http://www.senstrat.com/Article/s392.html, 資料獲得時間：1950, 2020年4月12日。

를 사전에 해소하여야 한다.

이와 관련하여 "적용범위"에 대한 문제도 매우 중요하다. 워싱턴과 베이징 양측이 해상에서의 안전행위 합의서를 체결할 시 "해상에서의 우발적 충돌에 관한 강령(CUES)"의 많은 규정을 참조하였다. 그러나 CUES에서 가정한 상황이 남중국해에서 중국의 해양경계획정에 관한 문제 해결에 도움이 될 것인가? 특정 해역에서 군함 파견에 대한 정치적·외교적 입장을 대변할 수 있는가? 또한 미국과 중국 군함 또는 군용기가 해상에서의 우발적으로 충돌하거나 미군 군함이 중국 관할해역에서의 정보 수집활동을 할 시 중국이 군용기를 파견하여 감시할 경우,12) 또는 미군 군함이 국제수역에서 중국 군함이 조사를 요구할 경우 양측이 임박한 현상과 그로인해 발생한 위협신호는 본 합의서의 규율을 받는가 등 다양한 의문이 들것이다.13)

Ⅳ. 주요 사고방향

앞에서 서술한 바와 같이 중국과 미국은 해상에서 군함과 군용기의 우발적 충돌에 대비하여 다양한 규범을 마련하였으나 근본적인 문제해결이 어려웠다. 본 연구는 양국이 협상을 통해 의견 차이를 좁혀가고, 관련 용어의 정의를 명확히 함으로써 갈등을 해소하는 등 해결방안을 제시하고자 한다.

첫째, 협상을 통해 의견의 차이를 좁힌다. 지난 20년간 중국과 미국의 외교관계는 좋았다 나빴다를 반복하였으나 "해상 군사협상합의서"를 체결하여 협

---

12) 2018년 9월 30일, 미 해군 군함 USS Decatur DDG-73이 난사군도 난쉰자오(南沙群島南薰礁) 부근을 통과하는 과정에서 중국 인민해방군 유도 미사일 구축함 란주함(蘭州艦(DDG-170))과 위험한 사건이 발생하였고 미중 양국은 문제해결을 위해 행동규범의 규정에 근거하여 협상을 전개하였다. 양측은 상대국의 입장을 분명히 이해할 수 있었으나 상대국의 입장에 대한 고의적 도전으로 인해 행동규칙에 근거한 합의 도출이 어려웠다.
13) U.S. Pacific Fleet Public Affairs, People's Liberation Army Navy lased a U.S. Navy P-8A in unsafe, unprofessional manner.

상체계를 구축하였다. 또한 미국과 중국정부는 관련 기사 또는 정부의 입장을 적극 공개하여왔다. 이에 따라 양국은 기존의 협상체계를 유지하여 의견 차이를 좁혀가야 할 것이다.

이러한 협상체계는 실질적인 기능을 가질 뿐만 아니라 정치적 상징도 가진다. 특히 대중들은 언론 보도를 통해 우발적 충돌사건에 대한 진실을 판단하기 어려운바 양측의 협상체계를 통한 확인과 논의가 필요하다.14) 원활한 의사소통은 문제해결을 위한 최고의 전략이며 실제 상황을 파악하고 통제하는 효과적인 방법이다.

둘째, 논란의 여지가 있는 용어를 명확히 하는 것이다. 대부분의 대립이나 갈등은 용어의 정의가 불명확한 이유로 발생하게 된다. 미국과 중국은 많은 현안 문제에 대해 의견의 차이를 보이고 있고 이에 대한 서로 다른 해석을 하고 있다. 이로 인해 현안 문제 해결이 지연되고 불확실한 상황에서 해석의 오해와 오판이 발생한다. 베이징과 워싱턴은 협약체결 시 상당한 관심을 보였고, 국제법상 관련 규정을 기반으로 규정을 만들었으며, 높은 수준의 협상 타결을 목표로 협상을 진전시켰기 때문에 합의서상 용어가 불명확한 상태로 유지할 이유가 당연히 없다. 특히 합의서 당사국을 규율함으로써 금지조항 위반 시 판단의 기준과 의무위반에 대한 책임을 명확히 하는데 목적이 있다. 또한 본 합의서는 군사적 문제로서 합의문 체결과정에서 군사법무에 관한 전문가와 군사기관의 실무진의 의견을 청취하고 이를 반영하여야 할 것이다. 그러나 합의서에서 구체적인 군사정보를 공개할 수 없는 상황이었고 보안상의 문제로 인해 관련 용어 또는 규정을 세부화 할 수 없는 애로사항이 있었다.

---

14) "…. the two militaries advanced consultations on air and maritime safety via the Military Maritime Consultative Agreement meetings……" 자세한 내용은 아래 문헌 참조(ANNUAL REPORT TO CONGRESS, Military and Security Developments Involving the People's Republic of China 2019, Office of the Secretary of Defense, May 02, 2019, pp.108,
https://media.defense.gov/2019/May/02/2002127082/-1/-1/1/2019_CHINA_MILITARY_POWER_REPORT.pdf, 최종 방문일0900, 2020. 4. 19.)

판단기준의 근거를 데이터화하거나 명확한 수치로 나타내는 것은 더욱 어려웠다. 다양한 군부대와 시스템 간의 차이점이 존재하고 명확한 기준치를 설정하는 것은 더더욱 어려웠다.

또한 군사시스템은 끊임없이 발전하는 과정이며 지속적으로 변경되는 것으로, 원칙적으로 일반적인 용어로 표현하는 것보다는 그에 대한 규정을 하지 않는 것이 효과적이다는 판단 하에 금지사항에 대한 일반적인 규정만 나열하는 입법방법을 채택하였다. 이러한 입법방법은 양국 당사자가 변화하는 상황에 적응하고 당면한 문제를 직면함으로써 위협의 발생을 사전에 예방하는데 도움이 된다.

셋째, 증거 수색에 대한 자세한 규정이 필요하다. 이는 양측이 해상에서 충돌사건 발생이후 협상 및 사실관계 판단을 위해 사건 조사와 증거를 수집하여야 한다. 따라서 합의서에는 충돌사건 발생이후 상대방에 통보하는 방법과 절차에 관한 규정도 필요하다. 이는 실제로 해상에서 우발적인 충돌사건이 발생한 후 상대방에게 통보하는 것과 이에 대한 회신 등 관련 절차적 규정이 마련되어야 하며, 통보를 책임지는 전담부서 또는 행정기관, 비행통보, 항해통보, 사격통보에 관한 증거보관 등 규정도 명확히 하여야 한다. 특히 해상과 상공에서 분쟁발생 시 양측은 다양한 채널을 통해 즉시 통보하여야 하며 관련 통보사실에 관한 기록을 남겨야 한다. 기존의 사건에 대해 검토한 결과 시청각 기기를 활용하여 오디오 또는 동영상 기록을 남기는 것은 어려운 일이 아니다. 그러나 이러한 설비나 기기는 군용기 본체에 내장된 시스템이 아니며, 담당자에 따라 증거 기록이 다를 수 있고, 전문 인력을 배치해야 하는 등의 문제점이 있다. 따라서 군용기 또는 군함 내부의 센서나 기기를 이용하여 증거자료와 위협 신호 등을 자동으로 기록하고 보관할 수 있는 방법을 모색함으로써 책임을 명확히 하여야 한다.

그러나 전술한 증거 기록 및 보관 장비가 자국 군용기 또는 군함에 장착되어 있는바 증거자료로 제출하거나 활용할 시 양측은 자국에 유리한 증거자료를 활용함으로써 객관성을 확보할 수 없게 될 것이다. 2018년 12월 20일, 한국과 일본의 군함 간 사격통제 레이더로 상대방 군용기를 비추는 사건이 발생하였는데, 일본정부는 해상자위대 P-1 순찰기가 접수한 레이더 신호까지 발표하였으며, 신호는 레이더 펄스 라이플 속도가 7,000Hz에 달하며, 원추형 스탠딩 주파수가 100Hz임을 밝혔다. 그러나 상대방이 발사한 레이더 신호를 완벽하게 수집하고 증거로 제출하더라도 AN/UPX-27K IFF 적군과 아군 식별기기, STIR-180와 MW08 등 2가지 유형의 레이더가 모두 이와 같은 정보를 보내는 바 이와 관련한 사실관계 확인이나 책임 인증에는 한계가 있다.[15]

넷째, 과거 해상에서의 우발적 충돌사건에 대한 검토 결과 각국은 이에 대한 언론보도를 최대한 자제하여야 한다. 당사국을 제외한 기타 국가 그리고 일반 시민들은 언론보도를 통해 관련 사건을 접하게 된다. 즉 언론보도를 통해 사건의 발생 배경, 양측 당사국의 협상진행 상황과 협상 결과에 대한 내용을 접하고 이를 바탕으로 자신의 일장을 표명한다. 이에 따라 사건발생 이후 협상 단계에서 언론매체가 관련 사건을 보도할 경우, 협상의 어려움을 증가할 것이다. 통상 정부가 해상에서 우발적 충돌사건에 대한 공식적인 입장을 밝히기 전 관련 사실을 접할 수 있는 자는 군사전문가로서 정부부처 자문을 할 경우 관련 부처의 권한 위임이 없이는 관련 정보를 공개해서는 안 된다. 또한 관련 부처의 권한 위임 없이 이를 언론매체에 누출하고 사적으로 공개할 경우 전문직 윤리에 위반되며 기밀유지의무 위반에 대한 처벌을 받아야 한다. 유의할 점은 언론의 여론 조성을 통해 자국에 유리하도록 유도하는 것이 협상의 기법 중 하나이나 이를 악용할 경우 양국 당사자의 상호 신뢰가 손상되며 피할 수 없는 결과를 초래하게 될 것이다.

---

[15] 일본과 한국 간의 충돌사건에 있어서 일본은 해상자위대가 수집한 정자신호의 음성 자료를 증거로 제출하였다. 자세한 내용은 아래 자료를 참조하였다(2018 Japan-South Korea radar lock-on dispute, Wikipedia,
https://en.wikipedia.org/wiki/2018_Japan%E2%80%93South_Korea_radar_lock-on_ dispute, 최종방문일 1700, 2020. 4. 23.)

"해상에서의 우발적 충돌에 관한 강령(CUES)" 제4조에 의하면 자유로운 의견 교환을 위해 양측은 제2조와 관련된 협의사항을 외부에 공개하지 않아야 할 의무가 있으며, 양측이 합의한 회의 의사록에 한하여 제3자에게 공개할 수 있다.[16] 이로부터 알 수 있는바 해상에서 우발적 충돌사건이 발생할 시 양측 당사국이 분쟁사건에 대한 협상결과는 양측이 공동으로 합의한 경우에만 공개할 수 있으며, 어느 당사국도 해당 사건에 대한 정보를 언론매체를 통해 보도해서는 안 된다. 이를 위반하고 언론에 보도할 경우 국제사회는 최초로 언론에 보도된 내용을 진실로 간주하는바 향후 정확한 사실관계 증명이 어렵고 대중에 대한 신뢰회복이 어렵게 된다.

V. 결론

결론부분에서는 중국과 미국이 해상에서의 우발적 충돌이 발생하지 않도록 사전에 예방할 것을 강조하고 나아가 본 연구의 주요 내용을 요약하고 해결책을 제시하고자 한다. 중국과 미국이 패권경쟁을 벌이고 있다는 것은 주지의 사실이다. 그러나 패권경쟁이 장기화될 경우 국제사회에 부담으로 작용할 수 있는바 양측은 직접적인 충돌을 피하여야 한다. 미국이 군함을 중국 관할해역에 파견하여 정보수집 활동을 전개할 경우 국제법상 논란의 여지가 없을 지라도 베이징(중국정부)는 비우호적인 작전으로 간주하고 있는바 미국의 군용기에 대해 추적감시하는 것은 당연한 것으로 이와 관련하여 합의서 조항의 적용을 반대할 것이다.

---

[16] 중국어 버전 제4조의 규정 참조(AGREEMENT BETWEEN THE DEPARTMENT OF DEFENSE OF THE UNITED STATES OF AMERICA AND THE MINISTRY OF NATIONAL DEFENSE OF THE PEOPLE'S REPUBLIC OF CHINA ON ESTABLISHING A CONSULATATION MECHANISM TO STRENGTHEN MILITARY MARITIME SAFETY).

또한 미국이 남중국해 섬 주변해역에서 "항행의 자유 작전"을 실시하고 군함을 배치하는 것에 대해 중국정부는 미국이 합의서 위반으로 판단할 수 있으며, 서태평양 해군심포지움(WPNS)에서 체결된 "해상에서의 우발적 충돌에 관한 강령(CUES)"의 관련 규정을 위반한 것으로 보는 것은 법적 근거가 있다고 판단한다.

종합하자면 중국과 미국이 동중국해의 상공과 해양에서 군함과 군용기의 충돌은 자주 발생한다. 양국은 충돌발생의 원인을 분석하고 법률 용어와 개념을 명확히 하고, 스스로를 규율하는 등의 방법을 통해 민감 해역에서의 충돌을 사전에 예방하여야 한다. 동아시아 주변국들은 중국과 미국의 해상에서 군함 또는 군용기 우발적 충돌사건을 통해 해상에서 군사적 위험 요소를 사전에 예측하고 상호 협력을 강화하여야 한다.

참고문헌

[1] TRRESTIES AND OTHER INTERNATIONAL ACTS SERIES 12924, MARITIME MATTERS, Military Safety, Agreement Between the UNITED STATES OF AMERICA and the PEOPLE'S REPUBLIC OF CHINA, Signed at Beijing January 19, 1998; Entered into force January 19, 1998, AGREEMENT BETWEEN THE DEPARTMENT OF DEFENSE OF THE UNITED STATES OF AMERICA AND THE MINISTRY OF NATIONAL DEFENSE OF THE PEOPLE'S REPUBLIC OF CHINA ON ESTABLISHING A CONSULATATION MECHANISM TO STRENGTHEN MILITARY MARITIME SAFETY,
https://www.state.gov/wp-content/uploads/2019/02/12924-China-Maritime-Matters-Misc-Agreement-1.19.1998.pdf

[2] CODE FOR UNPLANNED ENCOUNTERS AT SEA, Version 1.0, Western

Pacific Naval Symposium, 22 April 2014, Qing Dao, China, Approved at WPNS 2014, https://www.jag.navy.mil/distrib/instructions/CUES_2014.pdf

[3] MEMORANDUM OF UNDERSTANDING BETWEEN THE DEPARTMENT OF DEFENSE OF THE UNITED STATES OF AMERICA AND THE MINISTRY OF NATIONAL DEFENSE OF THE PEOPLE'S REPUBLIC OF CHINA REGARDING THE RULES OF BEHAVIORS FOR SAFETY OF AIR AND MARITIME ENCOUNTERS, This Memorandum is signed at Washington, Beijing on NOVEMBER 9, NOVEMBER 10, 2014 in both English and Chinese, United States Department of Defense, https://archive.defense.gov/pubs/141112_MemorandumOfUnderstandingRegardingRules.pdf

[4] 《中美關于海空相遇安全行為準則諒解備忘錄》，中華人民共和國國防部官方網站，http://www.mod.gov.cn/big5/regulatory/2014-12/06/content_4617799.htm

[5] MEMORANDUM OF UNDERSTANDING BETWEEN THE DEPARTMENT OF DEFENSE OF THE UNITED STATES OF AMERICA AND THE MINISTRY OF NATIONAL DEFENSE OF THE PEOPLE'S REPUBLIC OF CHINA ON NOTIFICATION OF MAJOR MILITARY ACTIVITIES CONFIDENCE-BUILDING MEASURES MECHANISM, This Memorandum is signed at Beijing and Washington on OCTOBER 31and NOVEMBER 4, 2014 in both English and Chinese, United States Department of Defense, https://archive.defense.gov/pubs/141112_MemorandumOfUnderstandingOnNotification.pdf

[6] 《中華人民共和國國防部和美利堅合眾國國防部關于建立重大軍事行動相互通報信任措施機制的諒解備忘錄》，中華人民共和國國防部官方網站，http://www.mod.gov.cn/big5/regulatory/2014-12/05/content_

4617798.htm

[7] Supplement to the Memorandum of Understanding On the Rules of Behavior for Safety Of Air And Maritime Encounters Between the Department of Defense of the United States of America and the Ministry of National Defense of the People's Republic of China, This Memorandum supplement is signed at Beijing, Washington on SEPTEMBER 15, 2015, SEPTEMBER 18, 2015 in duplicated texts in both English and Chinese, HOMELAND SECURITY DIGITAL LIBRARY, Center for Homeland Defense and Security, United States Naval Postgraduate School, https://www.hsdl.org/?view&did=787566

환황해 동북아 해양안보 현안과 지역해 자원 보존

제 3 장

수산자원 및 월경성어족 보존

환황해 동북아 해양안보 현안과 지역해 자원 보존

08
점박이물범의 회유경로 및 보존에 관한 국제협력

ARGOS 위성 추적에 기반한 황해 점박이물범의
이동 및 분포에 대한 연구를 중심으로

루쯔촹(鹿志创)

점박이물범의 회유경로 및 보존에 관한 국제협력

ARGOS 위성 추적에 기반한 황해 점박이물범의 이동 및 분포에 대한 연구를 중심으로

루쯔창(鹿志创)*

국문초록

　본 연구는 점박이물범의 위치를 추적하기 위해 위성위치추적장치를 달아 실시간으로 이동 경로를 확인함으로써 바다적응 효과에 대해 연구하였다. 2010년부터 2011년 6월까지 야생 점박이물범 4마리와 인공 번식한 2년생 정도의 점박이물범 3마리에 위성위치추적장치를 달아 보냈으며, 2011년에는 연구진에 의해 구조된 야생 점박이물범 3마리에 위성위치추적장치를 부착하여 방류하였다. 방류된 7마리의 인공번식 점박이물법 중 5마리가 오랜 시간동안 위치정보를 보내왔다. 위치정보 발신이 오래 지속된 5마리 중에서 1마리는 신호가 끊기기 전까지 중국의 발해에서 활동하였고 그 밖의 4마리는 랴오닝성 연안해역과 한반도 서해안 연안을 훑더니 여름 서식지인 한국의 백령도 부근에 도착하였다. 연구기간 동안 인공번식 점박이물범 1마리는 59일 동안 1,250km를 이동했다. 연구진에 의해 구조된 야생 점박이물범 3마리 중 2마리의 신호 발송이 오래 지속되었는데, 이들은 각각 산둥반도와 발해황해 해역에서 활동한 것으로 관찰되었다. 본 연구결과에 따르면 인공번식 점박이물범도 야생적응훈련을 거쳐 야생으로 돌아갈 경우 정상적인 생활과 서식지 복귀가 가능하다.

키워드: 위성추적, 신호, 점박이물범, 분포, 행동습성

---

* 요녕성해양수산과학기술원, 해양환경연구센터, 부연구원, 수산학박사.

Ⅰ. 들어가면서

　점박이물범은 중국해역에서 서식하는 유일한 기각류(鰭足类)동물이다. 점박이물범은 겨울에 번식하며 얼음위에서 새끼를 낳는데 중국의 랴오동만 얼음지대에는 8개의 번식지 중 최남단에 위치한 것으로 국내외 학자들의 주목을 받고 있다. 해마다 11월이 지나면 점박이물범은 발해해협을 지나 발해만에 들어서고 다음해 1월에서 3월까지 랴오동만에서 서식하고 5월 하순부터 발해를 벗어난다. 그러나 일부 개체는 발해에서 겨울을 난 후에도 계속하여 머무르면서 서식하고 있는 것으로 관찰되었다. 점박이물범의 번식기술이 발달함에 따라 새끼 물범의 생존율이 증가되었고 점박이물범의 개체수가 증가하였다. 관련 통계자료에 의하면 랴오닝, 허베이, 산둥 등 지역에서 서식하는 점박이물범의 개체 수는 약 400마리며 번식기에 들어간 개체 수는 100마리에 달하고, 매년 새끼 물범을 낳는 개체 수는 20마리 이상이다. 현재 사육시설에서 보살피고 있는 점박이물범을 야생으로 돌려보낼 경우 개체수가 증가하게 되나 야생으로 돌려보낸 개체가 생존 여부에 대한 지속적인 연구가 필요하다. 1980년대 이래 Argos시스템을 활용한 야생동물 위치추적연구가 수행되었으며, 해양포유동물의 연구에도 널리 사용되었다.1) 본 연구는 사육한 점박이물범이 야생으로 돌아갔을 때 적응할 수 있는지 여부에 대해 연구하고 나아가 점박이물범을 보존하고 개체 수 증가에 관한 과학적 근거를 제공하기 위해 2010년부터 2011년까지 인공번식 점박이물범에 대해 야생적응훈련을 실시하고 그들에게 위성위치추적장치를 부착하여 야생으로 보낸 후, Argos시스템을 활용하여 위치를 추적하였다. 위성위치추적장치에서 보내온 신호를 바탕으로 점박이물범의 서식지와 분포, 이동경로 등을 파악함으로써 점박이물범을 보존하기 위한 과학적 근거를 제공하고자 한다.

---

1) Stewart et al.,1989; Vincent et al., 2002

II. 연구방법

1. 실험대상 동물

연구진은 총 10마리의 점박이물범에게 위성위치추적장치를 부착하여 바다로 보냈다. 2010년에 방류한 4마리의 점박이물범은 다롄씽야 오션월드(大連聖亞海洋世界)에서 인공 번식하였으며, 2011년에 방류한 6마리의 점박이물범 중 3마리는 2010년 다롄씽야 오션월드에서 인공 번식하였고 2마리는 각각 2003년과 2004년 연구진에 의해 구조된 것이고, 마지막 1마리는 2011년 3월 구조되어 짧은 시간동안 연구진이 돌봤다. 사육하는 동안 인간이 먹이를 공급하는 상태에서 출산한 새끼 점박이물범은 방류하기 전 3개월 간의 야생적응훈련을 거쳐 자연에서의 먹이사냥이 가능하게 하며 건강검진을 받은 후 방류된다. 점박이물범에 대한 건강검진 항목은 아래와 같다.

[표-1] 위성위치추적에 따른 점박이물범 개체 정보 및 신호

신호 번호 PTT number	체중 Weight (kg)	신장 Length (cm)	성별 Gender	출생/구조 Birth/ rescue date	나이 Age (year)	방류시간 elease date
44261	54	128	Female	2009.2.28	2	2010.6.6
44367	51	116	Female	2009.3.15	2	
44700	57	125	Male	2009.2.18	2	
44701	55	128	Male	2009.3.1	2	
44702	56	138	Male	2010.2.1	2	
44703	60	140	Male	2010.1.6	2	
107816	50	130	Male	2010.2.15	2	
49199	38	120	Male	2011.3.24(구조)	1	2011.6.18
107353	122	168	Female	2003 (구조)	7	
107355	114	165	Male	2004 (구조)	6	

PTT: Position transmitting tag

2. 위성위치추적장치 부착 및 신호 분석

1) 위성위치추적장치

　연구진은 Argos위성을 이용하여 야생동물추적과 위치정보 서비스를 제공하는 CLS사에 신호 ID를 등록하고 위성임대, 정보처리 및 데이터 전송방식 등에 대한 서비스 계약을 체결하였다. 본 논문의 연구대상은 해양포유동물이며 연구기간은 6개월 이상이다. 이에 따라 위치추적장치는 수면 위에서 위치정보를 발송하는 장치(Position Transmitting Tag)를 부착하였다. 따라서 Argos가 인정하는 미국 Wildlife사에서 SPOT5 장치를 계약하였다.

　방류된 점박이물범에게 부착된 장치는 미국제 'SPOT-5'로서 크기는 가로 7-8cm, 세로 5cm 정도이다. 위치추적장치가 전송하는 신호 주파수는 401.65 MHz이며 무게는 110g이고, 신호 전송 시간은 42-80초/시간으로 설정되어 있으며, 수면 위에 있을 시 신호를 전송한다. 위치정보를 전달하기 위해 신호를 주기적으로 전송하는 기기의 작동원리는 7개의 위성이 실시간 위치를 식별하여 이동경로, 방향 등을 지속적으로 추적하는 것이다. CLS사는 우주에 7개의 신호수신 위성을 배치하여 위치추적대상이 전송한 신호를 2차례 이상 접수한 후 위치정보를 확정한다.

　위치추적장치를 부착하는 것은 매우 중요하다. 위치추적장치는 물범의 건강과 정상적인 활동에 영향을 미치지 않아야 한다. 점박이물범에게 주는 영향을 최소화하기 위해 장치를 부착하기 전에 몇 시간 동안 물범을 장에 넣고 털이 마를 때까지 기다린다. 또한 친환경 초강력 초스피드 접착제를 사용하며 3-4명의 직원이 점박이물범을 고정하고 물범 다리가 잘 닿지 않는 목 뒤에 털을 깎고 붙인다. 장치를 붙인 후 10분간 고정시키고 1시간 동안 물이 닿지 않도록 하며 수면 센서에 접착제가 붙지 않도록 해야 한다. 위치추적장치는 야생에 방류하기 전날에 부착하며 방류 전에 접착 상황과 점박이물범의 이동이 정상적인지 확인하여야 한다.

2) 방류 장소

2010년에 방류한 4마리의 점박이물범은 랴오둥반도 서해 연안에 위치한 다롄싱수어항(大连杏树渔港海域)에서 방류하였다. 방류지점 좌표는 북위 39° 13'967', 동경 122° 12'339'이며, 2011년 랴오둥반도의 발해 연안 뤼순 베이하이 어항(旅順北海漁港)에서 6 마리의 점박이물범을 방류하였으며, 방류지점 좌표는 북위 38° 47'070, 동경 121° 7'110'이다.

3) 신호 접수 및 분석

Argos시스템이 전송한 위치정보 신호의 정확도는 3, 2, 1, 0, A, B 등 6개 등급으로 구분된다. 그중 3급은 위치 추적의 오차 범위가 150m 이내이고, 2급은 오차범위가 150-350m이며, 1급은 350-1000m이며, 0급은 1000m 이내이다. A와 B등급에 대한 정확도는 판단이 불가하다. 대부분의 해양 포유류는 물속에 머무르는 시간이 길어 정밀도가 낮은 신호들이 대부분을 차지한다. 따라서 거리필터방법(Distance filter, Keating, 1994)과 속도필터방법(Velocity filter, McConnell et al., 1992)을 사용하여 신뢰할 수 없는 위치정보를 제거하였다.

III. 연구결과

1. 위치추적장치의 작동 효과

2010년에 방류한 4마리의 점박이물범 중 ID 44261 장치는 3일 동안 데이터를 전송하였고, 기타 점박이물범도 36일에서 53일 동안 데이터를 전송하였다. 2010년 9월 4일 이후 모든 위치추적장치의 신호가 끊어졌다. 2011년 방류한 6마리의 점박이물범 중 ID 44702와 44199는 4일만 신호를 전송하였고 107353은 17일 동안 신호를 전송하였으며, 기타 위치추적장치들은 59일에서 100일 간 지속적으로 신호를 전송하였다. 위치추적장치의 신호 전송 상황은 아래와 같다.

[표-2] 점박이물범 신호 접수 현황

연도 Year	장치 번호 PTT number	起始日期 Start date	截止日期 End date	总天数 Total days	信号天数 Signal days
2010	44261	6-6	6-9	3	3
	44367	6-6	8-16	72	53
	44700	6-6	8-16	59	46
2011	44701	6-6	9-04	91	36
	44702	6-18	6-21	4	4
	44703	6-19	8-16	59	25
	107816	6-20	9-25	98	41
	44199	6-19	6-22	4	4
	107353	6-20	7-16	17	17
	107355	6-18	9-25	100	38

PTT: Position transmitting tag

[표-3] 위치정보 취합(44261, 44702, 44199 장치 제외)

장치 번호 PTT number	등급별 신호 전송 횟수 Signal numbers of different class level						총 수 Total number	유효한 신호 Total effective number	발신 일수 Signal days	1-3 级 1-3 class
	B	A	0	1	2	3				
44367	67	29	2	7	7	3	115	89	1.31	17
44700	41	18	1	7	8	1	75	42	0.58	16
44701	32	18	2	2	4	3	61	45	0.49	9
44703	42	10	2	3	7	4	68	37	0.63	14
107816	250	35	8	8	13	5	319	245	2.50	26
107353	86	8	3	1	3	0	101	80	4.71	4
107355	175	12	3	2	3	5	200	156	1.56	10
							134.1	99.1	1.68	13.7
							99.2	76.4	1.51	7.0
							939	694	11.78	96

PTT: Position transmitting tag

10개의 위치추적장치로부터 접수된 위치정보는 총 971개이다. 그러나 44261, 44702, 44199번 장치로부터 전송된 신호가 너무 짧고, 전송한 위치정보가 적은 관계로 본 연구에서는 해당 데이터를 연구대상에서 제외한다. 7개의 위치추적장치로부터 접수된 위치정보는 총 939개이다. 위치정보에 대한 분석 결과 유효한 정보는 694개이고, 위치추적장치의 평균 신호 수신양은 99개이며, 그중 96개 위치정보는 1-3급에 해당하며 이는 전체 위치정보의 11.5%에 당한다. 위치추적장치의 실제 유효한 작동일수를 감안한다면 각 장치의 평균 신호발송 건수는 1.68개이며 그 범위는 0.49-4.71개이다.

2. 점박이물범의 위치정보

2010년부터 2011년까지 접수한 유효한 위치정보에 근거하여 점박이물범의 분포를 지도화하였다(그림-1, 그림-2). 아래 지도에서 알 수 있는바와 같이 점박이물범의 방류 지점이 랴오동반도의 서해 연안과 발해 연안에 위치하여 있으나 분포범위는 발해, 서해 북부 등 광범위한 해역에 분포되어 있다.

[그림-1] 점박이물범 분포도(1)

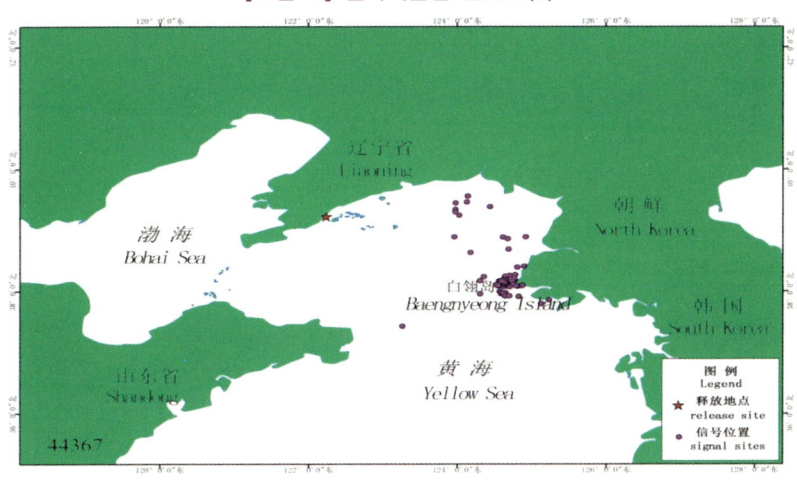

[그림-2] 점박이물범 분포도(2)

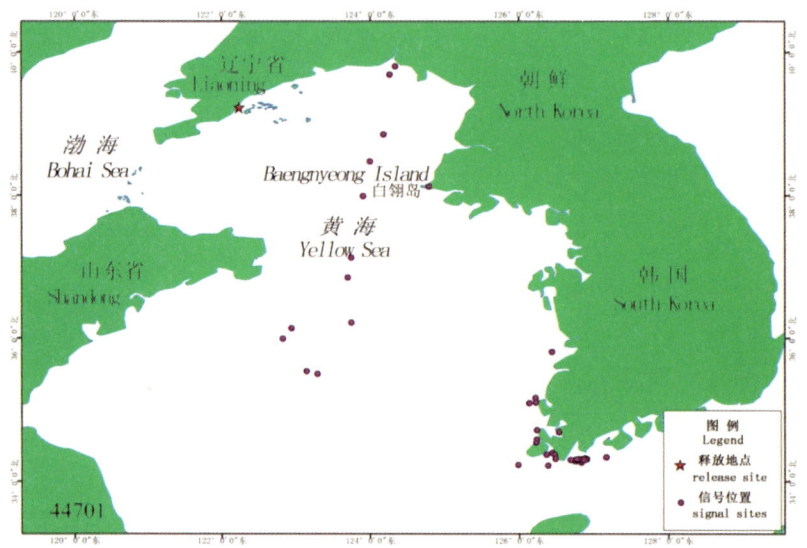

[그림-3] 점박이물범 분포도(3)

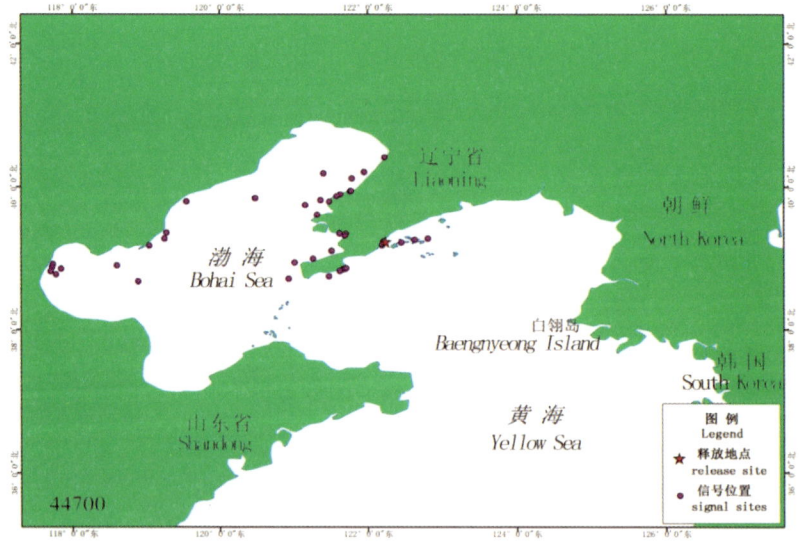

3. 점박이물범의 행동습성

위성위치추적기간 동안 점박이물범의 평균 이동속도는 표-4에서 나타내는 바와 같다. 인공번식한 7마리의 2년생 점박이물범의 평균 이동속도는 1.44-3.99km/h이며, 연구진에 의해 구조된 2마리의 어른 야생 점박이물범의 이동속도는 2.87-3.40km/h이고, 1년생 야생 점박이물범의 평균이동속도는 2.44km/h로 어른 야생 점박이물범의 이동속도보다 느리다.

위치정보에 근거한 위치 좌표를 직선으로 연결할 시 점박이물범의 이동경로를 파악할 수 있다. 아래 그림-4에서 나타내는 바와 같이 2010년 위치정보를 지속적으로 전송한 3마리의 점박이물범 중 2마리는 한국 서해안 연안까지 이동하였으며 마지막 위치추적 신호는 백령도 인근과 대한해협으로 추적되었다. 다른 1마리는 2010년 8월 하순까지 발해해역에 남아있었다. 2011년 위치추적 결과에 의하면 6마리의 점박이물범 중 4마리는 방류 이후 발해해역을 떠나지 않고 일정기간 동안 머물렀다. 세부적인 결과에 따르면 장치번호 107353, 107355는 구조된 야생 점박이물범으로 발해에서 출발하여 산동반도 연안으로 이동하였다. 그 중 107353가 발송한 신호는 황해해역으로 추적되었으며 신호가 끊기기 직전에는 산동반도 주변해역에 있었다. 107355는 다시 발해해역으로 돌아왔으며, 황해와 발해 사이는 여러 번 왕복하였고 신호가 끊기기 직전인 9월 16일에는 발해해역에 있었다.

장치번호 107816을 부착한 점박이물범은 8월 1일 한국의 백령도 인근해역에 도착하였는데, 이는 랴오동반도 해안선을 따라 북으로 이동하여 북한 서해안 연안을 훑더니 한국의 연안해역까지 내려갔다. 8월 7일경에는 랴오동반도 동쪽에 위치한 대련시 연안에 도착하였으며, 그 후 10일 동안 동쪽으로는 대련 연안해역에서 서쪽으로 한국의 백령도 인근해역까지 북황해 해역을 2차례 횡단하였다. 8월 16일 이후에는 백령도에 머물렀고 9월 25일에 백령도 인근해역에서 신호가 끊겼다.

장치번호 44703은 8월 16일 이후 신호가 끊겼으며, 신호가 끊기기 직전에서는 대한해협 중앙에 머무른 것으로 파악된다.

[그림-4] 점박이물범의 이동경로

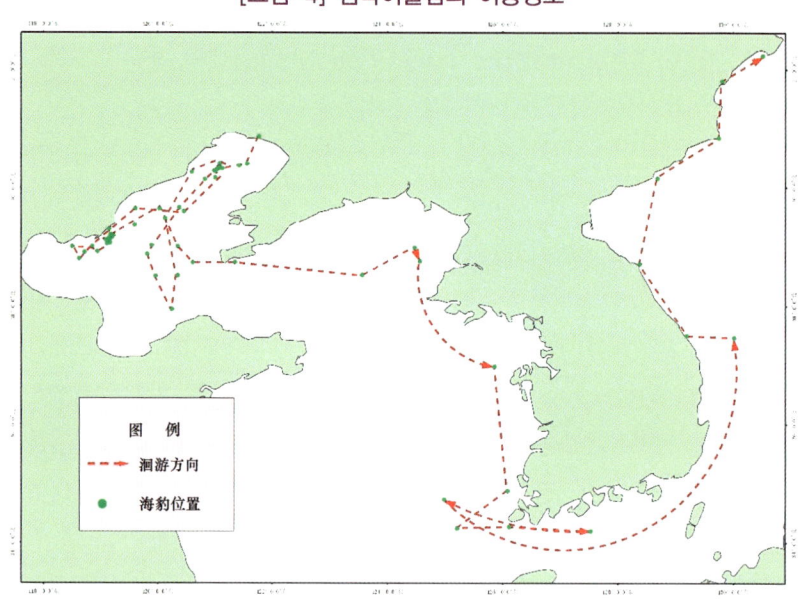

V. 결론

1. 위치추적장치의 작동 원리 및 현황

위치추적장치는 수면 위에서 신호를 발송하는데 점박이물범이 물속에 머무르는 시간이 길고 매번 호흡하러 수면으로 드러나는 순간에 1개의 신호를 발송한다. 따라서 매번 수면 위로 올라올 때에 한정하여 0-3급(정확도)의 위치정보를 얻을 수 있다. 그러나 위성은 점박이물범이 호흡하기 위해 수면으로 올라오는 그 짧은 순간에 4개 또는 더 많은 정보를 수신할 수 없는바 연구진이 접수한 대부분의 위치정보는 A 또는 B등급의 위치정보이다. A 또는 B등급의 위치정보는 정확도와 정밀도가 낮아 위치추적을 위해서는 추가적인 정보처리기술이 필요하다.

White와 Sj berg(2002)의 연구결과는 회색물범(Halichoerus grypus)에 대한 0-A등급의 위치정보에 근거한 것으로 정확도는 5km이내이며, B급 위치정보의 정확도는 50km 이내이다. 따라서 0-A등급의 위치정보를 쉽게 버려서는 아니 된다. McConnell(1992)의 연구결과에 의하면 남방코끼리물범(Mirounga leonina)의 최대허용속도는 시간당 12.6km로 산정하였다. 위치정보의 오차 범위를 줄이고자 위성위치추적장치에서 발송된 정보 중 1-3급의 신호만을 대상으로 점박이물범의 이동경로를 분석하였다.[2]

본 연구는 육상에서 전송된 모든 위치정보를 삭제한 후 데이터를 구성하였으며, McConnell(1992) 연구방법으로 참고하여 불순 데이터를 추출한 후 로 데이터(원시자료)의 74%(범위 54.4%-79.2%)를 유효한 데이터로 선별하여 후속 연구를 진행하였다.

본 연구는 점박이물범의 위치정보 관찰기간을 6월에서 9월로 설정하였다. 점박이물범에 부착된 위치추적장치의 신호 전송이 끊어진 이유에 대한 명확한 원인 규명이 어렵지만 일반적인 원인으로는 위치추적장치가 고장가거나 부착된 장치가 떨어지거나 장치의 배터리가 없거나 점박이물범이 사고 등으로 사망하거나 등이 있다. 본 연구는 위치추적장치가 떨어져 신호가 끊긴 것으로 보고 있다.

2. 점박이물범의 이동 특징

본 연구는 2년생 인공번식 점박이물범과 연구진이 구조한 3마리의 야생 점박이물범에 각각 위치추적장치를 부착하여 비교연구를 진행하였다. Popov

---

[2] HeideJørgensen et al., 1992; Dietz and HeideJørgensen, 1995.

(1976)과 Lowry(1984)의 연구결과에 따르면 오호츠크해 연안에서 서식하는 점박이물범의 경우 생후 1년 간 사망률이 45%에 달하며, 그 후 몇 년간은 사망률이 8%로 낮아지고 4년차에는 사망률이 4-5%로 떨어진다. 따라서 본 연구의 연구대상 점박이물범은 기본적인 요건을 갖추었다고 볼 수 있다. 2010년 방류한 4마리의 인공번식 점박이물범과 관련하여 그중 3마리는 2개월 이상 위치정보를 전송하였고, 신호 수신이 중단되었을 때 3마리 중 2마리는 한국의 백령도에서 여름을 보내고 있는 것으로 추적된다. 2011년에 방류한 3마리의 인공번식 점박이물범은 각각 4일, 2개월, 3개월 간 위치정보를 전송하였으며, 3마리 중 2마리도 한국의 백령도에 도착하였다.

아울러 바다적응과 관련하여 연구진에 의해 구조된 야생 점박이물범은 방류 후에 야생환경에 잘 적응하였으며, 연구진이 사육한 점박이물범도 야생적응훈련을 거친 후에는 바다환경에 잘 적응하여 야생 점박이물범의 습성을 익힐 수 있었다. 인공번식 점박이물범은 방류 후에 2개월 이상 신호를 전송하였는데 이러한 신호를 분석한 결과 야생적응이 가능하다는 것을 증명하였다. 즉 인공번식한 개체도 야생적응훈련을 거치면 자연환경에서 생존할 수 있다. 이러한 연구결과는 점박이물범 개체 수 보충이 가능하다는 것을 입증하고 있다. 단 야생으로 돌아간 점박이물범이 장시간 생존 가능한지에 대한 지속적인 연구가 필요하다.

점박이물범의 위치정보에 대한 분석을 통해 이들이 발해해역에서 한국의 백령도로 이동하는 경로를 파악할 수 있다. 첫째, 일부 점박이물범은 랴오닝성 연안을 따라 북한 서해연안을 훑고 남쪽으로 내려가 한국의 백령도에 도착한다. 둘째, 다른 일부 점박이물범은 묘도군도(庙島群島)에서 출발하여 황해 북부의 수심이 깊은 수역을 통과 하여 직접 백령도에 도착한다. 2010년과 2011년에 백령도에 도착한 점박이물범 중 1마리는 백령도에 도착한 후 서해안 연안을 따라 대한해협까지 내려갔고, 장치번호 44703은 신호가 끊기기 직전 한국의 동해(일본해)까지 이동한 것으로 추적되었다. 이로부터 알 수 있는바 한국의 백령도는 점박이물범의 유일한 여름 서식지가 아니다. 따라서 겨울철 랴오동만에서 관찰되는 점박이물범의 개체 수와 여름철 백령도에서 관찰되는 개체 수가 일치하지 않은 이유를 설명할 수 있다.3) 2010년 산둥반도에서 관찰되는 점박이물범의 개체 수는 매우 적었으나 2011년에는 2마리의 점박이물범이 여러 차례 산둥반도 연안에서 관찰되었다. 산둥반도 연안에서 점박이물범이 관찰되는 횟수가 다른 것은 2010년에는 황해에서 방류하였고, 2011년에는 발해에서 방류하였기 때문이다. 2010년 방류한 1마리의 인공번식 점박이물범과 2011년에 방류한 1마리의 야생 점박이물범은 2011년 9월까지 발해에서 머물렀는데 이는 발해해역에서도 여름을 보내는 개체가 있다는 것을 설명한다. 연구결과 인공번식 점박이물범과 야생 점박이물범의 평균 이동속도는 Lowry(1998) 연구에 따른 점박이물범의 먹이사냥이 이동속도인 0.4-5.2km/h와 유사하다.

참고문헌

[1] Changman W, Byoung-HoYoo. 2004. Abundance, seasonal haul-out patterns and conservation of spotted seals Phoca largha along the coast of Bakryoung Island, South Korea. FFI, Oryx, 38 (1) : 109 -112.

[2] Dietz R, HeideJ rgensen M P. 1995. Movements and swimming speed of narwhals, Monodon monoceros, equipped with satellite transmitters in Melville Bay, northwest Greenland. Can J Zool, 73: 2106 -2119.

[3] HeideJ rgensen M P, Stewart B S, Leatherwood S. 1992. Satellite tracking of ringed seals Phoca hispida off northwest Greenland. Ecography, 15: 56 -61.

---

3) Changman WonByoung-Ho Yoo, 2004

[4] Keating K A. 1994. An alternative index of satellite telemetry location error. J Wildl Manage, 58: 414 −421.

[5] Lonergan M, Duck C D, Thompson D, Moss S, McConnell B. 2011. British grey seal (Halichoerus grypus) abundance in 2008: an assessment based on aerial counts and satellite telemetry. ICES Journal of Marine Science: Journal du Conseil, 68 (10) : 2201 − 2209.

[6] Lowry L F. 1984. The spotted seal (Phoca largha) . In Alaska Dep. Fish Game Mar. Mammal Species Accounts. 11 −11. Juneau. Lowry L F, Frostr K J, Davis R, DeMaster D P, Suydam R S. 1998. Movements and behavior of satellitetagged spotted seals (Phoca largha) in the Bering and Chukchi seas. Polar Biol, 19: 221 −230.

[7] McConell B J, Chambers C, Fedak M A. 1992. Foraging ecology of southern elephant seals in relation to the bathymetry and productivity of the Southern Oeean. Antarct Sci, 4: 393−398.

[8] Stewart B S, Leatherwood S, Yochem P K, HeideJ rgensen M P. 1989. Harbor seal tracking and telemetry by satellite. Mar Mamm Sci, 5: 361 −375.

[9] Vincent C, McConnell B J, Rideoux V, Fedak M. 2002. Assessment ofARGOS location accuracy from satellite tags deployed on captive gray seals. Mar Mamm Sci, 18: 156 −166.

[10] White N A, Sj berg M. 2002. Accuracy of satellite positions from freeranging grey seals using ARGOS. Polar Biol, 25: 629 −631.

[11] 王丕烈. 1988. 渤海斑海豹的分布调查. 水产科学, 7 (4) : 7 −11.

[12] 王丕烈. 1993. 渤海斑海豹资源现状和保护. 水产科学, 12 (1) :4 −7.

환황해 동북아 해양안보 현안과 지역해 자원 보존

09
경계왕래성어족과 고도회유성어족에 대한 법적보호제도

톈치윈(田其云), 장밍쥔(张明君)

경계왕래성어족과 고도회유성어족에 대한 법적보호제도

톈치윈(田其云)*, 장밍쥔(张明君)**

국문초록

본 연구는 중국 국내법상 경계왕래성어족과 고도회유성어족의 보존 및 관리에 대한 법제도에 대해 살펴보기로 한다. 중국은 경계왕래성어족과 고도회유성어족의 보존 및 관리에 관한 국제협력에 적극 참여하여 왔고 앞으로도 공해에서 어업을 관리하는 국제협약의 효과적 이행을 통하여 경계왕래어족 및 고도회유성어족의 장기적 보존과 지속가능한 이용을 보장하기 위한 책임을 다할 것이다. 수산자원의 보존과 관리를 위해 중국은 주변국가와 양자간 어업협정을 체결하여 국가 관할수역 내측과 외측의 경계왕래성어족 및 고도회유성어족을 보존하고 있다. 또한 국내입법을 통해 고도회유성어족 및 소하성어류의 산란장을 보존 및 관리하고 있다. 예컨대 어획량 총량규제제도, 어업허가제도, 여름휴어제도, 자연보호구역제도를 도입하여 이러한 어족의 최적 이용이라는 목적을 증진하기 위한 조치를 채택하고 있다.

키워드: 고도회유성어족, 국제협력, 수산자원 보존, 법제도

---

* 중국해양대학교 법과대학 교수, 해양생태자원법연구센터 센터장, 법학박사.
** 중국해양대학교 법과대학 박사과정, 해양생태자원법연구센터 연구원.

Ⅰ. 경계왕래성어족 및 고도회성어족에 관한 국제규범

　1982년 유엔해양법협약은 어업의 지속성을 위해 수산자원 보전과 관리에 관한 국가의 의무를 규정하고 있다. 유엔해양법협약 발효 이전에는 무분별한 어획으로 인해 수산자원이 심각하게 파괴되었고 수산자원 보존과 관리의 필요성이 제기되었다. 세계 수산업은 어로기술 발달로 인해 어획량이 급증하면서 어업을 둘러싼 문제가 발생하게 되었다. 어획량 감소, 수산자원 고갈 등 문제를 해결하기 위해 국제사회는 수산자원 보존 및 관리 조치를 취하게 되었다. 국제사회는 수산자원의 최적이용, 남획방지를 위해 지역간 어업협정을 체결하였다. 일례로 남극포경협정, 미국과 캐나다 간의 넙치협정 등이 있다. 이와 같이 일부 국가들은 지역해 수산자원 보존에 관한 어업협정을 체결하여 수산자원 보존 및 관리를 위한 협력을 추진하고 있다.

　1958년 스위스 제네바에서 제1차 유엔해양법회의를 개최하였다. 이번 회의에서 '어업 및 공해의 생물자원 보존에 관한 협약', '대륙붕에 관한 협약', '영해 및 접속수역에 관한 협약', '공해에 관한 협약'을 채택해 성문화했다. 이번에 채결된 4개의 협약은 영해, 대륙붕, 공해에서의 수산자원 보존 및 관리에 관한 국가의무를 규정하였다. 1982년에 채결된 유엔해양법협약은 채택한지 12년 후 60번째 국가가 비준하면서 1994년 11월 16일에 발효되었다. 특히 200해리 배타적 경제수역제도의 도입으로 인해 수산자원 이용과 관리에 있어 큰 변화를 가져왔다. 배타적 경제수역제도는 자국 연안으로부터 200해리까지의 모든 자원에 대해 독점적 권리를 행사할 수 있는 수역을 말한다. 즉 배타적 경제수역제도의 도입으로 연안국의 해양관할권이 확대되었고 세계 수산자원의 90%가 연안국의 독점적 관리에 놓이게 되었으며 엄격한 해양관리제도가 등장하면서 공해에서의 어업분쟁도 다양한 양상을 나타나게 되었다. 유의해야 할 점은 1982년 유엔해양법협약은 경계왕래어족 및 고도회유성어족의 개발과 보존에 관한 원칙적인 규정을 두고 있을 뿐 이들 어족의 보존과 관리를 위한 구체적인 의무규정을 두고 있지 않다.

1. 공해어업 규제에 관한 국제협약

1989년 유엔총회에서 '공해 유자망어업 금지에 관한 유엔총회 결의'가 채택되었다. 본 결의는 공해에서 대규모 유자망어구어업을 근절할 것을 권고하고 있으며 대양, 공해해역 그리고 폐쇄 및 반폐쇄 해역을 포함하는 지역에서 해양생물자원을 보존하기 위하여 그 지역의 어업자원에 대해 이해관계를 갖는 당사국들이 공동으로 보존 및 관리조치를 취할 것을 요구하고 있다. 이러한 규정은 지역해 경계왕래성어족 및 고도회유성어족을 보호하는데 일정한 기여를 하였다.

2. FAO 책임있는 어업을 위한 조약

1992년 멕시코의 칸쿤에서 "책임 있는 어업에 관한 국제회의"가 개최되었고 여기서 채택된 칸쿤선언은 FAO가 "책임 있는 어업에 관한 국제행동규범"을 채택하도록 요청하였다. 본 규범은 생태계 및 생물다양성을 고려하면서 수중생물자원의 효과적인 보존, 관리, 개발을 보장하기 위하여 책임 있는 수산업을 위한 원칙과 국제적 행위기준을 설정하였다. 또한 책임 있는 수산업 및 어업활동을 위하여 국제법의 관련 규정에 부합하는 원칙을 마련하여야 하며, 책임 있는 수산자원 보존 및 수산관리개발을 위한 국가정책의 수립 및 이행에 대한 원칙과 기준을 마련하는 것을 목적으로 한다.

3. 지속가능한 개발

1992년에 채택된 "칸쿤선언"과 "Agenda 21"에서 지속가능한 개발의 개념이 제시되었다. 유엔해양법협약이 연안국과 원양어업국 간의 이익을 조정하는데 초점을 두었다면, Agenda 21은 경계왕래성어족과 고도회유성어족의 보존 및 관리를 위해 서로 협력해야 한다는 점을 강조하고 있다. 특히 연안국들은 직접적으로 또는 적절한 지역 혹은 국제기구를 통해서 경계왕래성어족 및 고도회유성어족의 개발과 보존을 확실시하고 조정하기 위해 필요한 조치를 취할 것을 요구하고 있다. 나아가 수산자원 관리와 어업규제에 관한 국제규범은 수산자원의 개발과 관리에 있어서 지속가능한 개발이라는 목표를 설정하게 되었으며, 경계왕래성어족 및 고도회유성어족의 보존과 관리에 관한 국제규범에서도 해당 어족의 지속가능성을 고려하여 공동으로 협력하는 규정을 도입하게 되었다.

4. 경계왕래성어족 및 고도회유성어족의 보존과 관리에 관한 유엔해양법협약 조항 이행협정

경계왕래성어족 및 고도회유성어족은 연안국의 배타적 경제수역 경계와 공해 또는 연안국 간의 배타적 경제수역의 경계를 드나드는 어족으로 연안국과 원양어업국 사이의 협력을 필요로 한다. 특히 관련 국가 간의 협력에 있어서 경계왕래성어족과 고도회유성어족을 보존하고 관리하기 위한 조치를 규범화하여야 하며, 국제 사회에서 하나의 통일된 기준에 근거하여 행동할 것을 요구하고 있다. 즉 협력 의무를 이행함에 있어서 각국은 합리적인 기구를 설립하여 지역 내에서 일관성 있는 보존 및 관리 조치를 취해야 한다.[1] 유엔해양법협약은 고도회유성어족 및 경계왕래성어족의 보존과 관리에 관한 전문의 규정을 두고 있으며, 연안국과 고도회유성어족 및 경계왕래성어족을 어획하는 조업국이 그러한 어종의 보존을 보장하고 최적이용목표를 달성하기 위하여 직접 또는 적절한 국제기구를 통하여 협력할 것을 요구하고 있다. 그러나 이러한 어족의 보존에 필요한 조치에 합의하지 못할 경우에 대한 대책을 규정하고 있지 못하다.

1995년 유엔식량농업기구(FAO)의 통계에 따르면 70% 이상의 어종이 과도하게 개발되거나 최대로 착취되었다고 한다.[2] 유엔 총회는 경계왕래성어족과

---
1) 郑曙光, 海洋渔业资源的国际保护, 《浙江水产学院学报》 1987年 第6期.

고도회유성어족에 대한 보존 및 관리를 강화하기 위하여 1993년부터 "경계왕래어족과 고도회유성어족에 관한 회의"를 개최하여 마침내 2년 후인 1995년에 동 회의에서 "1982년 12월 10일 유엔해양법협약의 경계왕래어족 및 고도회유성어족의 보존 및 관리에 대한 규정의 이행을 위한 협정"을 채택했다. 이 협정은 연안국과 조업국 사이의 협력을 이끌어내기 위한 조치를 규정하고 있으며, 기국의 의무 및 기국에 의한 단속조치를 정하고 있을 뿐더러 기국, 항만국과 검사국의 법집행체제를 도입하였다.

나아가 본 협정은 수산자원의 지속가능한 개발을 최종목표로 설정하고 있으며, 국가 및 해양생물자원을 이용하는 자는 해양생태계를 보존할 의무가 있음을 명시하였다. 또한 조업권을 가지는 동시에 해양생물자원을 보존하고 관리할 의무를 부과하였다. 즉 해양생물자원의 효과적 보존과 관리를 보장할 수 있는 책임 있는 방법에 의해야 한다. 경계왕래성어족과 고도회유성어족의 보존 및 관리와 관련하여 해양생태계의 초국경적 특성을 고려하여, 국가는 적절한 경우 협력연구 및 공동연구를 통해 지역해 수산자원보존을 위한 협력을 추진해야 한다.3)

이로부터 알 수 있는바 경계왕래성어족 및 고도회유성어족을 보존 및 관리하기 위한 협력은 상호간 및 다자간 협력을 추진함으로써 국가와 소지역적, 지역적 수산관리기구의 기능을 강화해 나가야한다. 이와 더불어 지역적 수산관리기구의 법집행체제를 확립하는 것도 매우 중요한다. 앞에서 살펴본 국제협정 및 협약의 주요 내용으로부터 알 수 있는바 경계왕래성어족 및 고도회유성어족을 보존 및 관리하기 위한 가장 효과적인 방법은 지역적 수산관리기구를 설립하는 것이다.

---

2) See Moritaka Hayashi, The 1995 Agreement on the Conservation and Management of Straddling and Highly Migratory Fish Stocks:Significance for the Law of the Sea Convention, Ocean & Coastal Management, 1995, (29):51-69.
3) 许立阳著,《国际海洋渔业资源法研究》, 中国海洋大学出版社 2008年版, 第134页.

본 협정은 비회원국 및 비참가국에 관한 명문의 규정도 두고 있다. 즉 어느 국가가 소지역적 또는 지역적 수산기구나 약정의 회원국 또는 참가국이 아니며 이러한 기구나 약정이 수립한 보존 및 관리 조치의 적용에 달리 동의하지 아니하는 경우에도 본 협정에 따라 관련 경계왕래어족 및 고도회유성어족의 보존 및 관리 조치에 협력해야 하는 의무에서 면제되지 않는다. 상기 국가는 자국 국기를 게양 선박이 이러한 기구 또는 약정이 수립한 보존 및 관리에 관한 조치의 대상이 되는 경계왕래어족 및 고도회유성어족의 조업에 참여하도록 허가하지 않아야 한다.

본 협정의 실질적인 추진을 위해 정부간 기구외의 비정부 기구의 참여를 허용하고 있다. 예컨대 경계왕래어족 및 고도회유성어족과 관련된 비정부 기구의 대표들은 해당 소지역적·지역적 수산관리기구 또는 협약절차에 따라 적절하게 참관인으로 또는 기타 방식으로 이러한 기구들이 수산보존 및 관리회의에 참여할 기회를 확보하였다.

정부 간 수산관리기구는 경계왕래어족 및 고도회유성어족의 조업 관련 규칙을 도출하기 위한 협상을 추진하고, 국제규범을 도출하며, 협정 이행을 보장하기 위한 감시, 통제, 감독 및 집행 조치에 관한 합의를 도출하기 위해 노력하여야 한다. 비정부간 수산관리기구는 순수한 민간조직으로 국가주권의 범위를 벗어나 사회적 연대와 수산자원 보존 및 관리라는 공공의 목적을 실현하기 위해 노력하여야 한다. 또한 경계왕래성어족 및 고도회유성어족의 보존 및 관리를 위해 국가 또는 이용자들이 조업규칙을 준수하도록 홍보하고 감시하는 역할을 수행한다.

"1982년 12월 10일 유엔해양법협약의 경계왕래어족 및 고도회유성어족의 보존 및 관리에 대한 규정의 이행을 위한 협정" 및 "책임 있는 어업에 관한 국제행동규범"은 모두 예방적 접근의 적용에 대해 명시하고 있다. 각국은 경계왕래성어족 및 고도회유성어족에 대한 정보가 불명확하거나, 신빙성이 없거나 부적절한 경우에 그러한 자원을 이용할 시 "예방적 접근"을 적용하여야 하며 적절한 과학적 정보의 부재가 보존·관리조치의 채택을 연기하거나 채택하지 아니하는 구실로 이용되어서는 안 된다고 규정하고 있다.

II. 중국 원양어업법상 경계왕래성어족 및 고도회성어족 보존을 위한 법적 규정

중국은 후발 원양 어업국으로 1990년대 초반부터 정부차원에서 원양어업 육성정책을 추진하였다. 중국 원양어선의 주요 조업 어종은 경계왕래성어족과 고도회유성어족이다. 중국은 원양어업 육성에 있어서 국제 수산규범을 엄격히 준수할 것을 기본원칙으로 삼고 있으며, 생태계 및 생물다양성을 고려하면서 해양생물자원의 효과적인 보존, 관리, 개발을 보장하기 위하여 책임 있는 수산업을 위한 원칙과 국제적 행위기준을 설정하였다. 아울러 경계왕래성어류와 고도회유성어류를 어획하는 경우 연안국을 포함한 관련 국가와 협력하여 자원의 효과적 보존 및 관리를 보장하여야 한다고 규정하고 있다.

중국은 원양어업에 관한 국제협약을 국내법으로 수용하여 법체계를 보완하였다. 원양어업에 관한 주요 법률법규에는 "원양어선국적증서관리에 관한 통지(关于办理远洋渔业船舶国籍证书有关事项的通知)", "원양어선관리에 관리 강화에 관한 통지(关于进一步加强远洋渔业船舶管理的通知)", "어선등기 관리방법상 원양어선관리를 강화할 것에 관한 통지(渔业船舶登记管理办关于进一步加强远洋渔业船舶管理的通知)", "효과적 어선관리를 위한 긴급 통지(关于切实加强海洋渔船管理的紧急通知)", "어선점검조례(渔业船舶检验条例)", "원양어업관리규정(远洋渔业管理规定)" 등이 있다.

중국은 유엔해양법 및 "1982년 12월 10일 유엔해양법협약의 경계왕래어족 및 고도회유성어족의 보존 및 관리에 대한 규정의 이행을 위한 협정"에서 규정한 경계왕래어족과 고도회유성어족의 보존 및 관리에 관한 규정을 이행하기 위해 노력해 왔으며, 중국의 실제 상황과 결부하여 지역해 수산자원관리를 위한 협약에 적극 가입하였다. 예컨대 "중부베링해 명태자원보전협약"에 가입하여 명태 자원량 추정, 어획량 할당, 명태자원 보전 및 관리에 관한 의무사항 등 국제적 협력에 적극 참여하고 있다. 본 협약은 명태자원 평가 및 보존대책을 설계하기 위해 과학기술 전문가위원회를 구성하였으며, 각 회원국은 베링해에서의 명태 어획량, 어획노력량, 어획시간과 구간에 대한 통계자료를 전문가위원회에 제출하여야 한다.

그밖에 "대서양 참치 보존에 관한 국제협약"에 가입하여 인도양 참치와 유사 참치의 보존에 관한 의무를 성실하게 이행하고 있다. 또한 "중서부태평양 고도회유어족의 보존 및 관리에 관한 협약"의 체결과정에 적극 참여하고 국제사회 기여도를 제고하였다. 본 협약은 고도회유어족의 보존과 관리에 관한 자세한 규정을 두고 있을 뿐만 아니라 관할해역 내의 법집행 원칙, 개발도상국의 요구사항과 어업분쟁의 평화적 해결방안에 관한 합의점 도출을 위해 기여하였다. 이와 같이 중국정부는 지역해 고도회유어족 및 경계왕래성어족의 보존 및 관리에 관한 지역간 수산관리협정에 적극 참여하여 자국의 원양어업의 발전을 확보하기 위한 법제도적 기반을 마련하였다.

앞에서 서술한 바와 같이 경계왕래어족 및 고도회유어족은 2개국 이상 연안국의 배타적 경제수역에 걸쳐 출현하거나 배타적 경제수역과 그 바깥의 인접수역에 걸쳐 출연하는바 단순히 연안국의 힘에 의해 보존하고 관리하기에는 역부족이다. 따라서 연안국과 조업국은 이러한 어족의 보존과 개발을 조정하고 보장하는데 필요한 합의를 도출하기 위해 상호 협력해야 한다.

중국은 원양어업 육성에 있어서 고도회유성어족과 경계왕래어족의 보존에 관한 국제협력을 매우 중요시 한다. 1993년 12월 미국 워싱턴에서 "중미 1991년 12월 20일 유엔총회 42/215 결의안 이행에 관한 합의서"를 재결하였다. 본 합의서는 양국이 공해에서의 대형 예인망 어선의 협력단속에 합의하였는데, 이는 중국이 공해에서의 수산자원 보존과 경계왕래어족과 고도회유성어족의 보존 및 관리에 관한 경험을 제공할 수 있다.

중국의 황해, 동중국해, 남중국해에는 수산자원이 풍부하며 대부분 어족들은 고도회유성어족에 속한다. 이러한 어족은 다양한 수역을 회유하는 특성을 가진다.4) 경계왕래자원의 보존관리에 대해서는 유엔해양법협약 제63조 1항에서 규정하고 있는데, 경계왕래자원 및 상호 연관성 있는 자원이 2개국 혹은 그 이상의 연안국 EEZ에 분포하고 있는 경우, 연안국들은 직접적으로 또는 적절한 지역 혹은 국제기구를 통해서 동 항 다른 규정을 침해하지 않고 해당 자원의 개발과 보존을 확실시하고 조정하기 위해 필요한 조치를 위한 동의를 구해야 한다. 국제수산관리기구는 고도회유성어족의 보존과 관리를 위한 각국의 협력을 명시하였는데 이는 지역적 수산기구를 통한 협력을 규정한 유엔해양법협약 제63조 및 제64조의 일반적 규정을 강화한 것이다.

아울러 동일어족 또는 이와 연관된 어종의 어족이 배타적 경제수역과 그 바깥의 인접수역에 걸쳐 출현하는 경우 연안국과 인접수역에서 이러한 어족을 어획하는 국가는 직접 또는 적절한 소지역기구나 지역기구를 통하여 인접수역에서 이러한 어족의 보존에 필요한 조치에 합의하도록 노력하여야 한다.5) 중국은 일본, 한국, 베트남 등 인접국가와 양자 어업협정을 체결하여 배타적 경제수역과 그 바깥의 인접수역에 걸쳐 출현하는 어종에 대해 공동으로 관리하고 보존하고 있다.

남중국해는 풍부한 수산자원을 품은 황금어장으로 알려져 왔다. 다양한 수산자원 중에서도 참치와 같은 고도회유성 어류자원이 풍부하다. 그러나 과도한 남획과 해양환경의 파괴로 인해 남중국해의 수산자원 어획량이 대폭 감소하였으며, 관련 국가 간의 고도회유성어족의 보존 및 관리를 위한 협력이 필요하게 되었다. 일부 학자들은 남중국해의 수산자원 보존 및 관리를 위한 협력은 지역경제 통합을 위한 요구 사항일 뿐만 아니라 중국의 영토주권를 수호함에

---

4) 何梦, 论南海高度洄游鱼类资源合作保护机制, 《绍兴文理学院学报》 2014年第2期.
5) 白龙, "公海捕鱼自由原则"的限制及思考, 《浙江工业大学学报(社会科学版)》 2012年第2期.

있어서도 필요한 사항이라고 주장하였다. 중국은 남중국해의 자원개발과 관련하여 "주권논쟁을 뒤로하고 공동개발을 추진한다."는 입장을 밝혔다. 남중국해 자원개발에 대한 중국의 입장은 주변국과의 협력을 통해 고도회유성어족과 경계왕래성어족의 보존과 개발을 조정하고 보장하는데 필요한 조치에 합의하는데 유리하게 작용한다. 이에는 그러한 어족 자원의 자원현황 조사, 어획능력, 전통어업, 어업현황 등 제반 사항을 고려하여 어획량을 할당하고 어족의 보존에 필요한 조치에 합의하도록 노력하여야 한다.6)

중국과 인도네시아, 말레이시아는 남중국해 연안국으로 고도회유성어족의 보존과 개발을 조정하고 보장하는데 있어서 협력의 가능성이 크다. 2001년 4월 중국과 인도네시아는 북경에서 "중인니 어업협력 합의서"를 체결하였다. 본 합의서는 어업협력의 목표, 공동관리수역, 협력체제와 분쟁해결 방안에 대한 자세한 규정을 두고 있다. 그후 동년 12월 12일 중국 농업부와 인도네시아 해양사무 및 어업부는 인도네시아 배타적 경제수역 일부의 총어획량 확정에 관한 양자협약을 체결하였다. 본 협약은 상호입어를 허용하고 있으며, 상호입어수역과 어획 어종, 어선 척수와 규모 등 어업협력에 있어서의 내실화된 내용에 대해 합의하였다. 중국과 인도네시아 간의 어업협정은 당해 수역에서의 고도회유성어족의 보존과 관리에 긍정적인 영향을 미칠 것으로 판단된다.

중국과 말레이시아는 2004년 11월 중국 광주에서 "중국 말레이시아 어업 비즈니스 포럼(中马渔业商务论坛)"을 개최하였으며, 2005년 9월부터 12월에 걸쳐 말레이시아중국 어업상무협상(말레이시아 광동 수산무역협력 및 교류회의)을 추진하였다. 이번 교류회의에서 말레이시아 농업 및 농기공업부와 중국 농업부, 중국 광동성정부는 15개의 어업협력 양해각서에 합의하였으며, 양국의 15개 수산회사 간의 협력과제를 도출하였다. 그밖에 양국은 원양어업에 관한 협력사항에 합의하였으며, 수산양식 및 가공기술 등 다양한 분야의

---

6) 何梦, 论南海高度洄游鱼类资源合作保护机制, 《绍兴文理学院学报》 2014年第2期.

협력을 도출함으로써 남중국해에서의 수산자원 개발, 보존 및 관리를 위한 협력을 이끌어내는데 성공하였다.[7)]

III. 고도회유성어족 보존에 관한 국내법적 규제

회유성 어류는 산란을 위해 회유하거나, 서식처로 이동하기 위해 회유하거나 먹이를 찾아 또는 생활하기에 적절한 수온에 맞춰서 이동하는 등 여러 가지 이동 동기가 있다. 이와 같이 회유성 어류의 이동 동기에 따라 산란회유, 생육회유, 색이회유, 계절회유 등으로 구분한다. 대표적인 회유성 어류에는 대서양 연어, 은연어, 왕연어, 철갑상어, 뱀장어 등이 있다.

유엔해양법협약 및 "1982년 12월 10일 유엔해양법협약의 경계왕래어족 및 고도회유성어족의 보존 및 관리에 대한 규정의 이행을 위한 협정"에서는 고도회유성어족의 보존에 관한 규정을 두고 있다. 예컨대, 국가 관할수역 내에서 고도회유성어족의 탐색, 개발, 보존 및 관리를 위한 주권적 권리를 행사함에 있어서 연안국은 이러한 자원을 보존하기 위한 일반원칙을 준수해야 한다. 첫째, 고도회유성 어류자원의 장기적 지속 가능성을 확보하기 위한 조치를 채택하고 이러한 자원의 최적이용이라는 목적을 증진한다. 둘째, 이러한 조치는 이용 가능한 최선의 과학적 근거에 기초하고, 최대의 지속적 생산을 가능케 하는 수준으로 자원의 유지 또는 회복을 도모하도록 해야 한다. 다만, 이러한 조치는 환경적, 경제적 관련 요인 및 개발도상국의 특별한 필요에 의해 제한을 받으며, 어업형태, 자원의 상호의존성 및 소지역적, 지역적 또는 세계적 차원에서 일반적으로 권고되는 국제적 최소기준을 고려하여야 한다. 셋째, 각국은 해양생물자원을 보호하기 위하여 고도회유성어족을 보존, 관리 및 이용할 시 예방적 접근을 광범위하게 적용하여야 한다. 넷째, 어획활동에 관한 자료에

---

7) 동상.

대하여 완전하고 정확한 자료 및 국내적, 국제적 연구프로그램으로부터 밝혀진 정보를 수집하고 공유한다. 또한 어업자원의 보존과 관리를 지원하기 위하여 과학적 조사를 증진하고 실시하며 적절한 기술을 개발하며, 효과적인 감시, 통제 및 감독을 통하여 보존관리조치를 이행하고 집행한다.

1. 총 허용 어획량 및 어업허가제도

중국은 연근해 어업자원에 대한 평가를 실시하고, 어획량과 어획노력량의 균형을 유지하고, 지속가능한 개발을 실현하기 위해 어업법을 제정하였다. 이법은 어업자원의 보존 및 관리를 위해 총 허용 어획량과 어업허가제도를 통해 어획노력량을 규제하고 있는데, 총 허용 어획량이란 총 어획량이 어업자원의 증가량을 초과하지 않을 것을 원칙으로 하며, 어선에 대해 어획할당량을 설정하는 방법이다. 국무원 어업행정 주관부처는 어업자원에 대한 조사와 어획량 평가업무를 수행함으로써 어획 할당량을 확정하기 위한 과학적 근거를 제공한다. 중국의 내해, 영해, 배타적 경제수역 및 기타 관한해역 내의 대상 어종의 총 어획량은 국무원 어업행정 주관부처에서 확정하여, 국무원의 승인을 받아야 한다. 하천과 호소에서 서식하는 어종의 총 어획량은 성·자치구·직할시 인민정부에서 확정하여 협상하여 결정한다.

아울러 어업자원의 고갈을 방지하고, 어획노력량을 효과적으로 통제하기 위해 어업허가제를 실시하고 있다. 중국정부와 관련 국가가 체결한 어업협정에 따른 공동관리수역 내에서의 어업허가는 국무원 어업행정 주무부처에서 발급한다. 대형 트롤, 선망에 대한 어업허가는 성·자치구·직할시 인민정부에서 허가한다. 그 밖의 어업허가는 현급 이상 인민정부 어업행정 주무부처에서 승인한다. 단 관할수역 내에서의 어업허가 건수는 어선·어구 통제목표를 초과할 수 없다. 기타 국가의 관할수역에서 조업하고자 할 경우 국무원 어업행정 주무부처의 승인을 받아야 하며 중국정부와 관련 국가가 체결한 협정 또는 합의서의 규정을 엄격히 준수하여야 한다. 이에 따르면 어선선박검사증, 어선

등록증을 소지한 자에게 어업허가를 승인한다. 어업허가 외에도 수산양식허가제를 도입하고 있는데, 국가 소유 해역에서 수산양식을 하고자 하는 자는 현급 이상 인민정부 어업행정 주무부처의 허가를 받아야 하며, 수산양식허가를 받은 자는 해역 및 갯벌에서 양식업을 운영할 수 있다.[8]

중국의 어업법은 어업자원의 보존 및 관리를 위해 어구·어법의 제한 또는 금지에 관한 규정을 두고 있다. 이에는 어로기술, 어업방식 및 어구기준 등이 포함되는데 전기, 독약물, 폭발물을 이용하여 어획하는 방법을 금지하고 있다. 또한 어업법에서 금지하고 있는 어구를 제작, 판매, 사용하는 행위도 금지하고 있다. 나아가 어린고기 불법포획, 유통, 판매 행위도 금지하고 있다.

해상석유 또는 천연가스개발로 인해 부득이하게 어로수역을 이용할 경우 지질 탐사 및 자원채취로 인한 어업자원에 대한 피해를 최소화하여야 하며 주요 경제성 어종의 산란장, 서식 및 번식을 위한 장소를 피하고, 관련 행정기관에 사전에 동의를 구해야 한다. 해상석유 또는 천연가스를 탐사개발할 시 분명한 표시와 시그널을 발송해야 한다.

2. 여름철 휴어제도

1980년대부터 어선수가 급증하고 과잉 포획·채취에 따른 어자원의 급속한 감소로 인해 어로활동을 제한하는 휴어제도를 시행하여 왔으며, 해역별 휴어기간을 점차 늘이고 휴어제도를 시행하는 어종을 점차 확대해 나가고 있다. 휴어기간 동안 어획물의 유통 및 매매를 철저히 제한함으로써 현장 단속과 시장유통 검사를 병행하여 휴어기간 동안 어선의 불법어업을 철저히 단속하고 있다.

아울러 고도회유성어족의 산란장에 대한 보호를 강화함으로써 이러한 어족의 서식환경을 개선하고 복구함으로써 양호한 생태환경을 조성하기 위해 노력

---

8) 《中华人民共和国渔业法》第11条。

하고 있다. 휴어제도의 시행으로 인해 어획량이 증가하게 되었을 뿐만 아니라 수산물의 크기와 품질도 향상되는 효과를 가져왔다. 그밖에 휴어제도를 통해 과잉어획, 과잉 어선을 감축하고, 어업구조조정을 효과적으로 추진하여 효과적인 자원배분이 가능하게 되었고 어민의 소득도 제고되었다.

 1995년과 1999년에 황해와 발해, 동중국해, 남중국해에서 각각 여름 휴어제도를 실시하였고 어종별 조업특성에 따라 휴어기간을 달리 규정하였다. 나아가 2003년 종전 농업부는 양자강 전체 유역에서 하계 휴어제도를 실시하였고, 2018년에는 농업농촌부에서 "황하금어기제도 실시에 관한 통고"를 발표하여 매년 4월 1일 12시부터 6월 30일 12시까지 3개월 간 황하휴어기를 실시하기로 했다.9) 이와 같이 중국의 어업법에서 금어구, 금어기에 관한 어업규제 조치를 취하고 있다는 것은 국내법에서 고도회유성어족 및 소하성어족에 대한 엄격한 보호조치를 취하고 있다는 것을 의미한다.10)

3. 생물다양성 보존 및 자연보호구제도

 생물다양성은 생물(동물, 식물, 미생물)과 환경 그리고 이들의 복합생태계를 포함하는 모든 원천에서 발생한 생물체를 의미한다. 이에는 수백만 종의 동식물, 미생물과 그들이 담고 있는 유전자 그리고 복잡하고 다양한 생태계 등 지구상에 살아 있는 모든 생명을 의미한다. 즉 생물다양성이란 지구상에 존재하는 생명 전체를 의미하는바 인류의 생존과 밀접한 연관성을 가지며, 경제의 지속가능한 발전과 생태적 안전성 유지, 식량 안보 등 현안 문제와 직접적 연관성을 가진다.11)

 중국 야생동물보호법에서는 생물다양성 보존의 필요성에 대해 명확히 규정하고 있으며, 야생동물 보호, 희귀야생동물 구조, 생물다양성과 생태계와의

---

9) 王丰, 黄河渔业生态环境保护现状及建议, 《中国水产》 2020年第1期.
10) 《中华人民共和国渔业法》 第30条.
11) 《中国生物多样性保护战略与行动计划（2011-2030年）》.

균형 유지를 요구하고 있다. 생물다양성에는 고도회유성 어류 자원을 포함하는 해양에서 서식하는 야생동물도 당연히 포함된다.12) 그밖에 해양환경보호법 제3장에서 해양생태 보존에 관한 규정을 두고 있으며 해양생태계의 생물다양성 보존에 관한 규정을 두고 있다.

중국 수생생물자원 보존에 관한 행동강령(中国水生生物资源养护行动纲要)은 수생야생동물의 종에 대해 철저히 조사하여 그 목록을 작성하고, 국내 생물다양성 보전 대책을 수립하여 시행하며, 야생생물보호구역 또는 자연보호구역을 지정하는 등 의미 있는 조치들을 도입하였다. 예컨대 수생야생동물보호구역을 지정하여 창장 돌고래, 철갑상어 등 고도회유성어족 및 희귀야생동식물, 토착 또는 특유의 어류자원 서식지를 보호하고 있다. 또한 국가 중점보호 수생야생동물을 포획하거나 살해하는 행위를 법에서 금지하고 있다.13) 해양환경보호법에서 대표적 해양생태계, 희귀해양생물 밀집지역, 경제적 가치가 높은 해양생물서식지 및 중대한 과학적·문화적 가치를 가지는 해양자연역 사유적 및 자연경관 등 지역을 해양자연보호구역으로 지정하여 관리하고 있다. 즉 해양생태계가 우수하거나 해양경관이 특히 수려하거나 해양보호생물의 주된 서식지, 산란지 및 주요 이동경로 생물다양성이 특히 풍부한 지역을 해양자연보호구역으로 지정한다. 아래에서는 중국의 주요 해역별 생물다양성 보존 및 관리에 관한 내용을 살펴보고자 한다.

첫째, 남중국해의 경우 참치 등 고도회유성어족이 서식하고 있으며, 황다랑어는 서사군도(西沙群岛)남부해역, 북부해역 그리고 중사군도 서북부 3개의 해역에 밀집하고 있다. 어류자원이 밀집되어 있는 지역은 대부분 번식을 위한 장소로 자연보호구로 지정하여 관리를 강화해야 하며, 번식계절에는 어로행위를 금지한다.14)

---

12) 《中华人民共和国野生动物保护法》第1条.
13) 《中华人民共和国渔业法》第37条.
14) 何梦, 论南海高度洄游鱼类资源合作保护机制, 《绍兴文理学院学报》2014年第2期.

둘째, 동중국해에 서식하는 고도회유성어족에는 철갑상어가 있다. 철갑상어는 하천과 해양을 오가는 회유성어족으로서 중국 1급보호야생동물이며, 기존에 3개의 철갑상어보호구역으로 지정되었다. 상해시의 경우 철갑상어자연보호구역을 지정하여 보존 및 관리조치를 취하고 있다. 철갑상어보호구역은 양자강 하구에 위치하여 있으며 생물자원이 풍부하고 어족자원의 생물다양성 보존에 있어서 특별한 가치를 가지는 지역이다. 보호구역의 주요 관리대상은 양자강 하구 철갑상어 및 기타 수생생물과 그들이 서식하는 생태환경이 포함된다. 철갑상어보호구역은 황다랑어가 대규모 서식하고 있는 지역으로, 머무르는 기간이 길고 생리적 조정을 거치는 수역으로 특별한 보존 및 관리조치가 필요하다. 본 보호구역 내에는 철갑상어 외에도 주걱철갑상어(白鲟), 양자강돌고래, 청바다거북, 쇠잔줄고기, 준치, 꺽정이(송강농어), 대모, 향유고래, 밍크고래, 푸른 고래 등 희귀야생동물이 분포되어 있다. 전술한 어종 외에도 기타 야생동물이 회유, 산란, 식이하는 중요한 장소로서 생태적 가치가 높다. 동태철갑상어보호구역(东台中华鲟自然保护区)은 강소성 성급보호구역으로 매년 봄과 여름에 동태수역에서 서식하고 몸집을 키운다. 보호구역 내에 철갑상어번식연구센터를 수립하여 정기적인 종묘방류사업을 추진하고 있다. 양자강 호북 이창 철갑상어 성급자연보호구역(长江湖北宜昌中华鲟省级自然保护)은 이창시 갈주댐(葛洲坝)에서 로가허습지(芦家河浅滩)까지 위치해 있다. 그중 호아탄(虎牙滩) 양측의 가파른 벼랑이고, 폭이 좁으며 물 흐름이 빠른 관계로 하구에 완충구역이 있기 때문에 철갑상어가 서식하기에 적합하다. 철갑상어는 양자강 상류와 금사강 하류에서 산란하고, 어린 물고기는 물의 흐름에 따라 바다로 유입하여 서식한다. 그러나 갈주댐에 의해 일부 철갑상어가 댐 주변수역에서 산란하기 때문에 양자강 호북 이창 철갑상어 성급자연보호구역을 설정하여 철갑상어의 산란지를 보호하고 생태환경을 개선하여야 한다.[15]

---

15) 蔡露, 张鹏等, 我国过鱼设施建设需求、成果及存在的问题, 《生态学杂志》 2020年第1期.

4. 회유통로 건설 및 보존

지난 100년 동안 인간의 활동에 의해 하천생태계가 심각하게 파괴되었다. 우리는 다양한 목적에 의해 하천에 댐, 방죽, 수문을 건축하여 하천의 흐름을 통제하고, 각종 홍수방지 제방을 건축하여 바다로의 유입속도를 증가하였다. 이와 같은 하천개발사업 또는 홍수방제사업들은 하천의 흐름과 하천에 서식하는 수생생물과 동물에 심각한 영향을 미쳤으며 다양한 어종의 서식지를 파괴하고 회유성어족의 이동경로를 차단하였다. 이에 따라 철갑상어 등 회유성어족의 산란지 확보가 어렵게 되었고 이들 생물종을 위협하였다. 예컨대 황하유역 수력발전소 건설로 인해 회유성어족의 회유 경로가 차단되었으며 이러한 어족의 수량 감소 또는 멸종을 초래하게 되었다. 1982년 자원조사에 의하면 뱀장어와 케톱치(잉어과 민물고기)는 이미 오래전에 멸종되었다고 한다.[16]

이러한 문제점을 해결하기 위해 어업법에서 회유어족의 회유경로 확보를 위한 명문의 규정을 두었다. 이에 따르면 어족, 새우, 게 등 회유 통로에 수문, 댐 등을 건설할 시 시설물에 회유성어족의 통과 장치를 설치하거나 기타 효과적인 해결책을 마련해야 한다.[17] 연안공정사업을 추진할 경우 국가 또는 지역의 중점 보호 해양동식물의 서식환경에 주는 영향을 최소화하도록 조치를 취하고, 해양동식물의 서식환경에 중대한 영향을 미칠 우려가 있는 사업은 허가를 거부하도록 규정하고 있다. 다만 국가 또는 지방정부의 정책추진에 의해 반드시 시행해야 하는 경우에는 야생동물보호 행정기관의 동의를 구하여 회유성어족의 서식, 산란을 위한 조치를 취함으로써 당해 어족의 연속을 확보해야 한다. 또한 자연 상태의 만, 항만구역, 수산종묘기지 및 수산양식장 수면과 갯벌, 회유성어족의 산란지, 서식지 등 중요한 회유 경로에서의 연안매립사업을 금지하고 있다.[18] 아울러 수생생물의 회유통로 또는 이동경로, 대나무 운

---

16) 王丰, 黄河渔业生态环境保护现状及建议, 《中国水产》 2020年第1期.
17) 《中华人民共和国渔业法》 第32条.
18) 《防治海岸工程建设项目污染损害海洋环境管理条例》 第7条.

반 통로(竹木流放)에 해당하는 수역에서 영구성 수문 또는 댐을 건설하는 행위를 금지하고 있다. 만약 반드시 댐 또는 수문을 건축해야 하는 경우 시공사는 어족, 선박, 대나무 등이 통과될 수 있는 통로를 별도로 건설하거나 기타 효과적인 해결책을 마련해야 한다.19)

어도(鱼道)란 회유성어족이 통과하는 장치를 의미한다. 어도는 회유성어족의 안전한 이동을 확보하기 위해 댐, 수문과 기타 건축물 주변에 설치하는 것으로 수중건축물에 속한다.20) 기존에 건설된 수력발전소와 새로이 허가를 받은 수력발전소 건설공사는 모두 회유성어족의 통과를 확보하는 어도장치를 설치하였다.21) 의정수로항로정비사업(仪征水道航道整治丁坝群工程)에 관한 연구에 따르면 의정수로는 양자강 중하유에서 서식하는 주요 어종의 정상적인 회유를 확보하기 위해 회유통로장치를 설치하였는데, 이로 인해 매년 번식기에 어미는 산란을 위해 상류로 이동하고, 상류에서 산란 후 어린 물고기는 물의 흐름에 따라 하류로 이동할 수 있게 되었다. 하천의 물 흐름속도는 소하성어족의 회유와 밀접한 연관성을 가진다. 댐정비사업은 소하성어족의 어미 산란을 위한 이동경로를 확보함으로써 댐 건설에 의한 영향을 최소화하였다.22)

회유성어족에 대한 효과적인 보존과 관리를 위해 회유성어족의 이동경로 확보를 위한 조치 외에도 종묘방류, 서식지 보존, 모니터링, 번식에 관한 습성과 생리학적 연구가 필요하다. 대장계(大樟溪) 주변에는 다수의 수력발전소가 위치하여 있으며, 수력발전소 건설로 인해 어족의 서식지와 수생태계가 심각하게 파괴되었고 회유성어족의 이동경로가 차단되었다. 이러한 문제점을 해결하기 위해 생태계 여건과 유사한 생태통로를 건설하기로 계획했다.23) 회유성

---

19) 《中华人民共和国水法》第27条.
20) 蔡露, 张鹏等, 我国过鱼设施建设需求、成果及存在的问题, 《生态学杂志》2020年第1期.
21) 陈凯麒, 葛怀凤等, 我国过鱼设施现状分析及鱼道适宜性管理的关键问题, 《水生态学杂志》2013年第4期.
22) 常留红, 徐斌等, 深水航道整治丁坝群对鱼类生境的影响, 《水利学报》2019年第9期.

어족의 이동경로를 복원하여 단체를 식별하고, 산란지를 지정하기 위해서는 이러한 어족자원에 대한 장기적인 모니터링과 연구가 필요하다. 중국의 고도회유성어족을 연구하는 과학자들은 어류의 내이 속에 들어있는 석회질 돌 즉 이석(耳石)에 대한 분석을 통해 연령을 측정하는 방법을 통해 회유성어족의 분포, 수생태계 및 서식 환경, 이석 미세화학"지문"등 정보에 대해 종합적으로 판단하여 이동 경로를 예측하는 성공하였다[24]. 이와 같이 수생동물의 이동 경로, 분포 규칙, 수생태계 및 주변 환경과의 관계를 기반으로 해당 어족자원을 보존하고 관리하는 것을 생태계기반 수산자원관리를 실현하기 위한 효과적인 방법이다.

아울러 회유성어족의 이동경로를 파악하기 위해 식별표지를 부착, 개체분포 모델 예측, 생물체 조직의 미량원소와 안정 동위분석 추측 등 다양한 방법을 통해 수생생물의 회유 특징과 이동 경로를 파악하고 있다. 이러한 과학적 연구방법과 결과에 의해 도출된 회유성어족의 이동경로 및 서식지 특성을 해양보호구역 지정에 반영함으로써 해양 정책의 효과를 제고할 수 있다.[25]

중국의 야생동물보호법에서도 야생동물 서식환경의 보존 및 관리에 관한 규정을 두고 있다.[26] 야생동물보호법의 규정에 의하면 수생태계의 복원기술 개발을 지원하고,[27] 과학적 관리수단에 근거하여 수생태계를 평가하고 복원할 것을 의무화하고 있다.[28] 나아가 개발자보호의 원칙, 수익자 보상의 원칙, 원인자책임 원칙을 기본원칙으로 규정하고 있으며, 수역 또는 자원을 개발하고 이용하는 자가 자원증식보호비용(资源增殖保护费用)을 지불하도록 한다. 자원증식보호의 목적으로 징수된 비용은 수생태계 및 수생생물자원의 보존사

---

23) 刘锦燊, 从生态学角度谈闸口拦河闸过鱼设施的设计, 《海峡科学》 2019年第5期.
24) 熊瑛, 刘洪波等, 耳石微化学在海洋鱼类洄游类型和种群识别研究中的应用, 《生命科学》 2015年第7期.
25) 马金, 田思泉等, 水生动物洄游分布研究方法综述, 《水产学报》 2019年第7期.
26) 蔡露, 张鹏等, 我国过鱼设施建设需求、成果及存在的问题, 《生态学杂志》 2020年第1期.
27) 《中华人民共和国野生动物保护法》 第12条.
28) 《中国水生生物资源养护行动纲要》 第五部分.

업을 추진하는데 사용되며 수생생물자원 및 수생태계를 파괴한 자는 이에 대한 손해액을 보상하여야 하며, 필요한 조치를 취하여 수생생물자원과 생태계를 복원하여야 한다.29) 아울러 하천을 개발이용하는 자는 환경부담금(环境破坏费用)을 납부하도록 규정하고 있으며 개발자가 생태환경 복원에 필요한 조치를 취하고, 회유성어족의 이동경로를 확보하도록 의무화하고 있다. 환경부담금은 하천의 개발행위로 인해 차단된 어족자원의 이동경로를 복원하거나 건설하는 사업에 사용된다.30)

　회유성어족의 보존 및 관리는 수생태계 복원에 있어서 가장 중요한 부분이다. 그러나 회유성어족은 종류가 다양하고, 어종별 회유의 원인과 특징이 상이한바 다양한 어종에 대한 지속적인 연구가 필요하다. 앞으로 회유성어족의 자체 생리적 특징이나, 회유의 원인, 이동경로 등에 대한 후속 연구를 통해 수생생물자원의 복원을 위해 이론적 기반을 탄탄히 해야 한다.31)

　2018년 3월, 중국 수리부 양자강수리위원회는 "양자강유역 수생태계·환경보존 및 복원 행동방안(长江流域水生态环境保护与修复行动方案)"과 "양자강유역 수생태계·환경보존 및 복원 3년 행동계획(2018-2020)"을 마련하여 양자강유역의 수생태계 및 환경 보존을 위한 정책을 추진하고 있다. 행동계획은 양자강 유역의 생물다양성보존사업을 핵심 과제로 선정하여 어린 물고기 방류사업을 추진하고, 생태계 조사, 하천 간 연결통로 건설 및 개선사업을 추진하고, 생물다양성 보존을 위한 연구사업을 적극 추진하고 있다.32)

---

29) 《中国水生生物资源养护行动纲要》第二部分.
30) 胡望斌, 韩德举, 鱼类洄游通道恢复——国外的经验及中国的对策, 《长江流域资源与环境》2008年第6期.
31) 王美垚, 冯群, 高通量测序技术在主要洄游性鱼类研究中的应用, 《安徽农业科学》 2020年 第2期.
32) 陈锋, 黄道明等, 新时代长江鱼类多样性保护的思考, 《人民长江》2019年第2期.

참고문헌

[1] 陈凯麒, 葛怀凤等, 我国过鱼设施现状分析及鱼道适宜性管理的关键问题, 《水生态学杂志》 2013年第4期.

[2] 白龙, "公海捕鱼自由原则"的限制及思考, 《浙江工业大学学报(社会科学版)》 2012年第2期.

[3] 常留红, 徐斌等, 深水航道整治丁坝群对鱼类生境的影响, 《水利学报》 2019年第9期.

[4] 马金, 田思泉等, 水生动物洄游分布研究方法综述, 《水产学报》 2019年第7期.

[5] 蔡露, 张鹏等, 我国过鱼设施建设需求、成果及存在的问题, 《生态学杂志》 2020年第1期.

[6] 熊瑛, 刘洪波等, 耳石微化学在海洋鱼类洄游类型和种群识别研究中的应用, 《生命科学》 2015年第7期.

[7] 刘锦燊, 从生态学角度谈莒口拦河闸过鱼设施的设计, 《海峡科学》 2019年第5期.

[8] 胡望斌, 韩德举, 鱼类洄游通道恢复——国外的经验及中国的对策, 《长江流域资源与环境》 2008年第6期.

[9] 王美垚, 冯群, 高通量测序技术在主要洄游性鱼类研究中的应用, 《安徽农业科学》 2020年 第2期.

[10] 陈锋, 黄道明等, 新时代长江鱼类多样性保护的思考, 《人民长江》 2019年第2期.

[11] 何梦, 论南海高度洄游鱼类资源合作保护机制, 《绍兴文理学院学报》 2014年第2期.

[12] 王丰, 黄河渔业生态环境保护现状及建议, 《中国水产》 2020年第1期.

[13] 郑曙光, 海洋渔业资源的国际保护, 《浙江水产学院学报》 1987年第6期.

[14] 许立阳著,《国际海洋渔业资源法研究》,中国海洋大学出版社 2008年版,第134页.

[15] 《中华人民共和国水法》

[16] 《中华人民共和国渔业法》

[17] 《防治海岸工程建设项目污染损害海洋环境管理条例》

[18] 《中华人民共和国野生动物保护法》

[19] 《中国水生生物资源养护行动纲要》

[20] 《中华人民共和国野生动物保护法》

환황해 동북아 해양안보 현안과 지역해 자원 보존

10
중국 현대 바다목장기술의 발전 및 연구방법

톈타오(田涛)

중국 현대 바다목장기술의 발전 및 연구방법

톈타오(田涛)*

국문초록

현대화 바다목장은 지속가능한 발전전략의 일환으로 추진되었으며 새로운 해양수산생명자원 확보를 위한 수단이다. 중국은 현대화 바다목장을 통해 수산물 공급구조를 개선하고, 해양경제의 지속가능한 발전을 실현하며, 해양강국 전략을 실현하고자 한다. 본 연구는 참고문헌에 대해 체계적으로 분석하고 바다목장의 최신 연구동향에 대한 검토를 통해 중국의 현대화 바다목장의 개념 및 그 발전과정, 기술체계, 발전 현황에 대해 정리하고자 한다. 나아가 현재 중국의 현대화 바다목장 조성사업의 문제점과 해결책을 제시하고자 한다. 마지막으로 중국의 현대화 바다목장 조성사업의 발전전망에 대해 살펴보고자 한다. 앞으로 중국은 현대화 과학기술의 개발, 해양이용행위의 조정, 산업 간의 통합과 심해저 바다목장 조성사업을 추진함으로써 현대화 바다목장 건설에 관한 과학적 규범을 확립하여 이론적 근거자료를 제공하고자 한다.

키워드 : 현대화 바다목장, 기술체계, 지속가능한 발전, 발전전략

---

* 대련해양대학교 해양과학·환경학과 교수, 수산학 연구.

Ⅰ. 들어가면서

중국은 해양대국으로서 수산업은 현대 농업과 해양경제의 중요한 부분이자 식량안보의 중요한 부분이다. 개혁개방이래 중국 수산업은 급속한 발전을 가져왔으며 수산업 구조가 최적화되어 2018년 중국 수산물 총생산량이 크게 증가하여 6,457.66만 톤에 달하였으며, 수산업 총생산규모는 25,864.47억 위안에 달하였다.[1] 중국의 수산물 생산량은 세계 1위를 차지하고 있으며 어민들의 소득이 크게 증가하여 사회·경제발전을 강력하게 촉진하는 역할을 하였다. 그러나 중국의 해양수산업은 장기간 조방식(粗放式) 으로 발전해왔고 연근해에서의 과도한 남획이 수년간 계속되어 왔다. 관련 통계에 따르면 1990년대에 들어 중국의 연근해 어획량은 총허용 어획량을 초과하였으며 환경오염이 심화됨에 따라 연안 갯벌이 파괴되어 해양수산업의 지속가능한 발전을 심각하게 위협하였다.

전통적인 해양수산업은 연근해 해양생태계를 파괴하고 어업자원을 고갈시켰다. 연근해 어업은 과도한 어획, 해양환경의 오염, 기후변화 등에 따라 급속도로 감소하였을 뿐만 아니라 자원고갈 우려가 증가하고 있다. 한편으로 어획노력량을 감축하고, 수산양식으로 인한 환경오염을 줄이고 육상오염원을 통제하는 등 어업관리수단을 통해 어업자원의 고갈을 어느 정도 완화할 수 있으나 근본적인 문제해결은 불가능하다.

그렇다면 해양환경과 해양생태계를 개선하고 어업자원을 보존하기 위한 현대화 어업생산 모델은 무엇일까? 최근에는 인간과 바다의 조화로운 발전을 실현하기 위한 어업생산방식으로 바다목장이 주목을 받게 되었다. 중국은 바다목장 확대 조성사업을 통해 해양생태계를 복원하고 어업자원을 보존하기 위한 노력을 기울여왔다. 특히 과학기술의 지속적인 발전과 바다목장 조성사

---

[1] 农业农村部渔业渔政管理局，全国水产技术推广总站，中国水产学会编．2019中国渔业统计年鉴[M]．北京: 中国农业出版社，2019．

업에 대한 이해가 심화됨에 따라 중국학자들은 현대화 바다목장이라는 새로운 개념을 제시하였다.

본 연구는 현대화 바다목장사업의 추진 배경, 개념의 정의, 기술체계, 특징에 대해 소개하고 중국의 현대화 바다목장의 발전현황과 주요 문제점을 검토하고자 한다. 또한 중국의 현대화 바다목장 조성에 관한 과학적인 규범체계를 마련하기 위한 대응책을 제시하고 이에 관한 이론적 근거자료를 제공하고자 한다.

II. 현대화 바다목장 개념의 발전과정

1. 인공어초

인공어초는 바다목장 조성에 있어서의 가장 기초적인 생태계 공정(生态工程)으로 해양생태계를 복원하고 어업자원 증진에 기여하는 중요한 수단이다. 인공어초는 2차 세계대전 이후 급속히 발전하였다. 인공어초가 발전하게 된 원인은 매우 다양하다. 예컨대 해양생태계의 심각한 파괴, 어업자원의 감축, 200해리 배타적 경제수역제도의 실시, 육상 폐기물의 재활용 그리고 레저어업의 발전 등이 있다. 세계의 많은 연안국들은 인공어초 조성사업을 추진하였다. 중국은 2000년 이후 바다목장 조성사업을 추진하였다. 2000년 이전에는 인공어초를 바다목장으로 착각하였다. 이와 같이 중국의 바다목장조성사업은 다른 국가에 비교하여 비교적 늦게 시작되었으며, 1979년 인공어초를 시설하기 시작하여 2000년에 들어 급속한 발전을 이루었다. 인공어초 조성사업과 관련하여 중국의 북방지역과 남방지역은 현저한 차이점을 보이고 있다. 남방지역의 경우 대규모 어초군을 조성하여 어류가 서식할 수 있는 환경을 만들어주는 어족유집보존형어초(鱼类诱集养护型鱼礁)를 추진하였고, 북방지역은 대체로 콘크리트 구조물을 바다에 투하하는 등 규모가 작은 인공어초를 조성하였다.

2. 바다목장

1971년 일본 수산청이 발표한 "해양개발심의회"문서에서 "바다목장"이라는 용어가 처음으로 등장하였다. 본 문서에서는 바다목장은 미래 수산업의 기초적 기술체계로서 해양수산생명자원으로부터 지속적으로 식량을 생산할 수 있는 시스템이라고 언급하고 있다.[2] 바다목장의 개념이 등장한 이후 그 의미와 내용이 계속하여 풍부해지고 보완되었으며 사람들은 바다목장에 아름다운 기대를 하게 되었다.

1973년 일본수산학회가 오키나와 국제해양박람회에서 "일본정부 바다목장 발전에 관한 보고서"를 발표하였다. 이에 따르면 인류의 생존을 위해, 해양자원의 지속가능한 개발을 실현하기 위해 과학적 이론과 기술개발을 통해 넓고 깊은 바다에서 키우는 바다목장이다. 1976년 일본해양과학기술센터(JAMSTEC)의 바다목장에 대한 개념정의는 아래와 같다. JAMSTEC 바다목장기술 평가조사 보고서에서 바다목장의 개념에 대한 정의를 두고 있는데 이에 따르면 "바다목장이란 수산업 발전을 통해 식량산업과 해양환경보전사업의 발전에 기여하며, 대규모 수산양식에 관한 기술과 이론을 바탕으로 제도화된 해양관리를 추진하는 것으로 미래 선도형 산업체계이다."고 정의하고 있다. 나아가 1980년 일본 농림수산성이 개최한 수산기술회의에서는 "바다목장화 연구사업"에 대해 논의하였는바 바다목장 조성을 위한 기술을 구체화하고 연근해 바다목장사업을 추진함으로써 다양한 어패류와 회유성어족의 증진에 기여할 것을 주장하였다. 1991년 타키므라 이치므라(市村武美)는 "꿈꾸는 바다목장: 21세기 신형 어업"에서 바다목장은 수산업을 발전시키는 최고의 수단이라고 주장하였다.[3] 같은 해에 개최된 "일미 수생생물서식지 조성 및 연안개발

---

2) 市村武美.夢ふくらむ海洋牧場:200 カイリを飛び越える新しい漁業[M].東京:東京電機大学出版局,1991.
3) 市村武美.夢ふくらむ海洋牧場:200 カイリを飛び越える新しい漁業[M].東京:東京電機大学出版局, 1991.

국제포럼"에서 나카므라쥬(中村充)는 바다목장은 광범위한 해역에서 어족을 기르는 것으로, 물고기의 산란으로부터 어획까지 관리하는 어업체계이라고 정의하였다.4)

한국은 2003년부터 국제사회의 바다목장 조성에 관한 경험을 바탕으로 바다목장(ocean ranching)이라는 개념을 점차 구체화해 나갔다. 한국은 "양식산업발전법"에서는 바다목장이란 특정 해역에서 수산동식물을 보존하는 시설을 설치하여 인공적인 방법으로 길러서 거두어들이는 것을 의미한다고 정의하였다.5)

2001년 노르웨이 베르겐대학교 소속의 Salvanes A G V교수의 저서 "Encyclopedia of Ocean Sciences" 제4장에서 바다목장에 관한 정의를 두고 있다. 본서는 바다목장을 어족자원의 증식, 방류사업으로 인식하고 있다. 즉 대량의 치어와 치패를 방류하여 자연환경에서 길러서 거두어들이는 것으로 어업자원의 총량을 증가하는 효과를 가져 온다. 2003년 Mustafa는 바다목장의 개념을 "경제적으로 중요한 어종뿐만 아니라 해조류와 해초를 방류함으로써 인위적으로 관리하고 길러서 이를 거두어들이는 것이다."고 정의하였다.

2004년 FAO가 발표한 연구보고서 "marine ranching"는 바다목장이란 자원의 증식과 방류라는 내용으로 정의하고 있으며, 2008년 Bell 등 외국 학자들은 "바다목장이란 넓은 해역 또는 하구에서 치어를 방류하는 것이며, 자연환경에서 성장한 어류를 다시 거두어들이는 과정이다"고 정의하였다. 2014년 Kim 등 학자들은 바다목장이란 인공증식을 통한 양식업으로 바다목장은 새로운 형태의 어장에 해당한다고 정의하였다.6)

---

4) 国際海洋科学技術協会.水産生物生息場ならびに沿岸開発に関する日米シンポジウム講演集[C]. 東京:第**5**回国際人工生息場技術国際会議,1991
5) 杨宝瑞,陈勇.韩国海洋牧场建设与研究[M].北京:海洋出版社,2014.
6) Steele J H , Thorpe S A , Turekian K K . Encyclopedia of ocean sciences[M]. New York: Academic Press, 2008; Ohno M , Critchley A T . Seaweed cultivation and marine ranching[M]. Tokyo: JICA, 1993; Taylor M D , Chick R C , Lorenzen K , et al. Fisheries enhancement and restoration in a changing world[J]. Fisheries Research, 2017, 186: 407-412.

중국에서 바다목장사업에 대한 최초의 구상은 중화인민공화국 건립 이전인 1947에 나타났다. 주수핑(朱树屏)은 전국수산회의에서 최초로 "친어와 바다목장" 즉 "수산업의 농장화(水产农牧化)"이라는 개념을 제시하였으며 중국에서는 이러한 목장을 개발하여야 한다고 제언하였다. 1961년 주수핑은 "발해해역 각 하구에 대한 어업 종합조사 보고서(渤海诸河口渔业综合调查报告)"에서 바다에서 인공증식과 목장사업에 대한 내용을 소개하였다. 1963년 3월, 주수핑은 "바다목장사업 개발(大力发展海洋农牧化)"이라는 연설문에서 수산업은 바다에서 이루어지는 농업으로 바다와 호수 등은 어족과 새우 등 수생생물이 서식하는 목장이다.[7]

1978년 이후 증청규(曾呈奎)는[8] 중국이 해양수산업을 발전시킴에 있어서 반드시 "목장화(农牧化)"의 길을 걸어야한다고 주장하였다. 1983년 12월 중국수산과학연구원 남해수산연구소 펑순루(冯顺楼)[9]는 "인공어초 개발을 통해 바다목장을 진흥하는 것은 우리나라 해양수산업의 불가피한 발전추세(发展人工鱼礁开辟海洋牧场是振兴我国海洋渔业的必然趋势)"라는 주제의 논문을 발표하였다. 본 연구는 인공어초에 기초하여 해조장(人工藻场)을 조성하고 어류 방류를 통해 아름답고 풍족한 바다목장을 건설하여야 한다고 주장하였다. 그러나 아쉬운 점은 1990년 이전에 바다목장에 대한 인식은 대부분 인공어초와 인공증식 및 방류 등 단일생태계 프로그램에 머물렀으며 체계적인 바다목장 시스템의 구축과 관리에 관한 인식이 부족하였다. 1990년대에 들어서보다 많은 학자들이 바다목장에 대한 관심을 가지게 되었고 그로 인해 바다목장의 개념이 심화되고 풍부해졌다. 국내 학자들로는 푸은파(傅恩波)[10], 황종

---

7) 朱树屏. 朱树屏文集 [M].北京:海洋出版社, 2007.
8) 曾呈奎.关于我国专属经济海区水产生产农牧化的一些问题 [J]. 自然资源, 1979, (1): 58-64; 曾呈奎.海洋农牧化大有可为 [J]. 科技进步与对策, 1985, (2): 9-10.
9) 冯顺楼.开创海洋渔业新局面的一个重要措施——从我国海洋渔业潜在危机看人工鱼礁建设的必要性[J]. 福建水产, 1983, (4): 20-23.
10) 陈永茂, 李晓娟, 傅恩波. 中国未来的渔业模式——建设海洋牧场[J]. 资源开发与市场, 2000, 16(2):78-79.

국(黄宗国)[11], 장승국(张国胜)[12], 양금룡(杨金龙)[13], 천용(陈勇)[14], 양홍성(杨红生)[15] 등이 있다.

바다목장에 대한 연구가 심화됨에 따라 바다목장은 중국 어업자원의 지속가능한 이용과 수산업의 지속가능한 발전을 실현하는 중요한 수단으로 중요성이 부각되었다. 2015년 농업부 어업어정관리국(农业部渔业渔政管理局)과 중국수산과학연구원에서 공동으로 출판한 "중국 바다목장 발전전략 연구(中国海洋牧场发展战略研究)"에서 바다목장에 대한 개념을 정의하고 있다. 바다목장이란 해양생태계 원리에 기반하여 특정해역에서 인공어초와 증식 방류 등을 통해 해양생물이 산란과 먹이섭취 그리고 서식처, 은식처를 제공함으로써 어업자원을 보존하고 생태환경을 개선함으로써 어업자원의 지속가능한 이용을 실현하는 방법을 뜻한다.[16]

이로부터 알 수 있는바 중국, 일본, 한국 등 국가들은 연안 바다에서 에서의 어업양식을 기반으로 바다목장 조성사업을 추진하고 있으며, 유럽 국가들은 증식방류를 통해 바다목장을 조성한다. 1970년대에 들어서 일본, 한국, 미국, 노르웨이, 러시아, 스페인, 프랑스, 영국, 독일, 스웨덴 등 선진 해양국들은 바다목장을 해양수산업 그리고 해양경제 진흥전략의 핵심과제로 추진하고 있다.[17]

---

11) 黄宗国. 海洋生物学词典[M]. 北京: 海洋出版社, 1994.
12) 张国胜, 陈勇, 张沛东等. 中国海域建设海洋牧场的意义及可行性[J]. 大连水产学院学报, 2003, 18(2): 141-144.
13) 杨金龙, 吴晓郁, 石国锋, 等. 海洋牧场技术的研究现状和发展趋势[J]. 中国渔业经济, 2004, 5: 48-50.
14) 陈勇.现代海洋牧场科技体系构建与研究应用[C]//现代海洋(淡水)牧场国际学术研讨会论文摘要集.赤峰:中国水产学会海洋牧场研究会,2017.
15) 杨红生. 我国海洋牧场建设回顾与展望[J]. 水产学报, 2016, 40(7): 1133-1140.
16) 农业部渔业渔政管理局, 中国水产科学研究院编. 中国海洋牧场发展战略研究[M]. 北京: 中国农业出版社, 2017.
17) Taylor M D, Chick R C, Lorenzen K, et al. Fisheries enhancement and restoration in a changing world[J]. Fisheries Research, 2017, 186: 407-412.

3. 현대화 바다목장

2009년 제1회 전국 인공어초 및 바다목장 학술회의에서 천용(陈勇)은 기존 연구결과를 바탕으로 수년간의 연구결과를 결합하여 "현대화 바다목장" 건설에 관한 이념을 제시하였다. 2012년 11월 22일, 중국과학협회가 주최한 "새로운 관점, 새로운 학설에 관한 학술세미나: 바다목장의 현재와 미래"주제의 학술회의에서 천용(陈勇)은 보다 풍부해 진 현대화 바다목장의 이념을 제시하였고, "현대화 바다목장"의 개점에 대한 정의를 소개하였다. 이는 중국 국내에서 최초로 공개된 "현대화 바다목장" 건설에 대한 구상이다. 이에 따르면 현대화 바다목장이란 생태계에 기반하고 현대 과학기술과 관리이념을 활용하여 생태계가 건전하고, 자원이 풍부하며 품질이 안전한 수산물을 생산하는 현대 수산업의 생산방식을 의미한다.[18] 최근 과학기술 특히 어업장비 개발기술의 급속한 발전으로 인해 중국의 현대화 어업은 비약적인 발전을 가져왔고, 어업과 관련하여 새로운 기술, 방법, 모델이 나타났으며 이들은 어업생산의 구조 업그레이드와 혁신을 촉진하고 수산업 경제 활력 제고를 위해 기여하였다.

그 후 중국정부는 "인공어초 건설에 관한 기술규범(人工鱼礁建设技术规范, SC/T 9416-2014)", "인공어초의 자원보존 효과 평가기술 규범(人工鱼礁资源养护效果评价技术规范, SC/T 9417-2015)", "바다목장 분류(海洋牧场分类, SC/T9111-2017)" 등 관련 규범 또는 기술지침을 마련함으로써 바다목장 조성을 위한 기초 생태공정 즉, 인공어초 조성사업을 규범화하는데 큰 역할을 하였다. 나아가 각 지방정부도 바다목장 조성사업에 관한 지역별 표준을 발표함으로써 규범화된 바다목장 조성사업을 추진하는데 중요한 역할을 하였다. 2016년 렌윈강(连云港)시는 중국 국내 최초로 지방조례인 "렌위강시 바다목장 관리조례(连云港市海洋牧场管理条例)"를 발표하였다. 이러한

---

18) 中国科协学会学术部编. 新观点新学说学术沙龙文集-海洋牧场的现在和未来[M]. 北京: 中国科学技术出版社, 2013.

국가입법과 지방정부 조례의 발표는 중국의 현대화 바다목장 관리가 제도화되고 규범화되었음을 의미한다.

[그림-1] Concept map of modern marine ranching

III. 현대화 바다목장의 기술체계

국내외 해양수산업의 발전 현황 및 발전 추세를 살펴보면 현대화 바다목장 조성사업을 통해 전통적 수산업에서 현대 수산으로의 전환, 어업자원소비형 (水产资源消耗型)에서 자원관리형(资源管理型) 수산업생산방식으로 전환할 수 있다. 현대화 바다목장은 장소와 관리방법에서 전통적인 어로어업, 양식업, 증식사업과 큰 차이를 보이고 있다. 현대화 바다목장은 가두리(网箱), 부벌(浮筏), 양식어선 등을 활용하여 바다에서 양식하는 방법으로서 생태계의 복원과 생물자원의 보존과 증식의 효과를 동시에 가져온다. 또한 친환경적인 어획방법과 기술을 활용하여 어업의 지속가능한 이용을 추진하는바 이는 생태계,

생물, 생산 등 모든 과정에 대한 과학적인 관리 프로세스이다.

현대화 바다목장 조성사업에는 8개 핵심 기술이 포함되는데 이에는 서식처 건설기술, 종묘생산 기술, 증식방류 기술, 치어 훈련기술, 환경 모니터링 기술, 생태계 조절 기술, 선택적 어획기술 그리고 바다목장 관리방법 및 기술이 포함된다. 그중에서 서식처 건설기술이란 인공어초와 인조 해조장 등을 시설하여 해양생물의 서식공간을 제공하는 기술이다. 수산종묘 생산 기술이란 어패류 종묘를 방류하여 해역 내 수산자원을 증대시키는 기술이다. 증식방류기술이란 수산종묘 방류 후의 생존율과 어획률을 높이는 기술로서 중간 육종기술, 물고기 훈련기술, 적합한 장소 지정에 관한 기술, 방류 규모 및 방류량 확정 기술, 추적 기술, 효과 평가기술 등이 포함된다.

치어 훈련기술이란 물고기가 모여살 수 있는 최적의 환경을 조성해 치어 때부터 음향기기를 통해 먹이를 줄 때마다 동일한 음파를 보내는 조건반사를 이용하여 물고기를 훈련시켜 정착을 유도해 지속적이고 환경 친환경적인 수산자원을 생산할 수 있도록 하는 새로운 양식어업을 말하는 것이다.

환경 모니터링 기술이란 바다목장 주변에 환경 모니터링을 위한 관측기기를 설치하여 오염여부를 측정하고 과학적으로 관리하는 것이다. 생태계 조절 기술이란 바다목장에 양식하는 어류의 포식자를 제거하거나 생태 먹이사슬을 보충하는 기술로서 생태계 균형 유지를 위한 통제기술과 바닷물의 영양염 조절 등 기술이 포함된다. 바다목장 관리방법 및 기술이란 생태환경과 어업자원에 대한 통합관리 방법 및 기술을 의미한다. 이에는 인터넷, 사물인터넷(IOT, 物联网), 인공지능 등 첨단기술이 포함된다.

전술한 8개의 기술은 현대화 바다목장 기술시스템의 핵심요소이다. 해양목장의 종류에 따라 해양환경과 자원 현황을 종합적으로 고려하여 적합한 기술을 선정하여야 하며, 해역생태계 복구와 최적화를 실현하고 어업자원 보존과 자원증식을 최종 목적으로 한다.

Ⅳ. 현대화 바다목장의 특징

현대화 바다목장은 전통 바다목장과 다르며 전통적인 양식업, 어획 및 증식과도 현저한 차이점을 보이고 있다. 현대화 바다목장은 다음과 같은 5 가지 특징이 있다.

첫째, 해양생태계를 우선하여 관리한다. 해양생태계에 기반하여 바다목장을 조성하는 것은 현대화 바다목장의 가장 기본적인 특징의 하나이다. 현대화 바다목장을 조성함에 있어서 바다목장의 시설, 어업생산, 레저오락 등 관련 활동을 연계함으로써 해양 생태계의 안전을 유지한다. 또한 생태계 균형 유지, 생태계 보존을 목표로 생물자원의 다양성을 확보하고 생태 환경을 개선하고자 한다. 따라서 바다목장에서 인공어초를 시설하거나 물고기를 어획하거나 하는 행위는 생태환경과 자원을 파괴해서는 안 된다.

둘째, 체계적인 관리이다. 현대화 바다목장은 물고기의 서식환경 조성, 환경오염 규제, 종묘 생산, 종묘 방류, 바다적응 훈련, 어획관리, 재해 관리 등 다양한 기술을 유기적으로 통합한 관리시스템이다. 즉 바다목장 주변해역과 생물자원에 대한 통합적인 관리를 통해 안전하게 운영하는 통합관리이다.

셋째, 생물다양성 보존이다. 바다목장의 관리대상에는 연안바다의 어패류와 근해에서 서식하는 어족 및 회유성어족 등이 포함된다. 또한 바다목장 및 주변해역에 존재하는 생물자원 외에도 해양생태계 안전을 지키고 생태계 다중 기능성을 유지함에 있어서 필요한 다양한 영양 레벨에서의 생물다양성을 보존하는 방법이다. 이러한 점은 현대화 바다목장이 단일한 어종을 양식하는 전통 양식업과 차별화되는 부분이다.

넷째, 양식수역의 광역성이다. 현대화 바다목장을 이해함에 있어서 "장소"와 "공간"의 범위를 우선 명확히 하여야 한다. 바다목장이란 특정한 해역이나 해양공간에서의 어업활동을 의미한다. 즉 해양공간의 범주에서 해역의 표층, 중층, 저층 등 해역 전체에서 이루어지는 어업활동을 포함한다. 현대화 바다목장은 대상 해역에 적합한 다양한 생물자원을 조성하는 것으로 입체적인 자원 조성 시스템이라고 할 수 있다.

다섯째, 기능의 다양성이다. 전통 양식업과 어업생산은 하나의 생산기능만 가지고 있지만 현대화 바다목장은 생태계 복원, 어업자원 보존, 어업생산 증대, 수산업의 온실가스 흡수(渔业碳汇), 과학연구, 교육 및 홍보, 레저어업, 관광 등 다양한 기능을 겸하고 있으며 이로 인한 생태적 효과, 경제적 효과, 사회적 효과를 동시에 실현할 수 있다.

V. 현대화 바다목장의 발전 현황

1. 전통 바다목장

1970년에 말부터 2000년대 초반까지 중국은 인공어초 시설사업과 해양생물 증식방류에 기반한 전통적 바다목장 조성사업을 추진하였다. 1979년 광시 쫭족자치구 베이부만(北部湾)해역에서 중국 국내 최초로 인공어초 실험연구를 추진하였다. 그 후 광동성, 요녕성, 산동성, 절강성, 복건성, 광서성 등 연해지역에 위치한 지방정부에서 인공어초 시설을 위한 시범연구를 수행했다. 인공어초 시범연구의 효과가 성공적이였지만 재정지원이 부족하여 대규모 사업추진이 어려웠다. 2000년에 들어서 어업자원의 지속가능한 이용과 어업자원 보존의 중요성이 강조되면서 중국에서 바다목장 조성사업이 주목을 받게 되었으며, 바다목장 조성사업과 과학기술연구도 큰 성과를 거두었다. 2002년 광동성 인민대표대회는 8억 위안 규모의 지방재정을 투입하여 인공어초를 시설하였다. 이는 2002년 기준 중국에서 최대 규모의 인공어초 사업이었다. 이와 동시에 요녕성, 산동성, 하북성, 강소성, 절강성, 복건성, 광서쫭족자치구 등 연안지역에서 연안 바다에서의 바다목장 조성사업이 추진되었다.

증식방류사업은 1980년에 시작하여 30여 년간 지속되었으며 방류 어종은 고품질의 어패류와 해조류, 해삼과 전복 등 해진품(海珍品) 등 100여 종에 달한다. 증식방류사업은 어업자원의 복원과 생태환경 개선에 긍정적인 역할을 하여 왔고 어업자원의 지속가능한 발전을 위해 기여하였다.

2015년 연말 기준 중국정부는 바다목장조성사업에 49.8억 위안의 재정을 투입하였으며 인공어초를 시설하고 패류종묘를 뿌리고, 수산종묘를 방류하였다. 이러한 노력으로 전국 연안 바다에서 233개, 852.6㎢ 면적에 달하는 바다목장을 시설하였다. 바다목장에 시설된 인공어초 시설의 총면적은 609.4㎥이며, 인공어초를 시설한 연안 바다의 면적은 619.8㎢ 이다.

"어업자원의 증식 평가방법(漁業资源增殖评估方法)"과 "바다목장 주변해역의 생태계 서비스 기능평가모델(海洋牧场生态服务功能评估模型)"에 따라 계산된 중국의 연안 바다에 시설한 바다목장의 연간 경제수익(레저어업소득, 증식·양식 소득, 관광소득 등)은 319.2억 위안에 달하며 연안 생태계 이익(수질정화 및 조절, 생물 조절 및 통제, 기후변화 조절, 대기질 정화 등)은 603.5억 위안에 달한다. 아울러 연간 탄소 격리량(固碳量)은 19.4만 톤, 질소 감축량(消減氮)은 16,844톤, 린 감축량(消減磷)은 1,684톤에 달한다. 이처럼 중국은 바다목장 조성사업을 통해 현저한 생태적·사회적·경제적 이익을 가져왔다.

2015년부터 중국 농업부는 국가급 바다목장 시범사업을 추진하여 바다목장 조성사업을 핵심으로 지역해 어업자원을 보존하고 생태환경과 어업생산을 통합적으로 관리하기 시작하였다. 2019년까지 총 4차례에 걸쳐 국가급 바다목장 시범구 86개소를 승인하였다. 바다목장 시범사업에서 얻은 경험과 노하우를 통해 전국 해역에서 바다목장 조성사업을 활발히 추진하고 있다.

지금까지 추진된 국가급 바다목장 시범구사업은 주로 다음과 같은 3가지로 구분할 수 있다. 첫째, 생태환경의 개선과 어업자원 보존, 희귀종 및 멸종위기 생물자원 보존을 목적으로 하는 보존형 바다목장(养护型海洋牧场)이다. 둘째, 어업자원 증식과 어업생산 증대를 목적으로 하는 증식형 바다목장(增殖型海洋牧场)이다. 셋째, 레저오락과 어업관광을 주된 목적으로 하는 레저형 바다목장(休閑型海洋牧场)이다. 그중 북방지역에 위치한 산동성, 요녕성, 하북성은 기업 주도로 진행되었으며, 해삼, 전복, 성게 등 해진품(海珍品) 증식을 통한 증식형 바다목장으로 경제적인 효과가 현저하다. 남방지역에 위치한 지방정부는 주로 정부 주도형 바다목장 조성사업을 추진하였으며 보존형 바다목장 조성사업을 추진하고 있다. 또한 북방과 남방 그리고 지역별 해양 현황과 자연자원 요건의 차이점으로 인해 지역 실정에 적합한 레저형 바다목장사업을 추진하고 있는데 레저형 바다목장사업은 친환경산업으로 높은 관심을 받고 있으며 관련한 산업전망이 밝다.

2. 현대화 바다목장

현대화 바다목장 연구는 2008년부터 시작되었다. 중국의 대련해양대학교(大连海洋大学)가 연구 책임을 맡고 장즈도그룹주식유한회사(獐子岛集团股份有限公司), 금주시해양어업과학연구소(锦州市海洋与渔业科学研究所), 북경과학대학교(北京科技大学) 등 기관과 기업이 공동으로 참여하였다. 현대화 바다목장과 관련하여 본교 연구진은 국가해양공익산업 과학연구과제인 "생태계에 기반한 바다목장 핵심기술 연구 및 시범연구(基于生态系统的海洋牧场关键技术研究与示范)"를 수행하였으며, 농업부 948계획사업 "바다목장 핵심기술 도입과 혁신(农业部948计划项目"海洋牧场关键技术引进与创新)", 요녕성 과학기술분야 연구과제 "요녕성 연안해역 어업자원 보존형 바다목장 조성에 관한 기술연구 및 시범연구"를 수행함으로써 인공어초의 서식처 환경 개선기술, 어류의 바다적응 훈련 기술, 해진품(海珍品) 증식방류기술, 바다목장 환경 모니터링 및 분석 기술, 친환경 어획기술 등 다양한 분야의 기술연구를 추진하였고 이러한 기술을 바탕으로 대규모 현대화 바다목장 시범구를 설립하여 운영하는 등 성과를 도출하였다. 이러한 연구는 중국 국내 최초의 바다목장에 대한 통합적이고 체계적인 연구로서 국제적 연구 경쟁력을 확보하였다는 점에서 큰 의미를 가지며, 인공어초 구조물의 신재료 연구개발을 비롯한 시범사업 추진에 있어서도 세계 선진수준에 도달하였다.

그밖에 2010년 중국수산과학연구원 남중국해수산연구소에서 수행한 공익사업(농업)분야 연구과제인 "인공 바다목장의 효율적 이용을 위한 기술연구에 관한 시범사업(人工海洋牧場高效利用配套技術模式研究与示范)", 2017년 중국과학원 해양연구소에서 수행한 중국과학원 핵심과제 "해양생태목장 조성에 필요한 핵심기술 개발 및 시범연구(高效海洋生态牧場关键技术集成与示范)" 등 활발한 연구개발 및 연구과제 수행은 중국의 현대화 바다목장 조성을 위한 기술개발이 기대 이상의 성과를 거두었다.

나아가 바다목장 과학기술 연구 및 학술교류의 장을 만들어 학술 교류를 추진하고 있다. 대련해양대학교는 2006년 요녕성 바다목장공정기술연구센터를 설립하여 국내 최초 바다목장 공정기술에 관한 연구 플랫폼을 구축하였다. 2014년 4월, 중국수산과학연구원 남해수산연구소 산하에 바다목장기술 중점실험실을 설치하였고, 2018년에는 황해수산연구소에 바다목장공정기술연구센터를 설립하여 과학기술분야의 활발한 연구를 지원하여 왔다. 2016년 중국수산학회는 대련해양대학교를 거점으로 바다목장연구회를 설립하였으며, 2017년 7월 대련해양대학교는 50여개 연구기관과 기업을 초대하여 국가 현대화 바다목장 기술혁신 연맹(国家现代海洋牧場科技创新联盟)을 구축하였다. 같은 해 9월 농업부 어업어정관리국, 전국 수산기술보급센터를 설립하여 농업부 바다목장 관련 전문가 자문위원회를 구성하였다. 이처럼 바다목장 과학기술분야의 교류를 위한 플랫폼과 자문기구를 설립함으로써 중국의 현대화 바다목장 조성을 위한 과학, 규범과 질서를 확립하는데 기여하고 있다.

수년간의 연구개발을 통해 현대화 바다목장 건설에 필요한 신소재, 신기술, 장비 개발에 소정의 성과를 거두었다. 예컨대 인공어초 시설물의 신소재개발[19], 인공어초 음향탐측신기술,[20] 해상 부유식 인공어초[21], 해조장의 대규

---

19) 宋蒙蒙, 赵林. 建筑废料应用于人工鱼礁的研究[J]. 建筑经济, 2014, 35(12):105-109; 李霞,赵敏,陈海燕, 等. 多种废弃材料在混凝土人工鱼礁中的研究[J]. 混凝

모 복원 및 영양기술,22) 종묘육성 및 우량품종 개발기술,23) 증식방류표지 신기술,24) 바다목장에서의 어업자원 음향조사 및 평가기술,25) 치어 바다적응

土,2016(7):149-152,156; 李娇, 公丕海, 关长涛, 等. 人工鱼礁材料添加物碳封存能力及其对褶牡蛎(Ostrea plicatula)固碳量的影响[J]. 渔业科学进展, 2016, 37(6): 100-104; 刘爱霞. 生态混凝土制作人工鱼礁的研究介绍[J]. 农技服务, 2016, 33(18): 107-110; 姜云鹏,高峰.海洋生态材料研究及应用综述[J].中国水运,2015,15(3):247-249; 姜昭阳, 梁振林, 刘扬. 滩涂淤泥在人工鱼礁制备中的应用[J]. 农业工程学报, 2015,31(14):242-245; 高潮, 乔永梅, 蒋晓宁, 等. 粉煤灰人工鱼礁试验研究[J]. 粉煤灰, 2014(2):4-6; 李颖, 倪文, 陈德平, 等. 冶金渣制备高强人工鱼礁结构材料的试验研究[J]. 材料科学与工艺, 2013, 21(1):73-78; 倪文,李颖, 陈德平,等.冶金渣制备生态型人工鱼礁混凝土的试验研究[J].土木建筑与环境工程,2013,35(3):145-150.

20) 倪文,李颖,陈德平,等.冶金渣制备生态型人工鱼礁混凝土的试验研究[J].土木建筑与环境工程, 2013, 35(3): 145-150; 沈蔚, 章守宇, 李勇攀, 等. C3D测深侧扫声呐系统在人工鱼礁建设中的应用[J]. 上海海洋大学学报, 2013, 22(3):404-409; 刘永虎, 刘敏, 田涛, 等. 侧扫声纳系统在石料人工鱼礁堆积体积估算中的应用[J]. 水产学报, 2017, 41(7):1158-1167; 刘敏. 利用侧扫声纳对大型藻类的藻场资源量评估的研究[D].大连海洋大学硕士论文, 2017; 李东, 唐诚, 邹涛, 等. 基于多波束声呐的人工鱼礁区地形特征分析[J]. 海洋科学, 2017, 41(5): 127-133.

21) 张丽珍, 王江涛, 胡庆松, 等. 近海中上层柔性浮鱼礁设计与应用[J]. 上海海洋大学学报, 2016(4):613-619; 沈卫星. 智能化浮式聚鱼装备研发与试验[D].上海:上海海洋大学, 2016.

22) 周岩岩, 李纯厚, 陈丕茂, 等. 龙须菜海藻场构建及其对水环境因子的影响[J]. 生态科学, 2011, 30(6): 590-595; 章守宇, 孙宏超. 海藻场生态系统及其工程学研究进展 [J]. 应用生态学报, 2007, 18(7):1647-1653; 姚天舜. 青浜大型海藻类生态分布与人工海藻场生境构造技术[D]. 舟山：浙江海洋大学，2017; 潘金华. 大叶藻（Zostera marina L.）场修复技术与应用研究[D].青岛：中国海洋大学, 2015; 潘金华, 江鑫, 赛珊, 等. 海草场生态系统及其修复研究进展[J]. 生态学报, 2012, 32(19):6223-6232.

23) 孟振, 刘新富, 雷霁霖. 略论我国海水鱼类苗种繁育和种质改良的研究[J]. 渔业信息与战略, 2012, 27(3):224-231; 孙慧玲. 刺参苗种繁育研究与产业现状以及存在问题[C]//"全球变化下的海洋与湖沼生态安全"学术交流会论文摘要集.南京:中国海洋湖沼学会,2014; 曹学彬,王福辰,刘佳亮, 等. 刺参速生耐高温品系生长性能及高温期摄食性能分析[J]. 大连海洋大学学报, 2019, 34(5): 623-628.

24) 司飞, 王青林, 于清海, 等. 基于投喂法的牙鲆耳石锶标记[J]. 渔业科学进展. 2019, 40(4): 65-72; 徐开达, 徐汉祥, 王洋, 等. 金属线码标记技术在渔业生物增殖放流中的应用[J]. 渔业现代化, 2018, 45(1): 75-80; 周辉霞, 甘维熊. 鱼类标记技术研究进展及在人工增殖放流中的应用[J]. 湖北农业科学, 2017, 56(7): 1206-1210; 周珊珊, 王伟定, 丰美萍, 等. 贝类标志技术的研究进展[J]. 浙江海洋学院学报:自然科学版, 2017, 36(2):172-179; 贺海战. 渔业资源增殖放流技术及效果评价方法[J]. 河南水产, 2017(5):3-4,8.

25) 聂永康, 陈丕茂, 周艳波, 等.水生生物增殖放流生态风险评价研究进展[J]. 生态科学, 2017, 36(4): 236-243; 王欢欢, 毕福洋, 曹敏, 等. 獐子岛海洋牧场秋季渔业资源声学调查与评估[J]. 大连海洋大学学报, 2018, 33(6): 802-807; 郭栋, 董婧, 付杰, 等. 基于双频识别声呐的东港大鹿岛人工鱼礁调查研究[J]. 海洋湖沼通报, 2018, (2):

훈련기술26) 해양음향학을 통한 추적 기술,27) 생태적 어구 설계 및 개선,28) 바다목장 인공지능 관측 및 분석체계,29) 바다목장 가시화 기술30) 등 기술이 포함된다. 그밖에 바다목장에 관한 다양한 기능과 관련 시설의 개발 및 응용으로 인해 바다목장 조성에 관한 기계화, 자동화, 인공 지능화 수준이 향상되었다. 비록 신소재, 신기술, 신공정, 신방법 등이 바다목장 조성사업 추진에 있어서 모두 활용되는 것은 아니지만 바다목장의 연구수준 향상에 큰 의미를 가진다. 중국의 바다목장조성사업은 인공어초 시설과 증식방류를 핵심으로 하는 전통 바다목장으로 기술수준은 시급히 개선되어야 한다.

41-48; 李斌, 汤勇, 孙建富, 等. 基于声学方法的黄河三门峡水库渔业资源空间分布研究[J]. 大连海洋大学学报, 2016, 31(5): 563-571.

26) 邢彬彬, 殷雷明, 张国胜, 等. 鱼类的听觉特性与应用研究进展[J]. 海洋渔业, 2018, 40(4): 495-503; 殷雷明. 大黄鱼声诱集行为反应与机理研究[D]. 上海：上海海洋大学, 2017; 侍炯, 钱卫国, 唐振朝, 等. 150 Hz矩形波断续音对褐菖鲉音响驯化的试验研究[J]. 大连海洋大学学报, 2014, 29(5): 514-519; 梁君, 陈慧慧, 王伟定, 等. 正弦波交替音对黑鲷音响驯化的实验研究[J]. 海洋学研究, 2014, 32(2): 59-66; 张国胜,杜国升,陈勇,等.音响驯化仪:中国,CN201010291387,2[P].2012-06-06; 陈帅, 黄洪亮, 张国胜, 等. 音响驯化对鱼类有效作用范围的研究[J]. 渔业现代化, 2013, 40(1): 36-39; 田方,黄六一,刘群,等.许氏平鲉幼鱼优势音响驯化时段的初步研究[J].中国海洋大学学报, 2012,42(10):47-50,124; 张磊. 海洋牧场鱼类驯化技术研究及装备设计[D]. 上海海洋大学博士论文, 2014; 马丁一, 邢彬彬, 齐雨琨, 等. 气泡幕对大泷六线鱼的阻拦效果[J]. 大连海洋大学学报, 2016, 31(3): 311-314.

27) 王志超, 陈国宝, 曾雷, 等. 防城港人工礁区内5种恋礁鱼类的声学标志跟踪[J]. 中国水产科学, 2019, 26(1): 53-62.

28) 张国胜, 杨超杰, 邢彬彬. 声诱捕捞技术的研究现状和应用前景[J]. 大连海洋大学学报, 2012, 27(4): 383-386; 李明智, 张光发, 李秀辰, 等. 虾夷扇贝捕捞网具的改进及应用效果[J]. 农业工程学报, 2013, 29(11): 52-60; 马文昭. 扇贝捕捞网具的改良设计[J]. 大连海洋大学学报, 2009, 24(5): 429-435.

29) 石尧,李晖,杨永钦,等.海洋牧场多参数智能监测系统设计与实现[J].传感器与微系统, 2017,36(9):70-72,76; 王志滨, 李培良, 顾艳镇. 海洋牧场生态环境在线观测平台的研发与应用[J]. 气象水文海洋仪器, 2017, (1): 13-17; 邢旭峰, 王刚, 李明智, 等. 海洋牧场环境信息综合监测系统的设计与实现[J]. 大连海洋大学学报, 2017, 32(1): 105-110; 花俊, 胡庆松, 李俊, 等. 海洋牧场远程水质监测系统设计和实验[J]. 上海海洋大学学报, 2014, 23(4):588-593.

30) 刘勇虎. 海洋牧场可视化系统的构建[C]//全国人工鱼礁与海洋牧场学术研讨会论文集. 腾冲:中国水产学会,2009.

VI. 현대화 바다목장 발전에 있어서의 문제점 및 해결책

1. 문제점

1) 바다목장조성에 관한 계획 부재

현대화 바다목장은 과학 연구를 바탕으로 하는바 사전의 과학적 조사와 연구가 필요하다. 전문적인 과학기술연구와 해양조사를 바탕으로 과학적인 바다목장 조성계획을 마련하고 계획에 따라 추진되어야 한다. 그러나 일부 지역은 바다목장조성사업을 추진함에 있어서 과학적 연구가 부족하고, 전문 인력이 부족하며, 재정지원이 부족한 상황에서 사업추진 전에 종합적인 연구와 기초조사 없이 바다목장사업을 추진하여 왔고, 과학적인 계획이 없이 맹목적으로 추진된 관계로 기대효과에 미치지 못했다.

주지하는 바와 같이 모든 해역이 바다목장 조성사업을 추진하기에 적합한 것은 아니다. 특히 인공어초 시설과 관련하여 어초 투하 장소 선정, 어초 시설물의 구조의 적합성 등을 고려하여 해역의 자연환경 여건에 적합한 장소를 선정하고 어초를 시설하여야 한다. 만약 모든 해역에서 같은 방법으로 바다목장을 조성한다면 인공어초의 생태계 개선 기능, 어업자원 보존 기능을 할 수 없으며 심지어 인공어초 시설물의 침몰 및 매립 등 심각한 문제가 발생하게 된다. 또한 정보화, 지능화, 체계화, 생태계 등 현대화 바다목장 조성방법 및 기술이 본래의 기능을 할 수 없게 된다.

2) 일부 핵심기술 축적 미흡

수년간의 기술연구 개발을 통해 바다목장 조성에 관한 기술개발이 큰 진전을 이루었으나 체계적인 기술체계를 형성하지 못하였다. 수년간의 바다목장 연구와 기술개발을 통해 소정의 연구성과를 거두었으나 현대화 바다목장 기술체계를 구축하기에는 역부족이다. 특히 바다목장 조성사업에 관한 핵심기술 개발에 미진한 부분이 있는데 예컨대, 대규모 해조장 및 해중림을 조성하는 기술, 특정 해양환경에 적응할 수 있는 인공어초 시설, 대량 우량품질의 종묘 육성과 번식 등 효율적인 증류방식기술, 먹이사슬에 기반한 해양환경의 수용능력 평가 및 제고에 관한 기술, 연구 대상 생물종의 행위 통제 및 추적에 관한 기술, 바다목장 생물자원에 대한 조사와 정확한 평가기술, 친환경적이고 선택적인 어획기술과 어구어법, 다차원 환경정보 관측 및 인공지능화 예보기술 등에 대한 자주적 기술개발이 부족하다.

3) 바다목장 사후관리 및 관측평가기술 부족

바다목장 조성 이후 재원 부족 등 원인으로 인해 사후관리와 관측평가업무가 이루어지지 않고 있다. 이로 인해 바다목장 조성사업에 대한 일관된 표준이 없으며 바다목장의 자원증식 효과에 대한 과학적인 평가가 어려우며 궁극적으로 지속가능한 현대화 바다목장 조성이 어렵게 된다.

4) 바다목장 사후관리의 미흡

바다목장의 사후관리는 해당사업의 성패를 결정할 만큼 중요한 역할을 한다고 해도 과언이 아니다. 그러나 실제로 사업주체는 바다목장 초기 조성사업을 중시하고 사후관리를 소홀히 하는 경향을 보이고 있다. 예컨대, 일부지역의 인공어초 해역에서 일상정인 관리·감독을 소홀히 한 이유로 법적으로 금지하고 있는 어구와 어법으로 어획함으로써 어업자원을 파괴하고 해양생태계를 파괴하는 현상이 발생하고 있다. 자주 이용하는 불법 어구에는 트롤과 저인망이 있으며, 어업에는 전기로써 물고기에 충격을 주는 낚시 방법이 있다. 이러한 불법행위로 인해 인공어초 시설물이 파괴되고 복원 중에 있은 해양생태계와 어업자원이 2차 파괴를 입음으로써 바다목장 조성 효과를 무의미하게 만든다. 특히 공익성 바다목장수역의 관리가 가장 어려운데, 바다목장관리에 관한 법률이 미비한 관계로 효과적인 운영과 관리가 불가하다.

5) 바다목장 조성 및 유지에 관한 재원 부족, 재원조달 및 지속적인 자금투자 부족

바다목장 조성사업의 시설물과 관측장비 등에 대한 투자가 턱 없이 부족하다. 한정적인 재정지원으로 바다목장 조성사업을 추진하다 보니 지속적인 투자와 유지가 어려우며, 지역 경제발달 수준이 낮은 지방정부에서는 재정지원이 부족한 관계로 대규모 바다목장 조성이 더욱 어렵고 어업자원 증식의 효과와 생태계 복원의 효과 또한 제한적이다. 그밖에 인공어초 시설 후의 자원과 해양환경에 대한 조사와 평가, 증식방류, 현대적 사후관리 등이 이루어지지 않고 재원이 부족한 문제점이 나타나고 있다. 더욱 심각한 것은 대부분 지역에서 바다목장 조성사업의 재원 중 대부분을 초기 시설물과 장비 구입에 투자하고, 사후관리와 지속적인 평가와 유지에 대한 비용은 적은 예산으로 추진하고 있다. 이와 같이 비합리적인 예산배분은 지속가능한 바다목장 조성을 어렵게 하고, 사후관리의 부실성, 생태계에 대한 평가 및 유지 관리가 불가능하게 만든다.

6) 산업체인(产业链条)이 짧고 연계 산업 혁신 부족

현대화 바다목장은 생물자원의 생산, 인공어초와 장비개발 및 제조, 레저관업어업 등 1차, 2차, 3차 산업이 융합되어 효과적으로 발전되어야 한다. 그러나 현 단계에 있어서 해양수산물의 생산, 인공어초 시설과 장비개발 및 제조 등 1차산업과 2차산업이 활발한 발전을 이루고 있고 3차산업의 발전을 미진하다. 앞으로 바다목장 조성사업과 연계하여 물류 및 창고를 건설하고, 인터넷을 활용한 판매통로 개척, 해양문화에 대한 홍보와 교육·홍보 등 3차산업을 중점으로 발전시켜야 한다. 1차, 2차, 3차산업이 융합되어 안정적으로 발전할 수 있는 목표를 실현하는 것은 바다목장조성사업의 최종 목표이다.

2. 해결책

첫째, 바다목장 조성사업 수행 전의 과학조사와 평가를 강화하고 과학적·합리적 현대화 바다목장건설계획을 수립하여야 한다. 바다목장건설계획에는 사업의 목표, 입지 선정, 사업의 주요 내용, 임무, 절차, 사후관리 및 평가, 관리수단 등을 확정하여야 한다. 바다목장 조성사업의 초기 목표와 성과를 달성하기 위해 진행과정에 대한 감독도 필요하며, 과학적으로 조성하고, 과학적으로 관리하고 운영하여야 한다.

둘째, 현재 바다목장 조성사업을 추진함에 있어서 혁신성이 부족하다. 앞으로 국가급 바다목장과학기술연구 플랫폼을 구축하고 바다목장 전문인력 양성을 지원하며, 국제 학자들과의 기술교류와 협력을 통해 인적 네트워크를 구축함으로써 자주적인 창의력과 혁신력을 강화하여야 한다. 또한 인적·물적 자원의 통합을 통해 기술적인 어려움을 해결하고 핵심기술 개발에 성공함으로써 바다목장 조성사업을 위한 기술적 지원을 제공하여야 한다.

셋째, 바다목장 사후관리에 필요한 관측 및 평가를 강화하고 바다목장 조성효과에 대한 평가기준을 마련하여야 한다. 바다목장을 조성한 후 어업자원과 환경에 대한 정기적인 조사, 관측평가를 통해 지속가능한 바다목장을 실현하고, 기술력과 연구능력을 겸비한 전문기관에 장기적인 관측평가업무를 의뢰하여 바다목장 효과에 대해 객관적 평가와 과학적 사후관리를 위한 과학적 근거를 제공하여야 한다. 아울러 바다목장 사후관리 및 조사, 평가를 위한 특별재원 마련이 필요하다.

넷째, 바다목장 주변해역에 대한 관리를 강화하고 바다목장관리체계를 구축하며, 바다목장 조성 및 사후관리에 관한 법률을 제정하여야 한다. 바다목장의 관리체계 구축과 법제화를 통해 관리의 효율성을 제고하고 해양생태계와 해양환경, 해양생물자원을 동시에 보존하는데 기여하여야 한다. 아울러 바다목장조성사업을 통해 해양환경과 해양생태계 보존에 관한 국민 인식을 강화하고, 이에 관한 교육과 홍보사업을 추진함으로써 어민과 일반 대중의 해양 보존 인식을 강화하여야 한다.

다섯째, 현대화 바다목장 조성에 관한 재원을 확보하고 바다목장 규모를 확대하며 자연해조장과 바다 숲 복원사업을 지속적으로 추진하여 생태계 기능을 복원하여야 한다. 또한 과학적인 바다목장건설계획을 수립하여 증식방류의 대상 어종을 확대하고, 방류 후 추적 및 관측, 유지에 필요한 재원을 확보하여야 한다. 나아가 재원확보 통로를 다양화 하고 민간투자를 격려함으로써 재원조달과 사용을 합리화하여야 한다.

여섯째, 바다목장 3차 산업을 육성하고 관련 산업 개발과 기술연구를 적극 추진함으로써 고부가 가치의 제품을 개발하고, 인터넷을 통한 판촉 통로를 확대하고 레저어업의 내용과 발전모델을 지속적으로 모색하고, 바다목장 관련 문화산업을 발전시키고 현대화 바다목장의 산업체인을 동시에 발전시켜야 한다.

일곱째, 연안 바다 전역에서의 바다목장 조성사업을 촉진하고, 민감한 해양경계에서의 바다목장 조성사업을 조속히 추진하여 어업자원을 조성하여 해양국경을 지켜야 한다(屯漁成边). 바다목장 조성사업에는 해양생태계 복원, 환경보존, 어업자원 보존 및 증식 등 일련의 프로젝트가 포함된다. 이러한 과정을 통해 생태환경을 개선하고 해역의 생물자원을 보존하며 해양경계지역을 풍요롭게 함으로써 경계지역을 수호하여야 한다. 이러한 의미에서 바다목장 조성사업은 해양전략을 추진하고 해양권익을 강화하는데 있어서 큰 의미를 가진다.

VII. 현대화 바다목장의 발전방향

과학기술의 끊임없는 발전과 함께 현대화 바다목장사업은 첨단기술, 고효율(高效益), 고표준(高标准) 등 다양한 특징을 나타내고 있다. 현대화 바다목장사업은 새로운 기술, 새로운 모델을 바탕으로 새로운 변화를 가져오고 있다. 새로운 변화는 다음과 같이 5 가지로 요약할 수 있다.

첫째, 현대화 첨단기술을 현대화 바다목장사업에 적극 활용할 것이다. 현대 과학기술이 현대화 바다목장 기술을 지원하고 있으며 역할이 점차 확대되고 있다. 예컨대, 인공어초를 시설하고 어류를 방류하고, 바다목장의 어족자원 증식효과를 조사·평가하고, 생태적인 어로방법을 모색함으로써 바다목장의 기계화·자동화 기술을 개발하는 것이다. 정보화, 원격탐사기술을 활용하여 현대화 바다목장에 대해 디지털 관리를 실시함으로써 바다목장 관리수준을 향상하고 재해예방 및 통제 기능을 향상하고자 한다. 또한 음향, 빛, 전기 등 기술을 바다목장 관리에 필요한 관측, 평가사업에 활용함으로써 현대화 바다목장의 관리 효율성을 향상하고 자원의 이용을 효율화하여야 한다.

둘째, 현대화 바다목장사업과 해상풍력 등 관련 해양이용행위와의 결합이다. 전통 바다목장은 농업 생산을 주요 목적으로 조성되었으며, 해양용도구역 중 농어업구역(农渔业区)내 조성되었다. 그러나 연안바다에서의 해양이용 수요가 확대됨에 따라 해양이용행위 간의 갈등이 심화되고 선점식 해양이용으로 인해 해양생태계가 심각하게 파괴되었다. 다양한 해양이용행위 간의 충돌을 해결하고 해양생태계를 보존하고 어업자원을 증식하기 위해 바다목장 수역에 기타 해양이용행위를 연계하여 추진하는 추세를 보이고 있다. 이와 동시에 바다목장은 해양생태계를 복원하고 개선하며 어업자원의 증식을 기반으로 기타 해역이용 또는 해양개발사업을 연계하여 발전하는 것으로 산업전망이 밝은 것으로 나타나고 있다. 예컨대, 바다목장사업은 어항, 유람선 터미널, 해상공항 및 해상풍력단지 등 사업과 연계하여 추진할 수 있다. 바다목장과 관련 해양사업을 연계함으로써 해양개발사업으로 인한 생태적 피해를 줄일 수 있고, 어패류 등 해양생물자원의 보다 나은 서식지를 제공하고 해양수산업과 해양경제의 지속가능한 발전에 기여할 수 있다.

셋째, 현대화 바다목장의 기능을 풍부하게 하고 저탄소 녹색성장 발전에 기여한다. 전통 바다목장이 어업생산에 기반을 두는 반면에 1차, 2차, 3차 산업을 유기적으로 연계할 수 있는 효과적인 플랫폼이다. 바다목장은 어업자원 증식 외에 해양생태계 및 해양환경을 복원하고, 어업자원을 보존하며 증식함으로써 해양수산물을 공급하고, 폐기물 재활용, 과학연구, 바다목장사업의 홍보 및 교육, 레저어업 등 3차산업 발전, 해양문화 승계 등 다양한 기능을 통합하고 있다. 특히 어패류, 인삼, 해조류 등 해양생물자원을 증식하고, 바다목장 어업의 온실가스 흡수원(碳汇)의 효과가 보다 분명해질 것이며, 기후변화 대응의 효과가 더욱 높을 것이다.

넷째, 연안 바다에서 바다목장사업을 기반으로 심해 바다목장사업을 추진하여야 한다. 연안 바다에서의 어업공간이 제한됨에 따라 심해지역으로 바다목장사업이 확장되고 있는 추세를 보이고 있다. 심해 바다목장은 대형 어초를 시설하고, 어류 회유를 유도하는 어초를 시설하여 회유성 어류들이 모여들게 함으로써 회유성어족자원을 지속가능하게 이용하고 개발하여야 한다. 연안 바다와 심해저에 조성된 바다목장을 연계하여 현대화 바다목장사업의 규모를 확대하고 종합적 효과를 개선함으로써 궁극적으로 중국 연안 바다의 바다목장 개발수준을 향상하여야 한다.

현대화 바다목장사업은 지속가능한 해양전략을 추진해 나감에 있어서 불가피한 선택이며, 다양한 해양생물자원을 효과적으로 보존하고 지속가능한 어업생산을 실현하는데 있어서도 불가피한 선택이다. 중국정부와 공산당은 현대화 바다목장사업을 중시하여 공산당 19차 전국대표대회에서 "생태문명체계 개혁을 가속화하고 아름다운 중국을 건설하자"를 목표로 설정하고 생태계 복원 및 개선사업을 추진할 것을 요구하였다. 2017년과 2018년 중앙정부 1호 문건에서 현대화 바다목장을 건설할 것을 명확히 하였으며, 2018년 4월 13일 시진핑 주석이 해남성 경제특구 건설 30주년(海南建省办经济特区30周年大会) 축하 연설문에서 신흥 해양산업 육성을 촉진하고 현대화 바다목장 조성사업을 추진함에 있어서 해양경제의 품질과 효율성을 강조할 것을 명확히 하였다. 2019년 중앙정부 1호 문건은 바다목장사업을 추진할 것을 요구하였으며 농업농촌부에서 국가급 바다목장 시범사업을 추진할 것을 명확히 하였다. 같은 해 과학기술부는 현대화 바다목장사업의 핵심기술개발 및 시범사례 중점과제에 착수하였으며 바다목장사업을 추진함에 있어서 나타난 문제점을 해결하기 위한 기술개발에 집중하였다.

요약하자면 정부, 산업계와 학계, 연구기관이 제휴·협동하여 중국의 현대화 바다목장 조성사업이 해양생태계 복원 및 어업생산력 증대, 해양산업 육성의 실질적인 혜택이 돌아갈 수 있도록 사업추진에 만전을 다 하여야 한다.

참고문헌

[1] 农业农村部渔业渔政管理局, 全国水产技术推广总站, 中国水产学会编. 2019中国渔业统计年鉴[M]. 北京: 中国农业出版社, 2019.

[2] 市村武美. 夢ふくらむ海洋牧場:200 カイリを飛び越える新しい漁業[M]. 東京:東京電機大学出版局, 1991.

[3] 国際海洋科学技術協会. 水産生物生息場ならびに沿岸開発に関する日米シンポジウム講演集[C]. 東京: 第5回国際人工生息場技術国際会議. 1991

[4] 杨宝瑞,陈勇. 韩国海洋牧场建设与研究[M]. 北京:海洋出版社,2014.

[5] Steele J H , Thorpe S A , Turekian K K . Encyclopedia of ocean sciences[M]. New York: Academic Press, 2008.

[6] Ohno M , Critchley A T . Seaweed cultivation and marine ranching[M]. Tokyo: JICA, 1993.

[7] Taylor M D , Chick R C , Lorenzen K , et al. Fisheries enhancement and restoration in a changing world[J]. Fisheries Research, 2017, 186: 407-412.

[8] 朱树屏. .朱树屏文集 [M]. 北京:海洋出版社,2007

[9] 曾呈奎.关于我国专属经济海区水产生产农牧化的一些问题 [J]. 自然资源, 1979, (1): 58-64.

[10] 曾呈奎.海洋农牧化大有可为 [J]. 科技进步与对策, 1985, (2): 9-10.

[11] 冯顺楼.开创海洋渔业新局面的一个重要措施——从我国海洋渔业潜在危机看人工鱼礁建设的必要性[J]. 福建水产, 1983, (4): 20-23.

[12] 冯顺楼.发展人工鱼礁开辟海洋牧场是我国海洋渔业的必然趋势 [J]. 现代渔业信息, 1989, (5): 3.

[13] 农业部渔业渔政管理局, 中国水产科学研究院编. 中国海洋牧场发展战略研究[M]. 北京: 中国农业出版社, 2017.

[14] 陈永茂, 李晓娟, 傅恩波. 中国未来的渔业模式——建设海洋牧场[J]. 资源开发与市场, 2000, 16(2):78-79.

[15] 黄宗国. 海洋生物学词典[M]. 北京: 海洋出版社, 1994.

[16] 张国胜, 陈勇, 张沛东等. 中国海域建设海洋牧场的意义及可行性[J]. 大连水产学院学报, 2003, 18(2): 141-144.

[17] 杨金龙, 吴晓郁, 石国锋, 等. 海洋牧场技术的研究现状和发展趋势[J]. 中国渔业经济, 2004, 5: 48-50.

[18] 陈勇. 现代海洋牧场科技体系构建与研究应用[C]//现代海洋(淡水)牧场国际学术研讨会论文摘要集.赤峰:中国水产学会海洋牧场研究会,2017.

[19] 杨红生. 我国海洋牧场建设回顾与展望[J]. 水产学报, 2016, 40(7): 1133-1140.

[20] 中国科协学会学术部编. 新观点新学说学术沙龙文集-海洋牧场的现在和未来[M]. 北京: 中国科学技术出版社, 2013.

[21] 崔鲸涛,我国海洋牧场建设综述（概念、意义、历程、问题、理念、建议）[N], 中国海洋报, 2017-08-16.

[22] 宋蒙蒙, 赵林. 建筑废料应用于人工鱼礁的研究[J]. 建筑经济, 2014, 35(12):105-109.

[23] 李霞,赵敏,陈海燕,等.多种废弃材料在混凝土人工鱼礁中的研究[J].混凝土, 2016(7):149-152,156.

[24] 李娇, 公丕海, 关长涛, 等. 人工鱼礁材料添加物碳封存能力及其对褶牡蛎 (Ostrea plicatula)固碳量的影响[J]. 渔业科学进展, 2016, 37(6): 100-104.

[25] 刘爱霞. 生态混凝土制作人工鱼礁的研究介绍[J]. 农技服务, 2016, 33(18): 107-110.

[26] 姜云鹏,高峰.海洋生态材料研究及应用综述[J].中国水运,2015,15(3):247-249.

[27] 姜昭阳,梁振林,刘扬.滩涂淤泥在人工藻礁制备中的应用[J].农业工程学报, 2015,31(14):242-245.

[28] 高潮, 乔永梅, 蒋晓宁, 等. 粉煤灰人工鱼礁试验研究[J]. 粉煤灰, 2014(2):4-6.

[29] 李颖, 倪文, 陈德平, 等. 冶金渣制备高强人工鱼礁结构材料的试验研究[J]. 材料科学与工艺, 2013, 21(1):73-78.

[30] 倪文,李颖,陈德平,等.冶金渣制备生态型人工鱼礁混凝土的试验研究[J]. 土木建筑与环境工程,2013,35(3):145-150.

[31] 沈蔚, 章守宇, 李勇攀, 等. C3D测深侧扫声呐系统在人工鱼礁建设中的应用 [J]. 上海海洋大学学报, 2013, 22(3):404-409.

[32] 刘永虎, 刘敏, 田涛, 等. 侧扫声纳系统在石料人工鱼礁堆体积估算中的应用 [J]. 水产学报, 2017, 41(7): 1158-1167.

[33] 刘敏. 利用侧扫声纳对大型藻类的藻场资源量评估的研究[D].大连海洋大学硕士论文,2017.

[34] 李东, 唐诚, 邹涛, 等. 基于多波束声呐的人工鱼礁区地形特征分析[J]. 海洋

科学, 2017, 41(5): 127-133.

[35] 张丽珍, 王江涛, 胡庆松, 等. 近海中上层柔性浮鱼礁设计与应用[J]. 上海海洋大学学报, 2016(4):613-619.

[36] 沈卫星. 智能化浮式聚鱼装备研发与试验[D]. 上海:上海海洋大学, 2016.

[37] 周岩岩, 李纯厚, 陈丕茂, 等. 龙须菜海藻场构建及其对水环境因子的影响[J]. 生态科学, 2011, 30(6): 590-595.

[38] 章守宇, 孙宏超. 海藻场生态系统及其工程学研究进展[J]. 应用生态学报, 2007, 18(7):1647-1653.

[39] 姚天舜. 青浜大型海洋藻类生态分布与人工海藻场生境构造技术[D]. 舟山:浙江海洋大学, 2017.

[40] 潘金华. 大叶藻（Zostera marina L.）场修复技术与应用研究[D]. 青岛:中国海洋大学, 2015.

[41] 潘金华, 江鑫, 赛珊, 等. 海草场生态系统及其修复研究进展[J]. 生态学报, 2012, 32(19):6223-6232.

[42] 孟振, 刘新富, 雷霁霖. 略论我国海水鱼类苗种繁育和种质改良的研究[J]. 渔业信息与战略, 2012, 27(3):224-231.

[43] 孙慧玲. 刺参苗种繁育研究与产业现状以及存在问题[C]//"全球变化下的海洋与湖沼生态安全"学术交流会论文摘要集. 南京:中国海洋湖沼学会, 2014.

[44] 曹学彬, 王福辰, 刘佳亮, 等. 刺参速生耐高温品系生长性能及高温期摄食性能分析[J]. 大连海洋大学学报, 2019, 34(5): 623-628.

[45] 司飞, 王青林, 于清海, 等. 基于投喂法的牙鲆耳石锶标记[J]. 渔业科学进展, 2019, 40(4): 65-72.

[46] 徐开达, 徐汉祥, 王洋, 等. 金属线码标记技术在渔业生物增殖放流中的应用[J]. 渔业现代化, 2018, 45(1): 75-80.

[47] 周辉霞, 甘维熊. 鱼类标记技术研究进展及在人工增殖放流中的应用[J]. 湖北农业科学, 2017, 56(7): 1206-1210.

[48] 周珊珊, 王伟定, 丰美萍, 等. 贝类标志技术的研究进展[J]. 浙江海洋学院学报: 自然科学版, 2017, 36(2):172-179.

[49] 贺海战. 渔业资源增殖放流技术及效果评价方法[J]. 河南水产, 2017(5):3-4,8.

[50] 聂永康, 陈丕茂, 周艳波, 等. 水生生物增殖放流生态风险评价研究进展[J]. 生态科学, 2017, 36(4): 236-243.

[51] 王欢欢, 毕福洋, 曹敏, 等. 獐子岛海洋牧场秋季渔业资源声学调查与评估[J]. 大连海洋大学学报, 2018, 33(6): 802-807.

[52] 郭栋, 董婧, 付杰, 等. 基于双频识别声呐的东港大鹿岛人工鱼礁调查研究[J]. 海洋湖沼通报, 2018, (2): 41-48.

[53] 李斌, 汤勇, 孙建富, 等. 基于声学方法的黄河三门峡水库渔业资源空间分布研究[J]. 大连海洋大学学报, 2016, 31(5): 563-571.

[54] 邢彬彬, 殷雷明, 张国胜, 等. 鱼类的听觉特性与应用研究进展[J]. 海洋渔业, 2018, 40(4): 495-503.

[55] 殷雷明. 大黄鱼声诱集行为反应与机理研究[D]. 上海：上海海洋大学, 2017.

[56] 侍炯, 钱卫国, 唐振朝, 等. 150 Hz矩形波断续音对褐菖鲉音响驯化的试验研究[J]. 大连海洋大学学报, 2014, 29(5): 514-519.

[57] 梁君, 陈德慧, 王伟定, 等. 正弦波交替音对黑鲷音响驯化的实验研究[J]. 海洋学研究, 2014, 32(2): 59-66.

[58] 张国胜, 杜国升, 陈勇, 等. 音响驯化仪:中国, CN201010291387.2[P].2012-06-06.

[59] 陈帅, 黄洪亮, 张国胜, 等. 音响驯化对鱼类有效作用范围的研究[J]. 渔业现代化, 2013, 40(1): 36-39.

[60] 田方, 黄六一, 刘群, 等. 许氏平鲉幼鱼优势音响驯化时段的初步研究[J].

中国海洋大学学报,2012,42(10):47-50,124.

[61] 张磊.海洋牧场鱼类驯化技术研究及装备设计[D].上海海洋大学博士论文,2014.

[62] 马丁一,邢彬彬,齐雨琨,等.气泡幕对大泷六线鱼的阻拦效果[J].大连海洋大学学报,2016,31(3):311-314.

[63] 王志超,陈国宝,曾雷,等.防城港人工礁区内5种恋礁鱼类的声学标志跟踪[J].中国水产科学,2019,26(1):53-62.

[64] 张国胜,杨超杰,邢彬彬.声诱捕捞技术的研究现状和应用前景[J].大连海洋大学学报,2012,27(4):383-386.

[65] 李明智,张光发,李秀辰,等.虾夷扇贝捕捞网具的改进及应用效果[J].农业工程学报,2013,29(11):52-60.

[66] 马文昭.扇贝捕捞网具的改良设计[J].大连海洋大学学报,2009,24(5):429-435.

[67] 石尧,李晖,杨永钦,等.海洋牧场多参数智能监测系统设计与实现[J].传感器与微系统,2017,36(9):70-72,76.

[68] 王志滨,李培良,顾艳镇.海洋牧场生态环境在线观测平台的研发与应用[J].气象水文海洋仪器,2017,(1):13-17.

[69] 邢旭峰,王刚,李明智,等.海洋牧场环境信息综合监测系统的设计与实现[J].大连海洋大学学报,2017,32(1):105-110.

[70] 花俊,胡庆松,李俊,等.海洋牧场远程水质监测系统设计和实验[J].上海海洋大学学报,2014,23(4):588-593.

[71] 刘勇虎.海洋牧场可视化系统的构建[C]//全国人工鱼礁与海洋牧场学术研讨会论文集.腾冲:中国水产学会,2009.

[72] 石源华：《朝鲜核试爆与重开六方会谈》，《东北亚论坛》2007年第1期。

[73] 龚克瑜：《如果构建朝鲜半岛和平机制》，《现代国际关系》2006年第2期。

[74] [韩]李明键：《弗什博：弃核、和平协定、北美关系正常化应同时进行》，《东亚日报》2007年5月16日。

[75] [英]巴里·布赞著，闫健、李剑译：《人、国家与恐惧——后冷战时代的国际安全研究议程》，北京：中央编译出版社2009年版。

[76] [英]巴里·布赞：《人、国家与恐惧——后冷战时代的国际安全研究议程》，北京：中央编译出版社2009年版。

[77] [朝]《劳动新闻》2002年5月27日社论，转引自龚克瑜：《如何构建朝鲜半岛和平机制》，《现代国际关系》2006年第2期。

[78] [美]汉斯·摩根索著，徐昕等译，王缉思校：《国家间政治——权力斗争与和平》，北京：北京大学出版社2006年版。

[79] [美]肯尼思·沃尔兹著，胡少华等译：《国际政治理论》，北京：中国人民公安大学出版社1992年版。

[80] [英]巴里·布赞：《人、国家与恐惧——后冷战时代的国际安全研究议程》，北京：中央编译出版社2009年版。

[81] [美]小约瑟夫·奈著，张小明译：《理解国际冲突：理论与历史》，上海：上海人民出版社2002年版。

[82] Alan Collins, *the Security Dilemma and the End of the Cold War*, Edinburgh: Keele University Press, 1997, p.23-24.

[84] Herbert Butterfield, History and Human Relations, London: Collins, 1951; John Herz, Political Realism and Political Idealism: A Study in Theories and Realities, Chicago: University of Chicago Press, 1951.

[85] Tang Shiping, "The Security Dilemma: A Conceptual Analysis", Security Studies, Vol.18, No.3, 2009.

[86] Robert Jervis, Perception and Misperception in International Politics, Princeton: Princeton University Press, 1976.

[87] Robert Jervis, "The Security Regimes", International Organization, Vol.36, No.2, 1982.

[88] Robert Jervis,"Cooperation under the Security Dilemma", World Politics, Vol.30, No.1, 1978.

[89] Choe Sang -Hun, "U.S. Condemns North Korean's Missile Tests", New York Times, July 5, 2009.

[90] John H. Herz, Political Realism and Political Idealism: A Study in Theories and Realities, Chicago: University of Chicago Press, 1951.

[91] Robert Jervis, "Security Regimes", in Stephen D. Krasner, ed., *International Regimes*, Cornell University Press, 1982.

[92] Arnold Wolfers,"National Security' as an Ambiguous Symbol", *Political Science Quarterly*, Vol.67, No.4, 1952.

[93] Alexander Wendt, "Anarchy is What States Make of It: the social construction of power politics", *International organization*, Vol.46, No.2 ,1992.

[94] Ken Booth, "Security in Anarchy: Utopian Realism in Theory and Practice", *International Affairs*, Vol.67, No.3, 1991.

[95] E.H.Carr, *The Twenty Years Crisis*, London: Macmillan, 1964.

환황해 동북아 해양안보 현안과 지역해 자원 보존

저 자 소 개

저자소개

양희철(梁熙喆) 박사

양희철 박사는 현재 한국해양과학기술원 해양법·정책연구소 소장으로 재직 중이며, 해양경계획정과 해양분쟁, 비전통 해양안보와 지역해 협력, 심해저와 공해 등 해양법 현안 문제, 해양공간계획법과 해양과학조사법 등 국내법 제·개정을 주도하는 등 활발한 연구활동을 수행하고 있다. 아울러 해수부, 외교부, 해양경찰청, 해군 등 정부부처의 자문위원, 국가지명위원회 위원으로 활동하고 있으며, 국제해저기구 정부대표(법률자문), IHO – ABLOS Hydrographer : Experts in Maritime Boundary Delimitation의 전문가로 참여하고 있고, Ocean and Polar Research의 편집위원이다. 또한 대한국제법학회, 세계국제법학회, 국제해양법학회 등 학술단체에서 활발한 활동을 전개하고 있다.

이메일: ceaser@kiost.ac.kr

Xu Xiangmin(徐祥民) 교수

서샹민 교수는 현재 절강공상대학교 법과대학에 재직 중이며, 환경법 및 법제사 등 분야의 우수 연구성과를 인정 받아 태산학자로 선정되었다. 중국법학회 이사, 학술위원회 위원, 중국법학교육연구회 부회장, 중국환경법학회 부회장, 중화환경보전연합회 법률전문가위원회 부주임, 절강성법학회 법학교육 연구회 회장 등 학술 보직을 맡고 있다. 자원환경법, 법제사, 해양법을 주된 연구분야로 활동하고 있으며, 중국의 해양발전전략 수립, 정책 방향제시, 녹색성장, 해양환경보전, 지속가능한 발전을 위한 환경법의 입법과제 등에 관한 연구에 주력하고 있다.

이메일: xuxiangmin@126.com

Tian Qiyun(田其云) 교수

텐치윈 교수는 현재 중국해양대학교 법정대학 법학부에 재직 중이며, 환경법, 해양환경법, 에너지법을 주된 연구분야로 활동하고 있다. 최근에는 해양자원의 효율적인 이용·개발 및 보전, 생태복원법, 해양생태복원기술에 관한 법제도, 해양자원 및 해양생태법 등에 관한 연구를 수행해 왔다. 현재 산동성 생태문명연구회 이사, 중국법학회 환경자원법학연구회 이사, 중국해양대학교 해양환경자원법연구센터 부소장을 역임하고 있으며, 중국법학회 환경법학회, 산동성 법학회, 에너지학회 등 대외 학술단체에서 활발한 활동을 전개하고 있다.

이메일: tianqiyun@263.net

Li Mingjie(李明杰) 박사

리밍제 박사는 현재 중국 자연자원부 해양발전전략연구소에 재직 중이며, 해양정책, 해양주권, 해양경계획정, 연안통합관리 등을 주된 연구분야로 활발한 연구활동을 하고 있다. 재직 기간 동안 해양영토주권 수호에 관한 국가중점과제, 자연자원부 및 지자체 해양정책 연구과제를 수행하였으며, 최근에는 한중 해양경계획정, 중국과 대만의 해양협력에 관한 연구를 수행하고 있으며, 중국법학회, 중국해양법학회, 사회법학연구회 등 대외 학술단체에서 활동하고 있다.

이메일: mjli@cima.gov.cn

Piao Wenjin(朴文进) 박사

박문진 박사는 현재 산동성 사회과학원 환황해 발전연구센터 센터장으로 재직 중이며, 국제해양법과 해양정책, 해양문화 등을 중심으로 연구를 수행하고 있다. 최근에는 환황해 지역 해양수산협력, 한중 해양법·정책 협력 등에 관한 연구에 주력하고 있다. 중국해양법학회, 칭다오태평양학회 등 대외학술 단체에서 활동하고 있다.

이메일: mjpark5188@naver.com

Guo Rui(郭锐) 교수

귀루이 교수는 현재 길림대학교 행정대학 국제정치학부에 재직 중이며, 길림성사회과학 중점연구기지 "한반도연구기지" 학술위원, 북경대학교, 복단대학교, 길림대학교, 중산대학교, 재정부재정과학연구소 국가거버넌스혁신센터 연구원, 길림대학교 북한연구소, 한국연구소, 일본연구소 연구원, 연변대학교 한반도연구협동혁신센터 연구원, 국가영토주권 및 해양주권협동혁신센터 겸임연구원, 중국행정관리학회 출판부이사를 역임하여 왔다. 국제공법, 이론경제학을 주된 연구분야로 활동하고 있으며, 북한 김정은 시대의 정치변화, 한반도 정치론, 한국해양안보전략, 연변조선족집거구역 종교 현황 및 발전전망, 동북아 지정학적 관계와 정세변화, 동북아지역의 국제환경변화와 중국 변방전략구상, 동북안 안보 위험 및 중국의 지속가능한 안보전략, 한중해양주권분쟁 및 중국의 대응책, '일대일로' 구상과 동북지역 경제개발전략, 동북아 안보위험 평가 및 위험관리, 중국의 동북아전략 및 대책, 동북아 힘의 균형-한국의 지역전략 등에 관한 연구에 주력하고 있다. 현재 중국국제무역학회 도문강분과위원 이사, 중국조선사연구회 이사, 흑룡강동북아연구회 이사, 길림성정치학회 이사로 학술단체에서 보직을 맡고 있으며, 봉황위성, 신경보, 신화평론에 한반도 정세, 국제관계 현안, 중국외교, 지역전략 등에 관한 전문가평론을 기고함으로써 사회적 영향력을 넓혀가고 있다.

이메일: guorui1025@126.com

Li Mingjie(李明杰) 박사

리밍제 박사는 현재 중국 자연자원부 해양발전전략연구소에 재직 중이며, 해양정책, 해양주권, 해양경계획정, 연안통합관리 등을 주된 연구분야로 활발한 연구활동을 하고 있다. 재직 기간 동안 해양영토주권 수호에 관한 국가중점과제, 자연자원부 및 지자체 해양정책 연구과제를 수행하였으며, 최근에는 한중 해양경계획정, 중국과 대만의 해양협력에 관한 연구를 수행하고 있으며, 중국법학회, 중국해양법학회, 사회법학연구회 등 대외 학술단체에서 활동하고 있다.

이메일: mjli@cima.gov.cn

Piao Wenjin(朴文进) 박사

박문진 박사는 현재 산동성 사회과학원 환황해 발전연구센터 센터장으로 재직 중이며, 국제해양법과 해양정책, 해양문화 등을 중심으로 연구를 수행하고 있다. 최근에는 환황해 지역 해양수산협력, 한중 해양법·정책 협력 등에 관한 연구에 주력하고 있다. 중국해양법학회, 칭다오태평양학회 등 대외학술 단체에서 활동하고 있다.

이메일: mjpark5188@naver.com

Guo Rui(郭锐) 교수

궈루이 교수는 현재 길림대학교 행정대학 국제정치학부에 재직 중이며, 길림성사회과학 중점연구기지 "한반도연구기지" 학술위원, 북경대학교, 복단대학교, 길림대학교, 중산대학교, 재정부재정과학연구소 국가거버넌스혁신센터 연구원, 길림대학교 북한연구소, 한국연구소, 일본연구소 연구원, 연변대학교 한반도연구협동혁신센터 연구원, 국가영토주권 및 해양주권협동혁신센터 겸임연구원, 중국행정관리학회 출판부이사를 역임하여 왔다. 국제공법, 이론경제학을 주된 연구분야로 활동하고 있으며, 북한 김정은 시대의 정치변화, 한반도 정치론, 한국해양안보전략, 연변조선족집거구역 종교 현황 및 발전전망, 동북아 지정학적 관계와 정세변화, 동북아지역의 국제환경변화와 중국 변방전략구상, 동북안 안보 위험 및 중국의 지속가능한 안보전략, 한중해양주권분쟁 및 중국의 대응책, '일대일로' 구상과 동북지역 경제개발전략, 동북아 안보위험 평가 및 위험관리, 중국의 동북아전략 및 대책, 동북아 힘의 균형-한국의 지역전략 등에 관한 연구에 주력하고 있다. 현재 중국국제무역학회 도문강 분과위원 이사, 중국조선사연구회 이사, 흑룡강동북아연구회 이사, 길림성정치학회 이사로 학술단체에서 보직을 맡고 있으며, 봉황위성, 신경보, 신화평론에 한반도 정세, 국제관계 현안, 중국외교, 지역전략 등에 관한 전문가평론을 기고함으로써 사회적 영향력을 넓혀가고 있다.

이메일: guorui1025@126.com

Chang Ching(張競) 박사

장칭 박사는 현재 대만 중화연구회 수석연구원, 국방대학교 정치연구소와 문조외국어대학교 겸임교수로 재직 중에 있다. 미국의 정치외교, 군사 정치, 중국 대륙과 대만의 정치·외교 관계, 국제해양법 등 다양한 분야에서 활발한 연구활동을 수행하고 있다. 또한 미국 군사정책에 대한 언론평론가로 활동하고 있다.

이메일: chingchang@hotmail.com

Li Baogang(李宝刚) 교수

리보우강 교수는 현재 중국석유대학교 화동캠퍼스 지구자원 및 정보학부에 재직 중이며, 석유자원 탐사, 석유개발지질학, 지각구조, 석유형성 등을 주된 연구분야로 활동하고 있다. 최근에는 중국 신강위그르자치구 타림분지 유전탐사 및 지질구조 분석, 타림분지 지각구조와 형성에 대해 연구하고 있으며, 중국지질학회, 산동성 지질학회, 중국석유지질학회 등 대외 학술단체에서 활동하고 있다.

이메일: 44354345@qq.com

Lu Zhichuang(鹿志创) 박사

루쯔촹 박사는 현재 요녕성 해양수산과학연구원에 재직 중이며, 점박이 물범의 보존에 관한 연구를 중심으로 활발한 연구를 진행하고 있다. 특히 남북한 및 한중의 황해권 점박이물범 보호 협력에 관심을 갖고 있으며, 한중 간의 점박이물범 이동경로 및 서식지 모니터링 연구과제 수행을 통해 수년간 점박이물범의 이동경로와 개체수에 대해 연구하여 왔다.

이메일: luzhichuang@hotmail.com

Tian Tao(田濤) 교수

톈토우 교수는 현재 대련해양대학교 해양생명공학부에 재직 중이며, 수산학, 수산어획, 수산양식공학을 주된 연구분야로 활동하고 있다. 최근에는 인공어초 건설 및 인공어초 설계, 어류행동학, 해양목장개발계획 수립, 북황해 인공어초 조성 및 해양목장 조성, 장자도 인공어초 조성 및 해상낚시단지 구성, 인공어초 주변 수역 생태환경 조사 및 평가에 관한 연구과제를 수행 중에 있으며, 북방해역의 해양목장 조성에 관한 핵심기술 연구 및 시범구역 운영과제, 인공어초의 조성 및 집어효과에 관한 응용연구는 국가해양국의 우수 연구상을 수상하였다. 중국수산학회 해양목장연구회, 중국 국제해양목장포럼, 대련시 해양어업협회, 요녕성수산학회 등 대외학술 단체에서 활동하고 있다.

이메일: ttbeyond@126.com

Jin Yinhuan(金银焕) 박사

김은환 박사는 현재 한국해양과학기술원 해양법·정책연구소에 재직 중이며, 환경법, 해양환경법, 행정법, 중국 해양정책 및 해양과학기술정책을 주된 연구 분야로 활동하고 있다. 최근에는 해양공간계획 및 관리에 관한 법제도, 황해의 어업자원 보존을 위한 국제협력, 동북아 해양갈등 관리를 통한 남북한 해양정책 수립, 중국 IUU 어업에 대한 국내법적 대응, 한중 해양공간계획의 법제도 비교분석 등에 관한 연구에 주력 하고 있다. 한국해양환경안전학회, 한국해양정책학회, 한중법학회, 한국법학회, 한국비교공법학회, 한국해사법학회, 환경법학회, 국제해양법학회 등 대외 학술단체에서 활동하고 있다.

이메일: jinyinhuan@kiost.ac.kr

환황해 협력 4
환황해 동북아 해양안보 현안과 지역해 자원 보존

2021년 01월 29일 초판 1쇄 인쇄
2021년 01월 29일 초판 1쇄 발행

편 저	양희철
발 행 처	한국해양과학기술원
	(49111) 부산광역시 영도구 해양로 385 (동삼동 1166)
제 작	㈜비전테크시스템즈
	서울특별시 송파구 위례성대로 16길 27
	02-3432-7132
	admin@visionts.co.kr
출판등록	제2009-000300호

ⓒ 한국해양과학기술원
ISBN 979-11-86184-93-6 93910

값 18,000원